講談社選書メチエ

608

知の教科書

# プラトン

ミヒャエル・エルラー

三嶋輝夫・田中伸司
高橋雅人・茶谷直人［訳］

MÉTIER

# 序文

本書においては、古代哲学者たちの中でもアリストテレスと並んで筆頭に挙げられるべき哲学者プラトンが紹介される。同時にまた、われわれは彼を古代ギリシャの最も重要な散文作家とみなすこともできる。プラトンの哲学とその文学的創造は、初期ギリシャの哲学的・宗教的ならびに文学的伝統における頂点を示している。プラトンがその探究において取り上げ、答えようと試みた問いの数々とその対話篇における描写の輝きは、古代において影響を与えたことはもちろんのこと、今日に至るまで、それが示した水準にまで達した例は極めて稀なのである。彼の対話篇は、哲学的な観点からしても文学的な観点からしても、ヨーロッパ精神史の土台を成すテクストである。哲学の中心的な問いと問題は、その対話篇において初めて定式化された。哲学という概念はプラトンにおいて、新たな、未来を指し示す意味を獲得したのである。

方法論的には、対話形式における真理探究のあり方が具体的に示されるとともに推敲され、以来、それはいかなる哲学的な討議にとってもお手本であり続けた。弁証家として、宇宙の探究者として、形而上学者にして神学者として、もちろんまた政治思想家にして教育者として、彼はヨーロッパの精神史にいくら高く評価してもしきれないほどの影響を及ぼしたのである。諸対話篇において取り上げられたテーマは、宇宙というマクロコスモスから人間というミクロコスモスまでに及んでいる。プラトン哲学の一種の集大成とも言うべき『国家』と題された対話篇は、幸福と正義、共同体における秩序ある共同生活、また人間に対して教育と芸術がもつ意義についての問いに関する議論の核となるべき寄与を成している。

特殊な観点を強調しながら、常に全体を視野に収めている他の対話篇もまた、大きな意義を有している。たとえば、『パイドロス』は弁論術の歴史や心理学の問いにとって、あるいは『饗宴』は「プラトンのエロース論」――それはしばしば誤解されて「プラトニック・ラヴ」と呼ばれることがある――という主題によって、哲学に見渡しがたいほど広汎な影響を及ぼしたが、その影響は古代、中世、ルネサンスから近代に至る文学や芸術の上にも及んでいるのであり――フロイト、ユングあるいはフーコーを思い起こすがよい――さらに今後も及ぼしていくことであろう。

その極めつけは『ティマイオス』である。「自然について」（ペリ・ピュセオース）との副題のついたこの対話篇は、一時は唯一近づくことができるプラトンの著作だった。『ティマイオス』は異教徒ならびにキリスト教徒による宇宙をめぐる諸議論、宇宙の成立とその中における人間の役割にとって中心的なテクストとなった。

二十世紀に入ってもなお、ハイゼンベルクのような重要な自然科学者たちが『ティマイオス』を読むことから知的な刺激を受けている。人間の行為や認識から自然を切り離そうとする近代の傾向には問題があると考える者は、自然学と倫理学の間に何の対立も認めず、哲学の中に人間と自然を一個の統一体として把握しようとする試みを認めるプラトンの内に、同志を見出すのである。

全体としてプラトンは、その諸対話篇において一個の全体像を提供するとともに、現実のできるだけ多くの側面を包括的に取り上げようと努力している。しかしながらこのことに対しては、対話篇が時おり読者に与える印象、つまり非体系的で、時には未完成あるいは少なくとも補う余地があるような印象が矛盾するように見えるかもしれない。この印象はプラトンによって意識的に選ばれた文学というジャンルと、文学的な形で作品を作り上げることに関係している。プラトンが対話形式をその哲学を伝達するための手段として選んだことは、彼がソクラテスの後を継ごうとしたことによるものである。しかしその選択はまた、理論と実践の密接な結びつきを理想的な仕方で具体的に示すと同時に分析することを可能にすることによって、哲学的にも正当化されるのである。その結びつきこそが、プラトンの哲学を形作っているのである。

というのも、プラトンは完璧さを追求するいかなる学問的な論考をも提供しようとしているのではなく、多くの事柄を開かれたままにしておく対話を叙述しようとしているからである。それに加えて、プラトンは後世の著作家たちがもはや達しえなかったような生き生きとした感じをその対話篇に与えている。彼は読者に対して、生そのものから取り出され自発的に展開していくように見える会話と討論、困惑と洞察、確信と迷いの現場に、読者自身が目撃者として立ち会っているような気持ちを抱かせる。さらにこれに加えて、プラトンはその洗練された芸術的手腕を傾けて、対話芸術の基礎についての反省へと読者を参加させるとともに、その際、彼自身の作品、いや文学全般に関する適切な解釈についての根本的な問いを投げかける。それらの問いは、解釈学の歴史をその本質から実り豊かなものとしたのである。

たしかに、その問いと答えによってプラトンもまた彼が生きた時代の子であり、彼が対決したあの哲学的・文学的伝統を背景として見られなければならない。すなわち、ソクラテスならびにソクラテス派とソクラテス前の哲学者とソフィスト、叙事詩ならびに抒情詩と特に劇が、その中でプラトンがその文学的かつ哲学的な位置を求め見出した座標系であった。正と不正、善と悪、人間による認識の可能性、人間界と宇宙における秩序、神々の役割についての問いの数々は、同時代の哲学で論じられた主題のみならず、前五世紀——その経過とともに、伝統的な一定の規範に結びつけられた知がますます普遍拘束性を失っていき、増殖する方向喪失の前に後退していくかに見える世紀——の悲劇で扱われた主題をも取り扱っている。

「幸福を獲得するためには、どのように生きていけば正しく生きることになるのか?」という問い——ここでの幸福は、今日たいていの場合そう理解されるように、個人的・主観的に感じられる幸福ではなく、客観的に把握可能な充実した生として理解されたものであるが——は、哲学、教育ならびに政治に関わる理論あるいは自然科学、認識論ならびに存在論に関わる問いが問題になっている場合においてさえも、プラトンの対話篇を貫く主導的なモチーフとして遍《あまね》く存在している。とりわけ正しい行動にとっての不変の基準と諸原理としてのイデアの確立によって、存在論者プラトンはイオニア哲学とエレア派の原理についての学を一定の仕方で引き継いでいる。

しかしながら、これらのイデアはまた、不死なる自己への配慮(『ソクラテスの弁明』。以下『弁明』と略。29e, 30b)と、人間にとって可能な限りにおいて(『ティマイオス』69c)人間が神に似ることのために奉仕するのである。そのことによって、イデアはそのお手本を哲学者の原型ともいうべきソクラテス——「最も優れた人、そして、特に知恵と正義において最も卓越した人」(『パイドン』118a。岩田靖夫訳、岩波文庫を一部改変。以下、『パイドン』からの引用は岩田訳による)——が示したような、善く生きられた生にとっての基準点ともなるのである。つまりプラトンにとって存在論は倫理学と固く結ばれているのであり、それゆえに理論は実践から分離されえないのである。これこそ『国家』における洞窟の比喩が言おうとしていることの核心を成すとともに、プラトン哲学の本質を示す表徴である。すなわち、真理を目にした後、哲学者は命の危険を冒して無知な者たちの許《もと》へ、洞窟の中へと立ち戻らなければならない。それは彼の知を実践に移し、問いとアポリア〔アポリアとは「行き詰まり」を意味する。最終的な答えが見つからず、困惑の中で無知の自覚に至る対話篇のことを、アポリア的対話篇と呼ぶ〕を通して他の者たちを正しい道にもたらすためである。

近代の読者たちには、プラトンの教えのいくつかの要素が疑わしく、あるいはまったく時代遅れと見えるかもしれない。今日の哲学的議論においては、形而上学の問いに対していかなる意味も認められていない。とはいうものの、形而上学の父たるプラトンに対する関心は過去数十年の間にますます高まり、その作品はあらゆる文化の言語に翻訳されてきた。これには、根本的な問いを生活世界のさまざまな状況から引き出すとともに、人間の振る舞いにとってのそれらの問いがもつ重要性を、目に見える形で読者に示すことができる彼の能力が貢献しているかもしれない。

今日においてもなお、読者は一人の著者に話しかけられているように感じる。その著者は、大いなる変革の時代に人生を決定づける問いを携えて同時代の人々と対峙し、その解決を提示する際には伝統と革新を実行可能な仕方で結び合わせ、現象の多様性の背後に意味を創り出す統一性を見出し、自分自身の生とその教えを通して人間は「同時に善くかつ幸福であることができる」（アリストテレス『エウデモスに捧げる哀歌』Arist. fr. Ross S. 146）という事実を告げ知らせているのである。

本書を執筆するにあたって、幾重もの助力と助言をいただいた。それに対して心よりお礼申し上げたいと思う。ヴュルツブルクでの同僚たちとの催しにおける議論からは、多くの刺激を受けた。同僚のO・ヘッフェ（テューービンゲン）、M・アッバテ（パヴィア／ヴュルツブルク）、L・ブリッソン（パリ）、Th.・コブシュ（ボン）、M・トゥッリ（ピサ）教授たちは、草稿の全体もしくは一部を読んで、重要な示唆を与えてくれた。私の共同研究者であるJ・フランクル氏は草稿を形式の点で仕上げてくれ、本文と文献表を間違いから解放してくれた。もちろん、残っている間違いがあるとすれば、私だけに責任がある。E・シュレーター女史は、他の大変な量の負担にもかかわらず、辛抱強く、また進んで本文のさまざまな草稿を文章の形でファイルに纏め上げてくれた。

最後に、妻はこの本の誕生にとても忍耐強く付き添ってくれ、再三、叙述の明晰さに注意を促すとともに、有益な刺激を与え続けてくれた。この本を我々の娘アンゲリカとカタリーナに捧げることとしたい。おそらく彼女たちは、この世界もまた実り豊かで刺激に満ちたものでありうることをプラトンに納得させたことであろう。

目次

## 第四章　継承と刷新——プラトンの文化批判　111

## 凡　例

一、本書は、Michael Erler, *Platon,* Velrag C. H. Beck, 2006 の日本語訳である。
二、原文中の引用文と斜字体の部分は、ともに「　」で表記し（　）内に出典を記した。特に断りがないものは、本書の訳者自身が訳出したものである。
三、プラトンからの引用箇所は、ステパノス版（一五七八年）の頁番号と段落による。
四、訳文中の（　）は、著者による補足説明である。
五、［　］内の説明は、訳者による訳注である。
六、訳文中の小見出しは、原典の小見出しに訳者が追加したものを含む。
七、ギリシャ語の人名に含まれる母音の長短に関しては、従来の慣行に従った。
八、地名は原則として現代語表記に従った。
九、ギリシャ語の術語は片仮名表記とし、ラテン語の術語はアルファベットのままとした。
十、訳の分担は左の通りである。
序文、第一～第三章　三嶋輝夫
第四章　茶谷直人
第五～第七章　田中伸司
第八～第十三章　高橋雅人

第一章

# その人物と生涯

# 1 家系

## 家族と親戚

プラトンはアテネの最も由緒ある一族の出である。父親のアリストンによれば、その先祖は伝説の王コドロスにまで遡るとされる。母親のペリクティオネを通して、プラトンはアテネの重要な立法家であるソロンとも血がつながっている（Davies 1971）。プラトンには、『国家』において中心的な役割を演じるアデイマントスとグラウコンという二人の兄がいた。またポトネーという妹もいた。彼女は後にプラトンの後継者としてアカデメイアの学長となったスペウシッポスの母親である。カライスクロスの息子のクリティアスは母の従兄弟であり、前四一五年にアルキビアデスとともにヘルメス像冒瀆の罪で告発された。また前四一一年の四百人の寡頭制評議会のメンバーであり、過激な反民主主義者として前四〇四～前四〇三年の寡頭派による蜂起の指導者でもあった。母の弟であるカルミデスもまた、反民主的な考えの持ち主であり、クリティアスとともに前四〇四年の反乱に加わった。

プラトンの父親であるアリストンは早くに亡くなり、母親は叔父であるピュリランペースと再婚した。彼はペリクレスの友人であり、むしろ民主的な考えの持ち主だった。彼は自分の息子を「デーモス」（民衆）と名付けた。このように、プラトンの家系には民主主義に好意を抱く流れもあったのである。

この有力な一門――プラトンの兄のアデイマントスとグラウコンは「有名な男子［アリストン］の

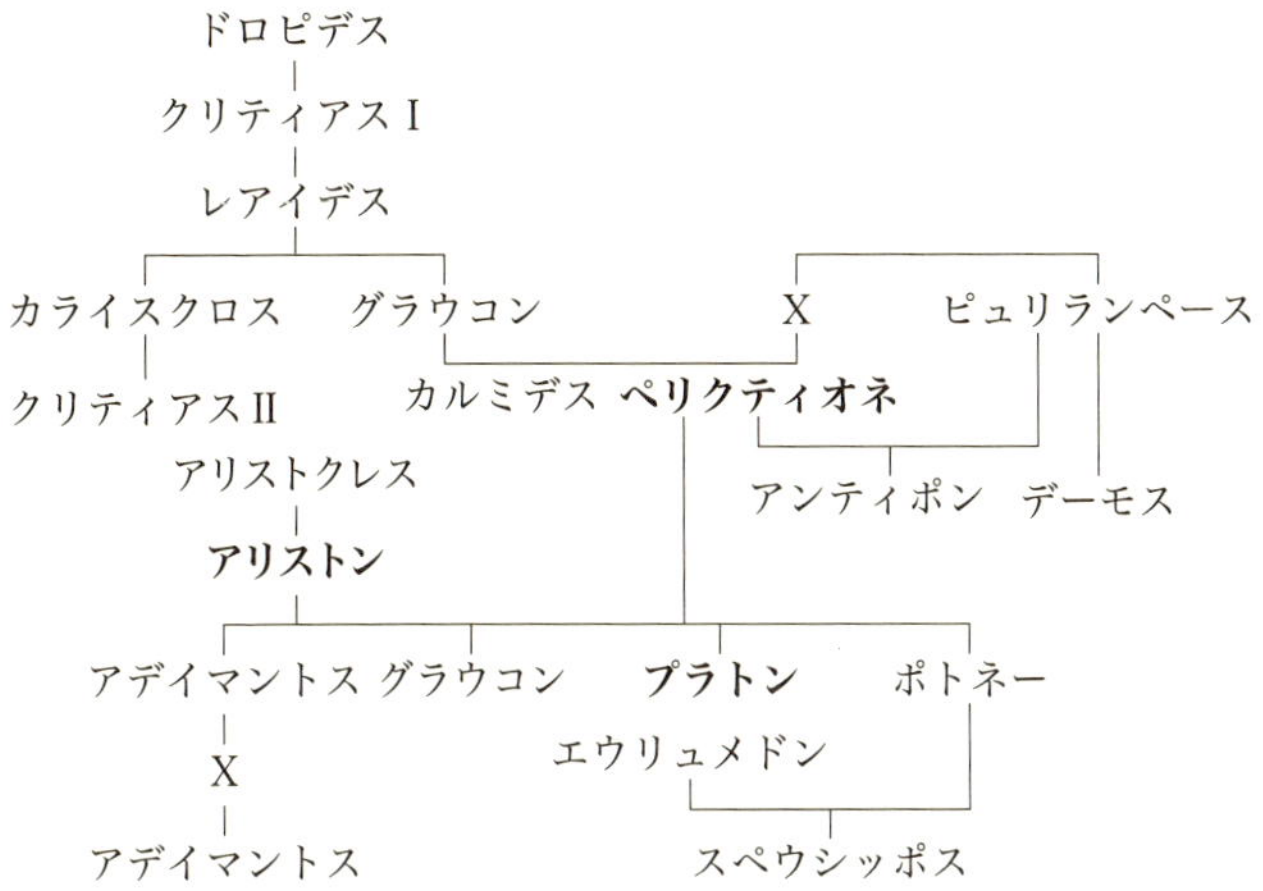


神々しい一族」と『国家』(368a)の中で呼ばれている——にプラトンは、たぶんアテネで、あるいはひょっとするとアテネの近くにあるアイギナ島で生まれた(前四二八/前四二七年)。

プラトンは自分の家系の意義を自覚していた。その対話篇において彼は、一門の幾人かをソクラテスの対話相手として登場させるか、少なくとも言及することによって、いわば彼らのための記念碑を建てている。たとえばドロピデスについて、我々は彼がアトランティスにまつわる言い伝えの伝承に共に関わっていたらしいことを耳にする(『ティマイオス』20e)。クリティアス〔前出のクリティアスの曾祖父〕は『ティマイオス』と『クリティアス』におけるアトランティス物語の語り手である。カルミデスは『カルミデス』の主人公であり、他の対話篇においても一定の役割を演じている(たとえば『プロタゴラス』315a)。『カルミデス』(157e ff.)において、彼の家系はとりわけ強調されている。プラトンの兄のグラウコンとアデイマントスは、既に述べられたように、プラトンの『国家』における［ソクラテスの］対話相手であり、また『パルメニデス』においても、少なくともその場に居合わせている。

## プラトンに関する史料

プラトンの人柄とこの動乱の時期における生活については、我々はその作品からほとんど何も知るところはない。このことはプラトンによって選ばれた対話篇という形式と大いに関係がある。すなわち、対話篇は対話の遂行を再現するものであることによって、著者がその著作の背後に「身を隠す」ことを可能にするのである。ソクラテスに対する有罪判決と処刑だけが、自分が裁判の場にいたこと（『弁明』34a, 38b）と、ソクラテスの死の場に居合わせなかったこと（『パイドン』59b）を記録するきっかけをプラトンに与えたのである。

それ以外では、著者としてのプラトンは匿名のままに留まっている。彼の人生についての情報は、なによりもまず、その真作かどうかについては異論のある『第七書簡』の中の自伝的な章に由来している。この書簡は、およそ七十四歳ぐらいの著者が前三九〇年代に至るまでの自分の政治ならびに哲学に関する展開をふり返ったものである。たとえこの書簡が真作ではないことが判明したとしても、それは依然として重要な自伝的な記録であり続けることだろう。

プラトンの人生の初めの頃とその生活についてのさらなる情報を我々はアプレイウスにも負っている――現存する最初のプラトンの伝記（『プラトンとその教説について』）が我々に遺されているのはアプレイウスのおかげである――が、とりわけディオゲネス・ラエルティオスに負うところが大きい。ディオゲネス・ラエルティオスは三世紀に生きた人で、彼の手になる浩瀚《こうかん》な『ギリシャ哲学者列伝』

（以下『列伝』と略）が伝えられている。同書の第三巻は、プラトンとその作品と生涯について多くの情報を提供してくれる。我々はさらにローマの伝記作者コルネリウス・ネポス（前一〇〇〜前二七年頃）とギリシャの哲学者プルタルコス（四五〜一二五年頃）からも情報を得ている。この二人ともプラトンの友人だったディオンの生涯についての著作を書いた。

しかしながら多くの言い伝えはあの伝説、つまりプラトンの本当の父はアポロン神で、彼の名前はアリストクレスであったといったような伝説に基づいている（Riginos 1976, 9-34）。プラトンは若い頃にはもっぱら詩作、とりわけ悲劇の創作に取り組んでいたかもしれない。しかし彼がソクラテスの影響の結果としてその作品を焼き捨てたといった話は（『列伝』3, 5）、たぶん古代の逸話――どのようにして、またどのような出来事が元になって人々が哲学に向かったのか、に関する逸話――の集成に由来している。もちろん、この逸話はまた、多くの解釈者によって一つの逆説と感じられた次の事情との関連で見られるべきものである。すなわち、プラトンがその対話篇の中で伝統的な詩作とホメロスの如き重要な詩人に対する根本的批判者として自らを示している一方で（第六章を参照）、他方においては、彼がその対話篇を以て超一流の文学作品を生み出しているという事情である。

## 2 政治状況

プラトンの生涯は大変な政治的激動の時代に属している。彼が生まれた時（前四二八／前四二七年）には既に、ペロポネソス戦争（前四三一～前四〇四年）が始まっていた。プラトンの時代の最も重要な政治家であるペリクレスは、まさにアテネで猛威を振るっていたペストのために死んだところだった。前三四八／前三四七年にプラトンが八十歳で死んだ時には既に、マケドニアによる支配がアテネの上にも及び始めていた。プラトンの青春時代は、以下の一連の出来事によって刻印されている。すなわち、スパルタとの戦争による対決、シシリー遠征の破局（前四一五～前四一三年）――その際、アッティカの軍勢は捕虜となり、大部分は命を落とした――、ペロポネソス戦争終盤の決定的局面でのスパルタ勢によるアッティカの蹂躙（「デケレイアの戦い」前四一三～前四〇四年）、アテネ内の寡頭派による政権転覆、アルキビアデスの追放とアテネへの帰還、アイゴスポタモイでのアテネ艦隊の壊滅（前四〇五年）、そしてアテネの決定的な降伏（前四〇四年）によって。

降伏はプラトンの故郷の占領と主導権の喪失に直結した。内政に関しては、若きプラトンはアテネがスパルタに降伏した後、どのような仕方で寡頭派のグループによる権力の奪取が行われたのかを体験した。同グループには、クリティアスとカルミデスというプラトンの二人の親族が属していた。

その帰結はアテネにおける内政上の分裂であり、また不道徳化と道徳基準の喪失、政治に関係する階級の二極化、名門の出の若者たちによる結社（ヘタイリア）の形成であった。これらの若者たちは、正義についての自分たちの考えを暴力を通じて貫徹しようと求めた。それはいわば相互の忠誠の証としてであり、政治的理由による殺人は日常茶飯事となった。その点についてトゥキュディデスは、次のような印象的な仕方で報告している。

「かくして諸ポリスの内部で相争うに至り、後から加わったものは既に起こった事を聞き知って、狡猾な手立てによる攻撃と途方もない報復の新たな工夫を極端なまでに押し進めた」（『戦史』3, 82）

アテネ社会の中で暴力にすぐ訴えることが増加していく状況について、エウリピデスはその作品『オレステス』（前四〇八年）の中で考察している。その中では母親殺しのオレステスとその姉であるエレクトラと友人のピュラデスが、幼児誘拐や放火や謀殺の企てや大変残酷な手段によって自分たちの救いを手に入れようとすることを通じて、同情心に富む人間からかくも暴力的な同志へと変容する。エウリピデスはその作品で、どのような仕方で暴力が固有の力学を獲得し、制御不能に陥り、復讐が自己目的化するか、また純粋に実利的な共演者としてのメネラオスという人物の中で、国家による暴力がどのようにして絶えず状況に合わせて進行していくのかを示している。そのことを通してエウリピデスは、プラトンの精神の発展を刻印したあの時代の雰囲気についての印象を伝えている。

文化的領域においてもまた、プラトンは大きな変化を経験した。アテネはプラトンが若い頃にはトゥキュディデス描くところのペリクレスによって讃えられるのも至極正当なギリシャの文化的中心であったが（『戦史』2, 41）、プラトンが亡くなる頃には文化の重心は移り始めていた。なるほどアテネは哲学の首都であり続けたが――その点に関しては、プラトンの弟子であるアリストテレスの学校とプラトンのライヴァルであったイソクラテスの学校に劣らず、プラトンとその学校の名前もまた決定的な役割を果たしてはいたが――今や他の場所にも文芸の中心が生まれていた。それはたとえばアレクサンドリアやアンティオキアやペルガモンといった場所である。

## 3　青年時代とソクラテス体験

**知的遍歴**

何一つ確かなことは知られていないけれども、プラトンはその青年時代、彼の家のように有力な家庭において一般的だったように、文武両道の教育を受けたことと思われる。とはいうものの、プラトンの名の下に伝えられているエピグラム［恋愛、追悼、風刺などを主題とする短い詩、碑銘に刻まれた詩などの総称］の大部分はおそらく真作ではない（Ludwig 1963, 59-82）。しかしながら友人のディオンの死に捧げた詩は彼の筆になる可能性があり、詩作の分野における彼の技量をも証しするものかもしれない（Page 1975）。

運命の姉妹たちは、
ヘカベ［トロイア王プリアモスの妻、ヘクトールの母親］とトロイアの女たちに
その生まれる前から
涙の糸を紡いだ。

が、ディオン、
君は勝者の冠を戴いていた、
宿命があらゆる希望の実りを
君から突然奪い去ったとき。

故郷の地に安らいたまえ、君の民にとって貴き者よ。
ディオン、どれほど燃える思いで君のことを
私の魂は、
愛したことだろう。

プラトンの最初の哲学の教師としては、ヘラクレイトスの弟子のクラテュロスの名が挙げられている（アリストテレス『形而上学』第一巻六章 987a 32 ff.）。この結びつきは、クラテュロスが重要な役割を果たす同名の『クラテュロス』という対話篇から紡ぎ出された可能性もある。したがってこのアリストテレスの報告は不確かではあるが、ヘラクレイトス主義者たちによって喧伝された人間存在と認識可能性（『クラテュロス』『テアイテトス』）についての問題をはらんだ基本前提（流動説）に対する一つの解答として、プラトンのイデア論を説明するものである。プラトンの精神的発展に最も深く刻まれた体験は、疑いもなくその青年期におけるソクラテスとの出会いである。ちょうど二十歳になったばかりのプラトンはソクラテスの仲間に加わり、前三九九年のソクラテスの処刑に至るまでその弟子

であった。

プラトンの出自と恵まれた資質は、プラトンがアテネの政治生活において重要な役割を果たすことを望み、またそうできたであろうことを推測させる。我々が『第七書簡』から知るように(324b-326a)、彼が当初いだいていた関心は政治情勢の展開によって挫《くじ》かれた。すなわち、市中の政情不安を寡頭制主義者の反乱によって終わらせようとする三十人の企て――実際、それにはプラトンの親族も属していた――は、初めのうちこそプラトンの共感を誘ったものの、政治の現実は次第に彼の嫌悪感を募らせていった。

## 現実政治に対する失望

「わたしも、かつて若かったころは、じっさい、多くのひとたちと同じような気持でした。自分自身のことを支配できるようになりしだい、すぐにも国家の公共活動へ向おうと、考えたわけです。そこへまたわたしには、国家の情勢から、次のような、ちょっとした偶然が降りかかってきました。
当時の国家体制は多くのひとたちから非難罵倒されていましたが、その体制に変革が起った。そしてこの変革にさいしては、五一人ばかりのひとたちが、統治委員として陣頭に立ちました。(中略)ところでたまたま、このうちの幾人かは、わたしには親戚筋や知合いにあたる者であったうえ、さっそくわたしに、それがわたしにうってつけだからと、自分たちの活動への参加を呼びかけていました。(中略)
ほかのことはともかくとしても、かれらは、当時のひとびとのなかでいちばん正しかったといってもおそらくわたしの恥にならないであろうひと、つまりわが敬愛すべき老年の友ソクラテスを、ほかの何人かの者といっしょに、とある市民のところへ、これを死刑にするために強制連行してくる役目で、さし向けようとしたのです。（中略）こうした事件の一部始終や、ほかにもそれに似たような、けっして小さくない一連の事件を目のあたりにするにつけても、わたしは、憤懣やるかたなく、当時の悪風からはきっぱり身を退《ひ》きました」（長坂公一訳、岩波書店、プラトン全集14。以下『第七書簡』からの引用は長坂訳による）

かくして、たとえばサラミスの人レオンを連行するようソクラテスに提案することによってソクラテスを不正な陰謀に引き込もうとする試み、この不当な要求に従うことに対する命の危険を冒してまでのソクラテスの拒否、宣誓した五百人の裁判員から成る裁判によるソクラテスに対する前三九九年の有罪判決と処刑は、プラトンがアテネの政治から身を引くことを決定的にした。そのような一連の出来事の中に、プラトンは単なる一度限りの手違いとはいえない、正義についての誤った観念の帰結としての政治の原理的な機能不全を認めたのである。彼の見解によれば、正義について予《あらかじ》め与えられた基準は、民主主義的な投票によっては実現されることのできないものなのである。それゆえプラトンはアテネを去り、メガラのエウクレイデスの許へと赴《おもむ》いた。彼もまたソクラテスの弟子であった。

アテネの政治からプラトンが遠ざかったことは、その成長における重要な一歩を記した。自分こそが唯一真正のアテネの政治家であるとの『ゴルギアス』篇におけるソクラテスの主張（『ゴルギアス』521d）は、プラトンの生の選びが指し示す方向を示唆しているのかもしれない。というのも、プラトンの哲学はソクラテスの後を継ぐ新たな種類の政治として理解されるからである。もちろん、それにとって問題なのは制度ではなく、同胞の魂と、良き共同生活のための前提としての魂をより優れたものとすることであったが。

この魂の配慮に文学的な対話篇もまた奉仕すべきものであった。それらの対話篇はあの時期に成立し、プラトンはその時点で既に、それらの作品によって師であるソクラテスのために文学的な記念碑を立てることを開始していたのである。諸対話篇は彼流の哲学を広めるためのものであったが、しかしまたそれらが世間の幻想から人々を解放し、そのことを通して真理の認識を準備することができる限りにおいては、魂の癒しのための前提条件を創り出すべきものでもあった。

もとよりこの目的のために、選び抜かれた若者たちの共同体として、プラトンはその学園アカデメイアを開設したのであった（前三八七年頃）。それは将来の政治家たちを教育する場所としてではなく、その内において「互いに言葉を交わすことの中で、ふさわしい魂に対して」知が「植え付けられる」ような「苗床」として（『パイドロス』276e）設けられたのであった。

## 4　第一回シシリー旅行

しかしそれに先立って、プラトン――今や四十歳の（『第七書簡』324a）――は教養を積むための大旅行に出発した（前三八九〜前三八八年頃）。彼を南イタリアとシシリーへと導いた理由については知られていない。同様にまた、彼がエジプトとキュレーネーにまで赴いたかどうかもわかっていない。

ひょっとするとこの旅についての報告は、プラトンが数学者のテオドロスと友人であったという事情と関係があるのかもしれない。テオドロスはキュレーネーの出身で、『テアイテトス』篇において一定の役割を果たしている。南イタリアとシシリーへの旅でプラトンは哲学的および政治に関わる分野で刺激を受け取り、知見を蓄えた（von Fritz 1968）。イタリアとシシリーで彼はピュタゴラス派の人々、とりわけタレントゥム出身のアルキュタスと接触をもった。ロクロイで彼がピュタゴラス派のティマイオスに出会ったことも考えられる。後に彼はこのティマイオスを同名の対話篇の主人公にしている。

またマグナ・グレキア〔南イタリアのギリシャ植民市の総称〕における贅沢な暮らしぶりをプラトンは問題があると見なすとともに、その点にこの地域における政情不安の原因を見ている（『第七書簡』326b-d）。他方、彼が同様に接触を持ったオルペウス＝ディオニュソス教団の考えが彼に影響を及ぼしたことも考えられる。いくつかの対話篇（たとえば『ゴルギアス』『パイドン』『国家』）の中でプラトンによって描写されるあの世での物語は、それらに含まれる死後の裁きという観念とともに、しかるべき影響の現れと考えることもできるかもしれない。シュラクサイで彼は僭主《せんしゅ》のディオニュシオス一世に出会い、しばしの間、上層階級の間に影響を及ぼすことができるのではないかという希望を抱いた。

シュラクサイでプラトンはまた、ディオニュシオス一世の義弟で娘婿のディオンとも知り合った（『第七書簡』327a）。彼は大変資質に恵まれた、哲学に情熱を燃やす若者で、プラトンの哲学的理念に賛同した。プラトンはディオンと持続的な友情の絆を結んだ。しかしながら、ディオニュシオス一世との関係は仲違いに終わった。思うに、プラトンの率直さが僭主に歓迎されなかったのであろう。シュラクサイから戻る旅の途中でプラトンは捕らえられ、当時アテネと戦争状態にあったアイギナに売られたともいわれる。しかしながら、彼の新しい主人であるキュレーネー出身のアニケリスという人が、プラトンが何者であるかに気づいた時に彼を解放したともいわれる。もちろん、この話の信憑性については異論がある。

# 5 アカデメイア創設

### カリキュラムと授業風景

アテネに戻ってから、プラトンは英雄アカデモスに捧げられた土地を購入した。そして前三八七年頃、一つの学園を開いた。それは弁論術教師であるイソクラテス（前四三六～前三三八年）の学園と並んで、ギリシャにおける最初の高等教育のための施設であった。学園は間もなくして名声を博し、数多くの若者たちを惹きつけた（Baltes 1993; C. W. Müller 1993, 31-43）。プラトンの学園における学問的な生活の特徴は、学問的探究の基礎の上に築かれた哲学的な共同生活（シュヌーシア）と、数学や天文学、植物学、動物学、論理学と弁論術、政治学と倫理学といった諸学の振興であった。定位すべき最高の収斂点は善の原理であり、それは現実の存在論的構造を説明する原理であると同時に、あらゆる人間の意欲の目標と見なされた。

学生たちの間では、純粋に理論的考察に関心を寄せるグループと、探究の成果から実践的な利益を引き出そうとするより大きなグループとの間に明らかな違いがあった。その生活と学習の特徴は日々の生活の必要性からの自由であり、理論的探究に関心を寄せる者の間の平等と共同であった。授業の枠組みの中で、プラトンの作品も論じられた可能性も考えられる（Erler 1987, 57 ff.）。

アカデメイアにおける授業についての報告を我々はあまり持ち合わせておらず、その点については部分的にプラトンに批判的な伝承や喜劇の戯画化された描写に頼らざるをえない。しかしそれらについても、おそらくは現実の一部を核として含んでいることを認めることができるであろう。この点ではとりわけ、前四世紀前半の喜劇作家エピクラテスによるアカデメイアの学園の授業風景の描写（断片10K.-A.）が有名である。

舞台で演じられるのは、プラトンに典型的な分割法（ディアイレシス）［『ソフィスト』『政治家』『ピレボス』など後期対話篇で提唱され、実演される方法。ひとまとめにされている事柄をその差異に応じて切り分け分割することをいう。逆に多くのものに共通する性質を見出して一つのものにまとめあげる方法を綜合（シュナゴーゲー）という。この二つの方法を合わせて対話法（ディアレクティケー）と呼ぶ］である。それを用いて一つの対象が規定されなければならないのであるが、エピクラテスにあっては、カボチャはどの種に属すか、という問いが問題とされる。学生たちの間で論争が起きたため、プラトンが温厚な審判役を引き受け、結局、彼は学生たちに最初からやり直させる。

たとえ喜劇固有の嘲弄によって歪曲されているとしても、プラトンの対話篇（たとえば『ソフィスト』や『政治家』）と彼の甥《おい》であるとともに学校運営の後継者であるスペウシッポスについての報告から して、そのシーンが学園の実際の特徴を映し出していることは証明されうる。それに加えて、我々はプラトンが学生に課題を出したことも聞いている。それらの課題はたとえば数学や宇宙論の領域に関するものであり、その解き方についての提案へと導くものであった。いうまでもなく、本当の探究に関心をもつ学生もいれば、どちらかといえば皮相な哲学的関心を追究する学生もいた。

## 共同体としてのアカデメイア

我々はプラトンの対話篇が彼の学生の間で読まれ、それらの対話篇の中で提起された問いとアポリアが論じられ、指針が求められ、プラトン的意味における解決が求められたという前提から出発することが許されるかもしれない（Erler 1987; Merkelbach 1988）。プラトンのアカデメイアは、授業料が無料である——学園はプラトンの財産によって賄われていた——ということによってその学園の重要な競争相手であるイソクラテスの学園と異なっていた。また哲学的な生活共同体という理念（『第七書簡』341c）や一緒に祝う学園祭（アポロンの誕生日）や饗宴によっても異なっていた。

それに加え、皆が学園と構成員に対して責任感を抱いていた。ピュタゴラス派の共同体との共通性が認められるが、プラトンにおいては「秘教的」な要素はより少なく、おそらくはまた独断的な仕方で物事が進むこともより少なかったと思われる。たとえプラトンが大きな権威を持っていたとしても、アリストテレスのような弟子がプラトンに対して行使することができたような大いなる自由は——アリストテレスによるプラトンのイデア論に対する批判を考えてもみよ——アカデメイア内部におけるリベラルな雰囲気を物語っている。

プラトンの学習と教授のための共同体——伝え聞くところではそれには二人の女性も含む多くのメンバーが所属していたが——では、プラトンの甥で彼の後継者にもなったスペウシッポスやスペウシッポスの後に学園の運営を引き継いだクセノクラテス、またプラトンの死後、学園を後にするまで二十年にわたってアカデメイアで学び教えたアリストテレスのように重要な哲学者たちが活動していた。多くのメンバーは、後に世界のさまざまな地域において助言者として重要な政治的課題に取り組んだ。プラトンの教授活動の最初の二十年の間に、『メノン』『パイドン』『饗宴』の如き重要な対話篇が書かれた。おそらくはまた『パイドロス』と、とりわけ彼の主著とも呼ぶべき『国家』の如き理想国の構想がこの期間に属する。

## 6　二回目と三回目のシシリー旅行

プラトンの教授活動は、さらに二回にわたるシシリー旅行（前三六七～前三六六年もしくは前三六六～前三六五年および前三六一～前三六〇年）によって中断された。その地で彼は国家のあり方に関する自分の思索を実行に移そうと企てたのであった（『第七書簡』参照）。友人のディオンの強い要請に応じて彼はディオニュシオス一世の死後、その若き後継者であるシュラクサイの新たな僭主ディオニュシオス二世によって、哲人王という理念を実現しようと欲したのである。ディオニュシオス二世は哲学への関心を表明しており、今や六十歳になっていたプラトンは権力の行使についての哲学的な見方を僭主に会得させせようとのディオンの言葉に説得されたのである（『第七書簡』327c-329b）。が、その努力は失敗に帰した。ディオニュシオス二世の下、謀反の陰謀の廉《かど》でディオンは追放された。プラトン自身もやっとのことでアテネに逃れることができた。

その五年後にプラトンはディオニュシオスの要望に応えて改めてシュラクサイに旅立った（前三六一年）が、彼がそうした理由は、ディオニュシオスが彼にその訪問はディオンの不利益にならないであろうと告げたからである。それに加えて、ディオニュシオスがアイスキネスやアリスティッポスといったソクラテスの弟子たちを自分の周りに集めていたことも、支配者の真剣な哲学的関心を物語っていた。プラトンは自分の学生であるスペウシッポスとクセノクラテスを伴って出発した。

にもかかわらず、今回もまた僭主をより深い哲学研究に向かわせることには成功しなかった（339ff.）。なるほどディオニュシオスは試験を受けはしたが（『第七書簡』340b）、その哲学的知識は表面的なものに過ぎず、その実生活にとっては意味を持たなかった。さらにプラトンは彼をディオンと和解させることができなかった。そうこうするうちに、彼の調停の試みの故に自身が再び窮地に陥り、プラトンはタレントゥムのアルキュタスの助けでようやくアテネに帰還できたのであった。

この――いま一度挫折した――理論的哲学を実地に移そうとする努力について、『第七書簡』が消息を与えている。平和的な手段が挫折した後、ディオンはプラトンの異議にもかかわらず、実力でディオニュシオス二世の支配を転覆させようと企てた。反乱は成功したものの、ディオンはシュラクサイとシシリーにおける秩序をもたらそうと努力する中、暗殺されたのである。

# 7　晩年

シシリーで自分の政治についての考えを実行に移そうとするプラトンの試みは、このようにして挫折した。死に至るまでのそれに続く十三年間を、彼は研究し教えながらアテネで過ごした。その間に『ピレボス』や『ティマイオス』、あるいは死後になって初めて彼の弟子のフィリッポスによってその作品集から編纂された国家理論に関する二番目の著作で、大著の『法律』といった重要な作品が成立した。おそらくはまた『善について』という公開講演もこの最晩年に属する。

その講演でプラトンは究極的原理についてのアカデメイア内部における議論への展望を与えている。ひょっとするとそのきっかけは、反民主的な姿勢をめぐる疑惑について釈明したいという望みだったかもしれない（Gaiser 1980）。すなわち同時代人の見解によれば、プラトンとその学生たちは、民衆と日常政治に関わる案件に対してあまりにも多くの距離をとっていたのである。その一方で、プラトンの自制と威厳は賞賛されてもいた（Anecd. 106 Riginos;『列伝』3, 26）。

喜劇はプラトンの善についての教説と、彼ら喜劇作家たちの主張によればいささか陰鬱な人柄を揶揄した。その際、プラトンのアウトサイダーとしての役割が強調されるようにと、その時代の知識人の典型がもつ要素を当てこすっている。自分の信念に反して、哲学的な準備ができていない公衆の前で話すというプラトンの試みは挫折した。善を一者として示そうという目的を持った詳しい説明は無理解にぶつかり、当時の喜劇に明白なように、むしろ偏見をさらに強めてしまったかもしれない。

もちろん、この失敗が重要な哲学者としての彼の名声を傷つけることは全くなかった。政治のための教育の場としてよりも自己形成を促す場としてアカデメイアは創設され、広範囲にわたる評価を得て、ギリシャの多くの地方から聴講者と学生を惹きつけたのである。

前三四七年にプラトンが八十歳で亡くなった頃には、彼は大いに尊敬されていた。ペルシャ人のミトリダテスは、プラトンのためにアカデメイアの中に彫刻家のシラニオン作の像を立てたとのことである。この像は、我々に遺されているプラトンの彫像製作にあたってインスピレーションを与えたオリジナルと見なされるべきものである。

ミュンヘンの彫刻館に収蔵されている、本来は一つの像に属していたはずのローマ時代に造られたオリジナルの模刻は、今日ベルリンに展示されている精巧に仕上げられた頭部と並んで、最も美しく保存されている作品の一つとされている。その模刻は、元々はベーリンガーのコレクションに由来している (Richter-Smith 1984, 181 ff.; Vierneisel 1987, 11-26)。その頭部は多くの点で、我々がプラトンの外見についての文献に見られる証言から取り出すことができるものに適合してはいるが、しかしまた前四世紀の知識人の彫像の定型にも則っている。つまり、それはプラトンを哲学者としてよりも、良き市民として表現しようとしているのである。

# 第二章　作品と著者

# 1　プラトン集成

## 四部作分類法について

プラトンが古代ならびにそれを超えて及ぼした影響の大きさは、彼が書き残した全てが我々にまで伝わるという結果からして明らかである。これは幸運な出来事であるとともに格別のことでもある。実際、保存されている書物に証拠が残っていないような、いかなる引用もプラトンのテクストへの言及も存在しない。手写本は我々にプラトンの名前で四十三の作品を伝えており、『弁明』を除いては、全て対話篇と十三通の手紙である。プラトンの名前で若干のエピグラムも伝えられているが、その大部分が彼の手になるものでないことは確かである。

ディオゲネス・ラエルティオスはその作品の第三巻で（3, 56-61）プラトンの生涯と教説について報告するのみならず、その作品の性格と対話篇の順序、それらの題名ならびに哲学的な教化の文脈においてそれらがもつ意義についても見解を述べている。それに従えば、諸対話篇は四つの著作から成る九つのグループに分類される。たいていの場合、この四部作分類に中世写本も、また近代の版も今日なお従っている。ディオゲネス・ラエルティオスによればこの四部作分類法はティベリウス帝（前四二～後三七年）の宮廷天文学者トラシュロス（後三六年没）に遡るものである。彼は、プラトンがその対話篇を悲劇の四部作の模範に従って編集したと確信していたとされる（『列伝』3, 56-61）。

しかしながら、トラシュロスよりも前に既に共和制時代の著作家ウァロ（前一一六～前二七年）が

『パイドン』を次のような言葉で引用している。「プラトンは……についてという四番目の対話篇（Plato in quarto）で（述べている）」（『ラテン語について』7, 37）

このことは、ウァロが既にその中で『パイドン』が〈四番目の位置〉にあり、したがって四部作による分類が予め与えられている版を指していることを告げている。そのことを以て、ウァロは四部作分類を前提としているのである。その結果、いつこの分類法に至ったのか、またそれがアカデメイア内部で生じたのかどうかは、解明されないままに留まっている（Müller 1975, 27-41）。

いずれにしても対話篇を四部作に分類することは、時としてある共通の作劇上もしくは内容的な文脈を考慮に入れることを意味する。「別れの作」とも呼ばれる（Wieland 1999, 89）最初の四部作――『エウテュプロン』『弁明』『クリトン』『パイドン』――は、ソクラテスがその処刑の前の最後の日々に交わしたであろう対話や話を創作したものである。すなわち、訴訟を管轄する役所に出向く途上で（『エウテュプロン』）、裁判員の前での公判で（『弁明』）、獄中における友人からの脱獄の申し出による「誘惑」に際して（『クリトン』）、そして死を前にしての最後の時間に友人たちに囲まれて（『パイドン』）。

別のグループは八番目の四部作――（今日なお真作かどうかが争われている）『クレイトポン』『国家』『ティマイオス』『クリティアス』から成る――のように、主題に関して密接に結びつけられている。すなわち、『クレイトポン』と『国家』は理想国と正義に関する問いを展開し、『ティマイオス』は理想国における理想的な国民の叙述を以て始まっている。ソクラテスの要望に応えて、まず宇宙と人間の誕生が述べられ、次にこれらの理想的な国民が「アトランティス」国に対する戦争において、どのようにしてその正当性を示せるかが叙述される。

## その他の分類法

四部作への分類と並んで、ディオゲネス・ラエルティオスは三部作（トリロジー）ごとに対話篇を整理する分類法についても報告している。彼はそのやり方をビザンティン出身のアレクサンドリアの文献学者アリストパネス（前二世紀）に帰している（『列伝』3, 61-2）。この三部作ごとの分類法はプラトンの十五の対話篇を含むに過ぎず、それ以外の著作は未整理なままにしている。この分類法が四部作による分類法とどういう関係にあるかについては、今日なお論争されている。

ディオゲネスは対話篇をその題名――たいていはソクラテスの最も重要な対話相手の名前――と副題で列挙している。この副題によって、その都度の対話篇の内容が特徴づけられる。たとえば、『パイドン――魂について』『国家――正義について』『パイドロス――愛について』など。

これらの対話篇の副題は、明らかに古くからのものである。ヘレニズム期の詩人カリマコス（前三〇五年頃～前二四〇年頃）は前三世紀に既にあるエピグラムの中で、「クレオムブレトスというある男がプラトンの『魂について』という対話篇を読み終えた後、自ら命を絶った」と述べている。

このエピグラムは次のような理由から興味深い。すなわち、それが興味深いのはカリマコスが既にその対話篇を副題――まさに『魂について』――で引用しているからであり（カリマコス『エピグラマタ』23）、またそれがプラトンの教説の誤った受容に対する揶揄の一つの証言でもあるからである。『パイドン』の中ではむしろ、哲学は魂の肉体からの分離を希求することとして規定されてはいるものの、プラトンはソクラテスに自殺を禁止させている。

さらに対話の中で行われる議論のやり取りの仕方が特徴づけられるとともに、それによってプラトンによる哲学の授業カリキュラムの中でのその都度の対話の機能が規定されることになる。このジャンルの表示は、たとえば自然哲学について（『ティマイオス』）あるいは論理学（たとえば『パルメニデス』や『ソフィスト』）といった理論的な教授を目的とする対話が問題となっているのか、あるいはたとえば倫理学（『パイドン』『饗宴』）もしくは政治学（『国家』『法律』『クリティアス』）のように実践に関係する教授目的の対話なのか、を示すものである。他の対話篇は、練習のための対話篇（ギュムナスティコス）として分類され、それらは吟味（ペイラスティコス）――たとえば『エウテュプロン』『メノン』『イオン』『カルミデス』『テアイテトス』など――や競争（アゴニスティコス）――たとえば『プロタゴラス』――あるいは論駁（アナトレプティコス）――たとえば『エウテュデモス』『ゴルギアス』――を目の前に繰り広げる。このような仕方で対話篇をそれが果たすことができる機能に応じて分類する方法は、後に哲学の授業の中で対話篇に対して与えられることになる課題を根本的な仕方で反映しているのかもしれない（Nüsser 1991; Reis 1999）。

## 作品の真偽問題について

しかしながら、プラトン集成に伝えられてきた全てが――既に述べられたように――プラトン自身によるものというわけではない。古代において既に、人は集成に収められたいくつかのテクストがプラトンに由来するものでないことを認識していた。集成の枠組みの中で、ディオゲネス・ラエルティオスが証言しているように（『列伝』3, 62）、古代において既にその真作であることが疑われていた対話篇が伝えられている。六編の短い対話篇（『正義について』『徳について』『デモドコス』『シジフォス』

『エリュクシアス』『アクシオコス』）は、同様に偽作のいわゆる『定義集』と共に、「嫡出でないとされた作品」（ノテウウーメノイ）との見出しで別の付録に一緒にまとめられ、今日ではプラトン補遺集（アペンディックス・プラトニカ）と名づけられている（Müller 1975）。

しかし真作として列挙された対話篇のグループの中にも、それが真作であることが古代において既に疑われ、今日なお論争されているいくつかのテクストが入り込んでいる。なるほど我々はその種の疑いを——十九世紀の見解に抗して——ほとんど全ての作品にまで拡げることは、もはやしないであろう。とはいうものの、『第二アルキビアデス』『ミノス』『ヒッパルコス』あるいは『恋がたき』といった作品については、今日の研究ではそれらを偽作とする見方が支配的である。また『テアゲス』『ヒッピアス大』『ヒッピアス小』あるいは『クレイトポン』のような対話篇についても、いくつかの救済の試みにもかかわらず、それらを偽作と見なす方に傾いている。

プラトン集成の中に疑わしいものや、偽作が収録されたことは注目に値する。このことはひょっとすると、四部作への分類を完全にしたいとの願望によって説明されるかもしれない。それはもちろん、そのような仕方による版がもっと前からあったことを前提とする（Müller 1975）。

いずれにしても、我々はアレクサンドリアの文献学者たちの手になるアカデミー版の権威によるだけで、非プラトン的あるいは疑わしいものを受け容れるように納得させることができたのだと推測することができる。おそらくはその大部分がアカデメイアの中で生じたと思われるこれらの偽作について判断するにあたっては、我々はさらに「捏造」というよりもむしろ次のような試み、つまりプラトンの対話篇を模範として模倣しながらも、その際に文学的な構成と内容については徹底的に独自のアクセントを持たせようとした試みについて考えるべきであろう（Döring, Erler, Schorn 2005）。

以下においては、プラトンの全作品が——疑いもなく偽作のもの、また真作であることが疑われているものも含めて——ドイツ語のタイトルのアルファベット順にまとめられている。見出しのような簡単な内容の説明と、四部作の中でのその都度の位置の表示（その際、ローマ数字は四部作を、アラビア数字は四部作内部での順番を示している）と、しばしば優先的に用いられるラテン語の題名と古代の副題の翻訳は、方向性をつかむための助けとなるであろう。

個々の対話篇について

『第一アルキビアデス』（IV 1, *Alcibiades* 人間の本性について）

ひょっとすると真作ではないかもしれないこの対話篇においては、倫理と政治の心理学的基礎としての自己認識の可能性が論じられる。

『第二アルキビアデス』（IV 2, *Alcibiades* 祈りについて）

偽作であることに間違いないこの対話篇の主題は、望まれた財についてきちんと評価することを視野に入れつつ、祈りの機能について問うことである。

『恋がたき』（エラスタイ）（IV 4, *Amatores* 恋人たち、哲学について）

この偽作においては、哲学とは何かという問いが問題とされる。ソクラテスは二人の恋人たちの間で交わされる議論について報告する。そのうちの一人は哲学を軽蔑し、もう一人は人間形成（教養）に役立つものと見なしている。

『ソクラテスの弁明』（I 2, *Apologia Socratis*）

ソクラテスは若者を堕落させ、アテネの神々を敬わずに新しい神々を持ち込もうとしているとの告発に対する、ソクラテスによる法廷での三つの弁論。ソクラテスは彼の哲学と人々の吟味を、彼が疑念を抱いたデルポイの神託――それはソクラテスを全ての人間の中で最も賢い者であると告げた――に対する応答として記述している。彼は人々に対するこの奉仕の遂行の故に罰ではなく、国による顕彰を期待している。死刑判決を受けた後、彼は取り乱すことなく、死が意味を持たないことについて語る。

『書簡集』（IX 4, *Epistulae*）

プラトンの名において様々な相手に宛てられた書簡。その真偽をめぐって今なお論争されている第七および第六書簡に至るまで、おそらくは偽作。これらの手紙はシュラクサイにおける政治に関する出来事や（ディオニュシオス、ディオン）、マケドニアにおける政治的影響を取り上げている。（たとえ偽作だとしても）とりわけ重要なのは、プラトンが政治に対してとった態度についての弁明としての『第七書簡』である。自伝的な特色と、わけても哲学的な認識の可能性（会話による伝達と文字による表現についての吟味）についての基本的な補論の故に重要である。

『カルミデス』（V 2, *Charmides* 節度について）

節度の規定と、自己認識ならびに知の吟味の可能性についてのアポリア的対話篇。

『エピノミス』（IX 3, *Epinomis*）
この偽作は『法律』の主題（国家のモデルとして論じられているマグネシアにおける支配者たちの夜の審議会）を取り上げ、主として天文学的、数学的な諸問題を論じている。

『エウテュデモス』（VI 1, *Euthydemus* 争論術について）
ソフィスト的な争論術（そこでは、あらゆる主張を論駁することが眼目である）とソクラテス＝プラトン的な真理の探究を、哲学のための宣伝という文脈で対照させながらの叙述。

『エウテュプロン』（I 1, *Euthyphro* 敬虔について）
敬虔の規定についてのアポリア的対話篇〔最終的な答えが見つからず、困惑とともに無知の自覚に至る対話篇のことを指す。アポリアとは「行き詰まり」を意味する〕。そこではホメロス的な宗教の根本的な見解との対決が内含されている。

『ゴルギアス』（VI 3, *Gorgias* 弁論術について）
正しい生き方とその文脈の中で弁論術が果たすべき役割についてのポロス、ゴルギアス、カリクレスとの論争。魂の世話としての弁論術（助けとしての罰）、同胞の魂について配慮する「真の政治家」としてのソクラテス。

『ヒッパルコス』（Ⅳ 3, *Hipparchus* 獲得術について）

たいていは偽作と見なされるこの著作においては、儲け、喪失、善、禍と価値といった概念が論じられる。魂の卓越性は魂本来の善として、外的な善（＝財）と区別すべきだとされる。

『ヒッピアス大』（Ⅶ 1, *Hippias Maior* 美について）

真作かどうかに関して争われているが、おそらくは偽作である対話篇。ソフィストのヒッピアスとソクラテスとの対話は、美を規定することに努めている。そのような規定のためのあらゆる試みは論駁される。にもかかわらず、イデア論を示唆するさまざまな問いかけや観点が読み取れる。

『ヒッピアス小』（Ⅶ 2, *Hippias Minor* 嘘について）

このもう一つのおそらくは真作と思われるソクラテスとヒッピアスの対話篇は、嘘と誤りの区別と、一般的に技術的・倫理的な知識と行動の類比を扱っている。

『イオン』（Ⅶ 3, *Io*『イリアス』について）

ソクラテスと吟遊詩人（ホメロス吟唱者にして解釈者）であるイオンとの対話篇。彼に対して、彼の能力は知識に基づいているのではなく、神的なインスピレーションに因《よ》るものであることが明らかにされる。イオンは、吟遊詩人とするところのものが何かを言うことができない。

『クレイトポン』（Ⅷ 1, *Clitopho* プロトレプティコス［哲学もしくは徳の勧めのための言説《ロゴス》］）

少数の解釈者によってのみ真作と見なされている著作は、正義という主題を扱っているが、とりわけソクラテスの徳の勧めの方法を扱っている。

『クラテュロス』（II 1, *Cratylus* 名前の正しさについて）

はたして言葉は事物について何かを直接述べるものなのか、それともその意味は約定によるものなのかという問いについての言語哲学的に重要な対話篇。両方の主張とも、部分的には皮肉を込めた語源論的な遊びを以て論駁される。満足のいかない結果にもかかわらず、指示と事物の関係が、音価と意味の地平においてではなく、言葉と対象の関係を顧慮して初めて成立することが示唆される。同時に、イデアが（両者を）関係づけるさらなる枠組みとして不可欠であることが仄《ほの》めかされる。

『クリティアス』（VIII 4, *Critias* アトランティスについて）

原アテネとアトランティスの間の武力衝突についての未完の物語。

『クリトン』（I 3, *Crito* 人は何をなすべきかについて）

クリトンは獄中のソクラテスに脱走するように説き勧める。ソクラテスは国家に対する自分の義務を挙げて拒む。はたして不正に不正を以て報いることは許されるか。

『ラケス』（V 3, *Laches* 勇気について）

正しい教育、徳とりわけ勇気についての議論。ラケス、ニキアス両将軍による定義の試みは挫折する。有望な手だてにもかかわらず、徳の一部としての勇気を本来的に成り立たせるものは認識されないままに終わる。にもかかわらず、アポリアからの出口は示唆される。

『リュシス』（V 4, *Lysis* 友情について）

友情についてのソクラテスと二人の若者の対話篇。結末はアポリアで終わるが、真の友情には両者に固有の真に善いものに対する希求が属している、ということが明らかにされる。

『メネクセノス』（V 4, *Menexenos* 追悼演説）

架空の、多くの者によって偽作と見なされている、コリントス戦争で倒れた兵士たちに対するソクラテスの弔辞（底には皮肉な響き）。戦争はソクラテスの死後になって初めて起きた（アナクロニズム）。ソクラテスは、演説の文言はペリクレスの愛人のアスパシアから聞いたものだとしている。

『メノン』（VI 4, *Meno* 徳について）

定義を探究するこの対話篇は、徳（アレテー）とは何か、という問いを取り扱っている。その問いは徳の教授可能性と適切な学習・教授法についての問いと結びついている。人は自分が知らないものをどうやって学ぶことができるのか、という問いについての補論がその解決としての想起説とともに重要である。はたして徳は知であるのか、またその場合にはどのような知であるのかは不明のままである。

『ミノス』（IX 1, *Minos* 法律について）

この真作ではない対話篇の主題は、法の概念を明らかにすることである。第一部は実定法について詳述し、第二部はこれを神話上の立法者ミノスという人物を挙げて基礎づけている。

『法律』（IX 2, *Leges* 立法について）

プラトン最後の、最も浩瀚な作品。オプス出身のフィリッポスによってプラトンの死後に公刊された十二巻にわたる対話篇で、国家建設に不可欠な立法、ポリスの長所、正しい教育、十分善い外的な生活条件、法律などについて論じる。神々に対する犯罪についての詳論が重要である。その枠組みの中で、神々の実在や人間に対する神々の関係についての誤った想定が論駁される。さらに第十二巻で「夜の審議会」とその構成員並びにその哲学的権能について語られることも極めて重要である。

『パルメニデス』（III 1, *Parmenides* イデアについて）

二部から成る対話篇で、その第一部ではイデア論に含まれる基本的な諸問題について、若きソクラテスが老パルメニデスと批判的に対決する。第二部は一と多についての問いの練習として続き、まずは一が存在するという仮定の下に、次には一が存在しないという仮定の下に行われる。そしてその都度の帰結について議論される。

『パイドン』（Ⅰ 4, *Phaedo* 魂について）

処刑当日、ソクラテスは獄中でその友人たちが居合わせる場で、哲学、死と魂の不死について語る。彼はその対話を、真の裁判官としての友人たちを前にしての、自分の生き方についての本来的な弁護として評価している。

『パイドロス』（Ⅲ 4, *Phaedrus* 愛について）

エロースとそれにふさわしい語り、また総じて弁論術についてのソクラテスとパイドロスの対話。求められているのは魂の導きとしての哲学的な弁論術。その際、弁論術の歴史が提示され、哲学的な知識の伝授の文脈において、話された言葉と書かれた言葉との適切な関わり方がプラトン的な哲学者によって主題化される。

『ピレボス』（Ⅷ 2, *Philebus* 快楽について）

哲学的な生にとっての快楽の意義に関する問いが取り上げられる。さまざまな生き方についての印象深い分析によって、善き生とは快楽と知識の混合であることが示される。

『国家』（Ⅷ 2, *Respublica* 正義について）

十巻にわたって、正しい者が不幸であることが論駁され、その逆が真であることが証明される。すなわち、幸福なのは正しい者なのである。その際、理想国との類比で、魂についての新しいモデルが示される。両方の領域——魂と国家——において正義が探究され、見出され、正義と幸福の連関が証明される。

『政治家』（II 4, *Politicus* 王の支配について）

政治家の本質と政治家に特有の知識を規定する試み。国を治める術は、絶対的な尺度に定位して異質なものを一つに織り上げる学知である。その際、書かれた法律は副次的な役割しか果たさないが、しかし有用なものとして見なされる。

『プロタゴラス』（VI 2, *Protagoras* ソフィストについて）

正しい生き方と徳の教授可能性と一性についての、ソクラテスとソフィストのプロタゴラスの対決。対話相手となる両者が、徳と一性と教授についての理解を異にしているため、対話は答えが見つからないままに終わる。

『ソフィスト』（II 3, *Sophista* 存在について）

ソフィストを規定しようとする試み。ソフィストが欺瞞と虚偽の領域の中で探究される。それ故に、虚偽の本質と、それとともに「非存在」の可能性についての問いが浮上する。『パルメニデス』における のとは異なり、『ソフィスト』においては、「あらぬもの（非存在）」は絶対的な意味においてだけでなく、「何か別のもの」として相対的な意味においても理解される。このような仕方においてー『パルメニデス』が想定したのとは違う仕方でーあると同時に（別のものとの関わりで）あらぬものが存在しうるのである。この絶対的および相対的な「あらぬもの」の区別は、虚偽と欺瞞とともに、ソフィストの本質が何であるかを規定するのに役立つ。

『饗宴』（III 3, *Symposium* 善について）

悲劇作家アガトンの勝利を祝っての宴会の際に語られた、エロースに対する賞賛のスピーチの数々。スピーチはさまざまな観点の下に行われた。ソクラテスはディオティマ［マンティネイアの地の伝説上の女性神官］から教わった話を報告、その中ではエロースは知と無知の中間者として、したがって哲学者として記述される。

『テアゲス』（V 1, *Theages* 哲学について）

このたいていは偽作と見なされる著作は、ソクラテス的なものをソフィスト的な政治・教養概念と対比するとともに、ソクラテスのダイモニオン［ダイモーン（神霊、神格）の縮小辞。ソクラテスは子供の頃からその声によって特定の行為を制止されたり、やり直しさせられたりしたという］についても取り扱う。

『テアイテトス』（II 2, *Theaetetus* 知識について）

知識の定義についてのアポリア的対話篇。知識は感覚であるとの主張が論駁される。さらなる試みも同様に挫折する。その中には、知識とは説明を伴った真なる見解という、有望な主張も含まれる。

『ティマイオス』（Ⅷ 3, *Timaeus* 自然について）
創作論的《ポエトローギッシュ》かつ政治的な主題と並んで、ティマイオスは雄大な独白の中で宇宙と人類の生成について論じる。『ティマイオス』は、プラトンの目的論的世界像と自然哲学のための主要な証言である。

偽作群（*Spuria*）
九番目の四部作の附論の中には、いくつかの対話篇が伝えられている。それらの対話篇は古代においで既に偽作と見なされていたが、プラトン全集の中に収録された。それらは正義（『正義について』）、徳（『徳について』）、賢慮（『デモドコス』『シジフォス』）を取り扱ったり、慰めの言葉（『アクシオコス』）を提供したり、あるいはさまざまな財について論じる（『エリュクシアス』）。

## 2　執筆順と伝承

### 作品の年代決定をめぐる問題

古代においては、プラトンがそれぞれの著作を何年に書いたかということは、それほど関心を呼ばなかった。プラトンが一個の教育プログラムに従っているという想定に基づいて、——それは彼の対話篇の読者に対して、存在と真理の認識に至るまで前進して行く認識の諸可能性を与えるとともに、それによって真の幸福を可能とすることができるようなプログラムであるが——帝政時代のプラトン主義者たちはそれに従って読み進むべき基準を整えた。彼らの見解によれば、このプログラムは二つの段階として表される。すなわち、まず『第一アルキビアデス』『ゴルギアス』『パイドン』『クラテュロス』『テアイテトス』『ソフィスト』『政治家』『パイドロス』『饗宴』『ピレボス』の諸篇、それから次の段階として『ティマイオス』と『パルメニデス』である（Nüsser 1991, 87 ff.; Reis 1999）。

哲学をも一つの発展して行く過程として経験し、この過程をその時々の哲学の発展とその人生の歩みに結びつけたロマン主義の増大する歴史意識とともに、関心は次第に諸対話篇がプラトンによって執筆された絶対的な執筆順を見出すこと、あるいはそれらの対話篇をお互いの間で相対的ではあっても少なくとも確証された執筆順にもたらすことに向けられた。

それに加えて、シュライエルマッハー（一七六八〜一八三四年）は最近二百年間のプラトン解釈にとって標準的となったその翻訳（一八〇四年）において、プラトンの『パイドロス』の中で提唱されたロマン主義美学の中でとりわけ高く評価された考えを、解釈にとって実り深いものとしようと試みた。それはつまり、芸術作品は一個の有機体の如くに一つの全体として見なされるべきであるという考えである。それに応じてシュライエルマッハーは、個々の対話篇およびプラトンの全作品の中にもまた、徐々に展開していく一個の全体を認めた。

とはいうものの、この全体志向的な見方にあっても、古代において既に観察された問題——諸対話篇がしばしば漠然としたかたちしか取っていなかったり、多くの箇所が矛盾しているといった問題——が課題となった。この矛盾緊張を人は、諸対話篇の間に一つの歴史的な執筆順を確立し、それを通じて著者の発展を再構成し、このようにして矛盾と称せられるものを説明しようと試みることによって軽減しようと欲した。

## イデア論と魂論による決定の困難

とりわけプラトン哲学の二つの主張と、対話篇の中での重要性の違いを判定することがその種の企てのきっかけとなった。というのは、イデアの実在に関する主張は、一定のグループの対話篇（たとえば『パイドン』『饗宴』『国家』）において導入されはするが、初期の「ソクラテス的」対話篇（たとえば『ラケス』『カルミデス』『エウテュプロン』）においてはなんの役割も果たしていないように見えるからである。また後期の対話篇（たとえば『パルメニデス』）においてプラトンは、このイデア論に対してむしろ批判的であるようにも見えるからである。

魂についての教説に関して「ソクラテス的」初期対話篇は、純粋な合理性の源泉としての魂から出発している。それによれば、過ちとは知的な誤りの帰結なのである（『プロタゴラス』351b ff.)。非合理的な動機づけにとって、魂の内にはそれを取り締まるようないかなる部署あるいは権能もない。これに対して『国家』においてソクラテスは、そのような部署が実在することを証明するために論じている。

しかしながら、内容を基準として対話篇の執筆順を確定することにも問題がないとは言えない。というのは、ある主張を提示する際に特定のニュアンスを与えることや抑制することについてのもっともな理由として、文脈を挙げることができる場合もよくあるからである。プラトンは作品の中で、それに関しては一定の規則――たとえば、対話の相手に合わせた話し方――が妥当するような対話を提供する。その結果、特殊な強調や抑制は、虚構された対話相手の側のその都度応用される対話戦略によって説明されることができる。したがって、著者プラトンのその都度の認識と発展の状態に遡及するいかなる推測も許さないのである。

これに加え、プラトンが初期対話篇を創作する際にもイデア論を取り込んでいると思わせるような、プラトン自身によって文学的に仕上げられた示唆も存在する（Baltes 2002）。

最後にまたイデア論については、『パルメニデス』におけるそれに対する批判の後にも、後期の対話篇（『ティマイオス』『ピレボス』）において再び肯定的な意味合いで語られている。

魂論については、『国家』よりも前に既に、人間の内に非合理な要素があることは考慮されていることに注意しなければならない。しかしその存在は比喩を通してのみ仄めかされ（たとえば『パイドン』における「大人の中にいる子供」）、その作用は具体的に描写されるだけで、理論的に分析されるわけではない。『パイドン』と『メノン』における想起説の議論の場合のように、著作の順番（『メノン』『パイドン』）を納得のいくものにできるのは稀である。

一般的に言って、その文学作品が対話的に構成され、その対話構成が作品ごとの対話相手に合わせたものであって、かつまたその伝達法が対話に限定されているような著者について、主題相互の繋がりの欠如から、解釈者が作品相互の関連についての著者の無自覚を想定し、その想定に基づいて執筆順を構成して著者の精神的な発展を辿ることに役立てようとすることは、問題であるように思われる。というのも、このことは次のこと、つまり著者はそれぞれの著作を執筆するごとに、知っていることの全てをその都度ご破算にしなければならないということを前提としているからである。

## 外的な基準による決定の試み

同様に、諸対話篇を外的な基準に基づいて年代決定しようとする試みもまた問題的であることが明らかになる。というのは、これらの基準は、ごく僅かしかないからである。前三九九年のソクラテスの死は、その中でその死が言及もしくは前提されている対話篇にとっては（『弁明』『クリトン』『パイドン』『エウテュプロン』）、執筆年代の上限（terminus post quem）となる。多くの古代の逸話が前提しているように（『列伝』3, 35; Heitsch 2004, 15 ff.）、我々に伝えられている対話篇のいくつか（たとえば『イオン』『ヒッピアス小』など）をプラトンがソクラテスの死の前に既に書いてしまっていたということは、論争が続いてはいるものの、ありそうもないように思われる。

たとえば『メネクセノス』はおそらく前三八七年（アニアルカスの平和）以降に書かれ、それがイソクラテスの著作『パネギュリコス』に対する応答と見なされうるのももっともである（C. W. Müller 1991, 143 ff.）。『テアイテトス』に関しては、前三六九年のコリントスにおける戦いでのテアイテトスの死から上限が判明する。プラトンが死んだ時点（前三四八／前三四七年）で未完成だったはずで、間違いなく晩年の作品である『法律』についても同様である。プラトンの秘書であったオプス出身のフィリッポスがそれに手を加え、編纂し、『エピノミス』篇によって補ったとされる（Taran 1975, 128-139; Krämer 2004, 81 f.）。

しかしながらプラトンの創作による芸術的な対話篇においては、人物やその時代の歴史や他の著作についての仄めかしは、慎重に取り扱うことによって初めて、年代決定のための考慮にとって実りあるものとすることができる。敵対者たちとの対決に関しては——とりわけイソクラテスのことを考えるべきであるが——ごく稀な場合においてのみ確実さを以て結論を出すことができるのである（Eucken 1983）。これらの観察については、次のような仕方で解釈することができるであろう。すなわち、プラトンはその対話篇に意識的に組み込まれたアナクロニズムを通して、これまでの研究が再構成しようと試みてきたような作品の年代決定は、彼にとっては決してそれほど重要でなかったということを読者に明確にしているのである。

いずれにせよ諸対話篇内部での交差は、プラトンによって意図された一定の作品の間の継続性をもった系列の存在を示唆している。『政治家』(257a, 258b) における『ソフィスト』篇への言及は『ソフィスト』が『政治家』よりも早い時期に執筆されたことを認識させる。さらに加えて、『ソフィスト』はソフィストを規定するためのプログラム(『ソフィスト』217a) の幕開けである。そのプログラムの最初の二つの部分は、『ソフィスト』篇と『政治家』篇において実行されている。それに対して『哲学者』という対話篇は、プラトンによって一度も書かれることはなかった。『ティマイオス』は『クリティアス』を続編として挙げている――ひょっとすると『ヘルモクラテス』という対話篇も計画されていたかもしれない (27a)。『ティマイオス』(17b-19b) の冒頭が『国家』を思い出させようとしていることもありうる。

『ソフィスト』においては『パルメニデス』(217c) と『テアイテトス』(143c) への言及が、『テアイテトス』(183e) においては『パルメニデス』への言及が存在する。そこから『パルメニデス』『テアイテトス』『ソフィスト』『政治家』という順序が帰結する。とはいうものの、このことの全ては、プラトンが同時にいくつかの対話篇に取りかかっていた、あるいは個々の対話篇に何度も手を入れたことはない、ということを意味するものではない (Thesleff 1982)。『テアイテトス』については、出だしの部分の別の版が我々に残されているし、『国家』の冒頭もプラトンは直したと言われている。

**文体統計論に基づく決定法**

少なくともグループ単位での対話篇の年代決定にとっての一つの確かな基礎は、文体統計論的な方法である。それはプラトン全集の中での文体的な特色についての観察に基づいている。そのような方法は十九世紀にゲーテの作品について試みられ、プラトンの作品にも用いられた。十九世紀の最後の二十五年の間に、L・キャンベル（1867）とW・ディッテンベルガー（1881; Ritter 1888; Lutoslawski 1897を参照）は、人が後期と見なしてきた『ピレボス』『ティマイオス』『クリティアス』『法律』が、『ソフィスト』ならびに『政治家』と多くの文体上また文学的な特色を共有していることを認めた。F・ブラス（1874）はさらに、イソクラテスによって提唱され実践されたヒアトゥスを避けること、つまり二つの語の間で母音が重複することを避けることが、プラトンによって『パイドロス』において、しかしとりわけ『ソフィスト』『政治家』『ティマイオス』『クリティアス』『ピレボス』『法律』において考慮されていることを確定した。

この二つの観察の合致は、これらの作品を第三回シシリー旅行（前三六七あるいは前三六五年）よりも後の時期に、絶対的確実性をもって設定することを可能にした。言語上の理由から、さらに『国家』『テアイテトス』『パイドロス』『パルメニデス』は、時間的にもっと早いもう一つの中間グループを形成している可能性が高くなった（おそらくは前三八七年以後）。それ以外の残りの対話篇も、同様の分析によって初期の対話篇グループへとまとめられる（Kahn 1996, 42-48）。

コンピューターによる分析もこの大ざっぱな分類を確証し（Ledger 1989; Brandwood 1990）、その結果、今日ではたいていの場合は文体論的――内容的なものではない――観察に基づいて、プラトン全集の三分法が受け入れられている。文体論的な分類はプラトン集成をグループ分けするためには極めて役に立つが、グループ内部においても検証可能な順番を確定する試みにおいては全く役に立たない。とりわけ、初期対話篇について絶対的な年代決定をする試みは、確実であるにはほど遠い。それゆえ、初期対話篇はアルファベット順に並べられている。

文体論的に見て最初のグループ。『ソクラテスの弁明』『カルミデス』『エウテュデモス』『エウテュプロン』『ヒッピアス小』『ゴルギアス』『イオン』『クラテュロス』『クリトン』『ラケス』『リュシス』『メネクセノス』『メノン』『パイドン』『饗宴』。

文体論的に見て二番目のグループ。『国家』『パイドロス』『パルメニデス』『テアイテトス』(『テアイテトス』以降、常にヒアトゥスが避けられている。『パイドロス』を『国家』の前におくべきかどうか、論争されている)。

文体論的に三番目のグループ。『ソフィスト』『政治家』『ピレボス』『ティマイオス』『クリティアス』『法律』(ここでは『ピレボス』が『ティマイオス』の前に来るかどうかが論争されている)。

## 内容による年代決定

この文体論的基礎に基づくプラトンの作品の三つのグループへの分類は、内容的な観点を土台としてプラトンの対話篇をグループ分けしようとする上述の試みの結果と混同されてはならない。

そちらに従えば、初期は以下の通りである。『ソクラテスの弁明』『カルミデス』『クリトン』『エウテュプロン』『ゴルギアス』『ヒッピアス大』『イオン』『ラケス』『プロタゴラス』『国家　第一巻』『エウテュデモス』『ヒッピアス小(?)』『リュシス』『メネクセノス』『メノン』。

中期に属するのは以下の通りである。『クラテュロス』『パイドン』『饗宴』『国家　第二〜第十巻』『パイドロス』『パルメニデス』『テアイテトス』。

そして後期として位置づけるべきなのは以下の通りである。『ティマイオス』『クリティアス』『ソフィスト』『政治家』『ピレボス』『法律』（前三四七年のプラトンの死の時点で未完）。

それゆえ、人は文体論的な年代決定による分類においては、第一、第二あるいは第三のグループについて語り、内容的な観点のもとでのみ初期、中期、後期のグループについて有意味な仕方で語ることができる（Kahn 2003）。しかし文体論的な基礎に基づく対話篇の分類は普遍的な仕方で検証可能であり、したがって他と比較すれば異論の余地がないものとして通用する。

## 創作上の年代決定法

最近、関心を集めているのがいわゆる創作上の年代決定法（die sogenannte fiktive Chronologie）である。それは対話篇に内在的な仕方で、対話篇における対話参加者に当てはまる作劇上の時点に応じて、まずはそこからプラトンによって暗示される対話篇の順番を推測する。その上で、それをソクラテスの精神生活についてのプラトン自身による一種の陳述として理解するものである（Wieland 1999, 89）。それによれば、ソクラテスの死を主題とする作品が最も後期のものと見なされる。そこで次のような順序が帰結する。『エウテュプロン』（ソクラテスがアルコン・バシレウス［アテネにおける役職の一つで、宗教行事および宗教上の罪や殺人に関する裁判を司った］の許に行く前）『弁明』（裁判）『クリトン』（獄中）『パイドン』（獄中と死）。

創作上の時間に従えば初期だが、判決と死とも関係のあるものとして文体論的には中期もしくは後期の対話篇は『テアイテトス』『ソフィスト』『政治家』である。それらは内容的には上述の四作によっていわば制約されている。すなわち『テアイテトス』の陳述によれば、ソクラテスはアルコン・バシレウスに出頭する刻限の直前であり（210d）、そしてまさにこの時点の次に『エウテュプロン』の場面が続くからである。『テアイテトス』『ソフィスト』と内容的には密接に結びついている『政治家』の後に裁判が、したがって『弁明』『クリトン』『パイドン』のドラマの舞台が続く。『プロタゴラス』や『カルミデス』のような対話篇は、ソクラテスの生涯の真ん中に置かれる。諸作品の開始を告げるのは、ソクラテスが若者として紹介される『パルメニデス』である。そこでのソクラテスはパルメニデスの批判に対して空しくイデア論を弁護しようと努めるが、『パイドン』──創作上は最後の対話篇──における老ソクラテスはそれを強く主張している。そのように見られるとき、我々は創作上の年代決定においては、プラトンにとってあらゆる批判と問題点にもかかわらず、イデア論が常に妥当性をもつものであったとのプラトンの示唆を認めることができるであろう。作劇上の日付を真剣に受け止めることには、たとえそれが完璧な仕方で与えられていないとしても、そうするだけの価値はある。

## パピルスと写本

古典作家の中でもプラトンの伝承は、ホメロスと並んでおそらくは最も包括的なものである。数多くの中世写本と並んで、プラトンの作品のテクストが書かれた多くのパピルスが我々に残されている。それらのパピルスは今ではまとめて『ギリシャ語およびラテン語による哲学パピルス集成』(Corpus dei Papiri Filosofici Greci e Latini)（CPF, 1999）に収められて、容易に見ることができる。同様に個々の対話篇に対するコメンタリーの部分も伝承されており、その中には『テアイテトス』篇についての多くの章節が含まれている（CPF3, 1995, 227-562［Bastianini-Sedley］）。最も古いパピルス（アルシノエ出土の『ラケス』と『パイドン』の断片、CPF1***Plato Nr. 23 とNr. 40［A. Carlini］）は、前三世紀の初期、したがってプラトンに近い時代のものである。ところが、まさにより古いパピルスが中世の伝統が伝える読みと少なからず相違しており、そこでどちらの伝統の方が元々の原稿に近いのかが議論となる。推測するに、パピルスにあっては不確かなテクストからの私的な書き写しが問題であるように思われる。それ以外の証言はおそらく文献学的な基準を持った伝統に属し、その伝統は場合によっては前四世紀のアカデメイアのテクストにまで遡る（C. W. Müller 1975, 22-32; Görgemanns 1994, 49）。

これら数多くの保存されているプラトンのテクストの写本の大部分は、九世紀に遡る。ビザンティン・ルネサンスの時期に、大主教のアレタスと総大主教のフォティオスが古代の大文字によるテクストを小文字に書き写させた。中世の伝承は本質においてこれらのテクストに依拠している。しかしながら、ウィーンの写本（F）によって代表される伝承の系統は、一般的な伝承から独立しているように見える。

とりわけ重要なテクストの証人は、Bodleianus Clarcianus（B）である。それはプラトン対話篇が書かれた最古の写本（Codex）であり、E・D・クラークがパトモス島で発見し（一八〇一年）、そこから英国のオックスフォードにあるボードリアン図書館に持ち帰ったものである。その写本は八九五年頃に大主教のアレタスの命によりヨハンネス・カリグラポスが製作したもので、最初の六組の四部作（『エウテュプロン』から『メノン』まで）を供している。

Bodleianus Clarcianus（B）と並んでプラトン集成の最初の半分にとって重要な写本には、十一あるいは十二世紀に書かれたヴェニスの Codex Venetus（T）、十一世紀に書かれたウィーン写本（W）、そして上述の十三世紀に書かれた写本（F）が属する。プラトン集成の残りの半分については、とりわけ九世紀末頃に書かれた Parisinus Graecus 1807（A）と九世紀と十世紀の間に書かれたヴァチカンの Vaticanus Graecus（O）が伝えている（一覧にまとめれば、以下の通り）。

F =Vindobonensis Suppl. phil. gr. 39, 十三世紀（ウィーン写本）
B =Bodleianus gr. 39, 八九五年に大主教アレタスのために書かれた
T =Venetus App. Cl. 4, 1, 117, 十二世紀
W =Vindobonensis Suppl. phil. gr. 7, 十一世紀（ウィーン写本）
A =Parisinus gr. 1807, 九世紀末
O =Vaticanus gr. 1, 九〜十世紀

今日なお標準的な版を編纂したバーネットは、プラトンのテクストの写本は本質的に古代の二冊本の版に由来すると信じていた。彼の功績はF写本の意義を見て取ったことにある。とはいうものの、彼の版の他の基本前提については、問題がないとは言えない。たとえば、Clarcianus（B）をあまりにも優先し過ぎている点などである（Boter 1989, 11-15）。なによりもまず我々は間接的な伝承とこの間に発見された数多くのパピルスを大いに考慮しなければならないであろう。写本ＢＷＴとパピルスを新たに活用した重要な例は、たとえばドッズ（1959, 34-67）やブラック（1961）による新しい版と

コメンタリーや上述のパピルスを集めたものに見られる。

最近ではもっと新しい版やその準備作業が公にされている（Moreschini 1966; Carlini 1972）。新しいオックスフォード版も計画されており、それはバーネットの版に取って代わるとともにさまざまな研究者グループによる仕事を結びつけるはずのものである。第一ならびに第二番の四部作の巻は既に出版され（1995）、同様にS・R・スリングズによって編纂された『国家』の単行本も出版された（2003）。最近のこれらの努力にもかかわらず、プラトンのテクストが書かれた写本は不完全な状態で知られているに過ぎないとのG・パスクアリスの嘆き（1952, 253）は今なお妥当している。今後さらに作業を積み上げていくことは、もちろん意味のあることであろう。

## 3　プラトンのソクラテスもの

### 作家としての非凡さ

「著述家としてプラトンは最も才能豊かな散文作家であり、最高度に変幻自在で、あらゆる音調を駆使するとともに、最も教養ある時代の完璧な教養人であった。その作品構成において彼は作劇に関する偉大な才能を示している」（フリードリッヒ・ニーチェ『プラトン対話篇研究入門』Fr. Nietzsche, Werke, III.Abtlg., Bd.XIX（Philologica), Leipzig 1913, 238）

『弁明』を除いて――おそらくはまたいくつかの書簡と先にすでに引用したあのエピグラムを除いて――プラトンは対話篇形式でのみ著作した。これらの対話篇は、文学の形をとった芸術作品としてあらゆる点で類いまれなものである(Gaiser 1984)。なるほどソクラテスを中心とするサークルの他の仲間もまた「ソクラテスもの」を書いたし、アリストテレスやキケロあるいはアウグスティヌスのような後の著作家たちも対話篇形式で哲学的問題を取り扱った。しかしながら、プラトンの対話篇を読む者は誰でも、ここでは内容の上でも形式の上でも格別のものが供されていると感じる。ホメロスの叙事詩のように、プラトンの対話篇はそのジャンルの完成された姿を表現しているのである。

プラトンは次のような仕方で文学の形をとった芸術作品を創り出すことに成功した。つまり、それらの作品は哲学を抽象的に規定するのではなく、その代表者であるソクラテスが弁論術の教師、ソフィスト、将軍、政治家、作家、神官たちと、また教養のある人々やより教養に乏しい人々と対決することを通して、彼に哲学を目の前で実践させたのである。

プラトンの叙述の腕は読者に真の哲学とは何かを伝えるとともに、読者にその都度の対決の中へと自分自身も引き込まれているような気持ちを与えたのである。古代において既に人はプラトンの作品が読者に引き起こす強烈な魅力について語り、その(哲学へと促す)宣伝効果に言及しているが、しかしまたその内にひそむ危険についても言及している。曰く、「つまり彼はその対話篇の筆写を通して、いわば数えきれないほどの者たちを哲学へと向かわせた(プロトレペイン)。とはいうものの同時にその一方で、彼はまた多くの者が表面的な仕方で哲学するきっかけをも与えたのである」(ディカイアルコス 1, 13 ff. Dorandi)。

## 作劇上の工夫

内容に関しては、対話篇は広汎な題材を時として読者を故意に苛立たせる仕方で、しかし常に刺激的な仕方で取り扱う。論じられる問題のあらゆる多種多様さにもかかわらず、幸福と幸福な生を獲得するには「自分はいかに生きるべきなのか」という問いが、明確あるいは暗黙裡に背後に控えている。それは論理学や形而上学、あるいは宇宙論をめぐる問いが問題とされる時にもそうなのである。『ティマイオス』篇の中心部におけるデミウルゴスによって構築されたコスモスや、生物や人間の分析さえも、究極的には「不死の魂のための気遣い」（90c-d）に——すなわち、それが人間に可能な限り、神に似たものとなり、幸福になるために——寄与すべきものなのである。

その保存されていない対話篇においてアリストテレスがそうしたと伝えられるのとは異なり、プラトンが自分の作品の中で話し手あるいはテクストにおける登場人物として登場することは決してない。古代において既に認められたように（『列伝』3, 37）プラトンの名前は三度しか出てこない。すなわち、『弁明』（34a, 38b 三十ムナという罰金額の提示とともに）と『パイドン』（59b「プラトンは病気で、その場にはいなかった」）である。プラトンがその対話篇の中で表に出てこないという事実は、自分についての言明は弁明が必要な文脈においてのみ許されるという、その時代の社会規範に理由があるのかもしれない。「気高い者は人のうわさ話をしない人である。つまり、自分自身についても他人についても語ることをしないのである。というのも、自分が賞讃を受けようと、他の人が非難されようと、気に掛けないからである」（アリストテレス『ニコマコス倫理学』第四巻三章 1125a 5-7 ff. 神崎繁

訳、岩波書店、アリストテレス全集15）

それに加えて、プラトンがその抑制によって特定の論者に特別な重要性を与えることを避けようとしたのは明らかである。読者に対しては、能動的な模索と独自の判断を下すための自由な余地が認められなければならない。プラトンによるソクラテスの描写は、これにふさわしいものとなっている。プラトンはソクラテスに、重要な論点がソクラテス自身に由来するものであることを一貫して否定させている（『メノン』81a、『カルミデス』156d-157c参照）。彼の対話相手は有名人によって影響されてはならず、事柄そのものだけに注意を払わなければならない。

## 著者と作中人物との関係について

この点についてアリストテレスは明らかに違った風に見ていた。我々が知る限り、彼はその対話形式の作品の中で自ら登場し、そのことによってその後の対話篇の伝統に影響を与えた。このプラトンの「匿名性」ならびにプラトンの著作の対話篇的構成――それは対話を物語ったり、戯曲のように対話をありありと目に見えるようにするのだが――は、読者に対して著者の見解を見て取ることをほとんど許さない。というのも、哲学的主張は――既に述べられたように――場所と時間と状況に規定された議論の文脈の中でテクストの登場人物たちによって提出されるのであり、それゆえ、そのまま著者の見解として特定されるわけにはいかないからである。このことはとりわけ最近、はたして著者の見解にまで突き進むことがおよそ可能なのかという点について、激しい論争に導いた。しかしながら以下の事実についても考慮すべきである。

つまり昔のプラトンの時代の劇の観客たちは――なによりもまずこれらの人々のためにプラトンは

書いたのであるが——劇の登場人物たちが述べることを、その都度の作品の著者の見解として評価することをはばからなかったという事実である。『蛙』という喜劇では——その中でアリストパネスは悲劇作家のアイスキュロスとエウリピデスを、両者のうちのどちらが最も優れ最も有益な作家なのかについて争わせているのであるが——対立する両者は彼らの作品から詩文を引用しているが、それらは文脈を顧慮することなく、彼らの精神のあり方の証拠として引き合いに出され、評価されている。

作中人物の人格的自律性という観念はプラトンの時代にはまだ発達しておらず、解釈に際して文脈を無視することは全く一般的だった。『プロタゴラス』におけるシモニデスによるスコパスに捧げた詩の「解釈」はこのことを印象的な仕方で示している。その対話篇を構成するにあたって完全に劇を見倣っていたプラトンは、読者が劇を解釈する際と同様にテクストの中の人物たち——たいていの場合はソクラテス、しかし『法律』におけるアテネの客人のような人物も——を頼りにするであろうこと、またそれらの人物たちを著者の仮面と見なすこと（Press 2000）を勘定に入れざるをえなかった。だからこそ彼は、読者の方向づけと導きに役立つような文学的に作り上げられた指標を、対話の進行の中に挿入したのである。それらは対話篇が一定の内容を伝達しようと欲していることを示している。

## シュライエルマッハーの功績

フリードリッヒ・シュライエルマッハーの不朽の功績は、とりわけそのプラトン翻訳（1804）への序文で以下のことを思い起こさせたことである。すなわち、プラトンにとって文学的な対話篇の形式は単なる装いではなく、対話に含まれる哲学的な言明の本質的な——たとえ唯一のではないとしても

――構成要素であるということである。プラトン自身が初めて、芸術作品は始まりと中間と終わりを持たなければならないという統一性の法則を定式化したのである（『パイドロス』264c）。単に語られた言葉だけではなく、実行された行為や対話篇の歴史的背景といったものもまた、正しく理解するために重要である。

人が文学者としてのプラトンと哲学者としてのプラトンの間に線を引くならば、彼の作品に対してフェアではないであろう。主題の大いなる多種多様性と豊かな文学的創作技術にもかかわらず、プラトンの作品の中に恒常的な内容を持った立場を認識することができるという事実――それらの立場は本来的に無知であるはずのソクラテス（『メノン』80c-d、『ゴルギアス』506a, 509a）が知識として自分自身のために請求したものである――は、プラトンの見解について語ることを我々に許す。これには、知識と正しい見解の区別（『メノン』98b）や、徳は知識であるという主張や、誰も進んで不正を行う者はおらず、正しい者は幸福である、といったものが属する。

ソクラテスのこれらの立場――「鉄と鋼《はがね》の論理によって」強固にされた（『ゴルギアス』508e-509a）――を、人はおそらくプラトンの見解としても請求できるであろう。その様々なニュアンスについてはその都度の文脈によって説明すべきであるけれども。それゆえプラトンは作品全体の進行を貫いて読者に語りかけ、また読者がそこで選ばれた文学的形式に馴染んでいて、著者の言うことを理解できるという前提から出発しているのである。

# 4　プラトンの芸術的対話篇

## ソクラテスもの

プラトンの中に哲学的対話篇というジャンルの発明者を見出した者は古代において少なくなかったが（『列伝』3, 48）、先駆者はいた。というのも、ソクラテスは一つの学派に対してのみならず、一つの文学ジャンルに対しても名称を与えたからである。すなわち、「ソクラテスもの」（ソクラティコイ・ロゴイ）という名称をである。このソクラテスものにあっては、特定の人物たちを再現することが関心事であった。その際、ソクラテスの人物像が中心を占める。その再現的性格のゆえに、アリストテレスはそれに対応する著作を詩作の中に入れている（『詩学』1447b 11、『弁論術』1417a 21）。ソクラテスの模範的な生き方と哲学することを同様の仕方で提示する対話篇で、アリストテレスが自らを一つの文学的な伝統のうちに組み入れている事実からして、人は以下のことを前提とすることができるであろう。つまりアリストテレスが、さしあたってはプラトンが『パイドン』のなかで言及しているあのソクラテスに従う若者たちのグループの著名な一員ではなかったということをである。

彼らのうちの多くは（たとえば、アンティステネス、パイドン、アイスキネス）、彼ら自身、師であるソクラテスを再現しようとするソクラテス的対話篇や哲学的論考を書いている（Döring 2005）。これらのソクラテスの徒の多くの者にとっては、ソクラテスの生とその影響についての伝説のために著作による描写を通して記念碑を建てることが問題だったのである。とはいっても、これらの著作の大部分は今日では失われてしまっている（Giannantoni 1990）。言うまでもなく、その卓越性がほどなくして認められるに至ったプラトンの「ソクラテスに関する著作」が、他のソクラテス関連書が伝承によって蔑《ないがし》ろにされることに貢献したことは明らかである。

## 他の著者による作品との違い

ソクラテス関連書の残り、たとえばアンティステネスやアイスキネスのそれは、我々がプラトンの「ソクラテスもの」との類似性を見て取ることを可能にするが、しかしまたプラトンの対話篇に格別の影響力を付与することになった違いを見て取ることも可能とする（Kahn 1996, 1-34）。この特徴は文学としてのプラトン対話篇の理解にとって重要であるが、またその哲学的な伝達内容にとっても重要である。プラトンのたいていの対話篇においてはソクラテスが立役者であり、なるほど後期の作品では引っ込みはするものの、最後の作品の一つである『ピレボス』においては対話の主導者として「カムバック」をはたしている。

その一因を、この対話篇においては他の哲学説との対決よりも、正しい生き方についての問いの方が問題とされているところに見ることができるかもしれない（Frede 1996, 213-248）。プラトンはその対話篇においてソクラテスをほとんどいつも登場させ、そして彼を立役者とすることによって、自らが哲学者としても著作家としてもソクラテスの徒であることを表明しているのである。

ソクラテスを主役とした哲学的対話篇の著者として、プラトンはさしあたりは数多くの「ソクラテスもの」作家の一人であった（Clay 1994, 23-47）。そして段階的な仕方によって初めてプラトンは独自の個性を獲得するとともに、作家としてまた哲学者としての自己を確立し、その結果として彼以外のソクラテスの徒たちを日陰に追いやったように見える。形式的にも内容的にも燦然と輝く『ゴルギアス』のような対話篇が、前三八八／前三八七年頃のアカデメイアの創設と並んでこのことに寄与することになった。最終的にプラトンは「ソクラテス的運動」における主役になったが、それは彼が哲学者としても作家としても伝統的なものと革新的なものを結合することを心得ていたからであり、その結果、プラトンの文学的な対話篇についてもまた新たな始まりというものが語られるようになったのである。

## リアリズムとフィクション

特に目につくのは、対話を優れて印象的な仕方で生活世界のうちに繋ぎ止めようとするプラトンの努力である。

「だれだったかね、ソクラテス、昨日君がリュケイオンで対話していた相手というのは？　君たちのまわりには、それはもうたいへんな人だかりができていて、ぼくとしては近寄って聞きたかったけれども、はっきりとしたことは何ひとつ聞けなかったのだ。とはいえ、背伸びをして様子を見たところ、ぼくには君の対話していた相手というのは、だれかよその人であるように思えたのだが……。だれだったかね？」（『エウテュデモス』271a 1-5。朴一功訳、京都大学学術出版会）

『エウテュデモス』の冒頭のこの引用のように生き生きとして詳細な記述は、読者を生活世界における日常的な状況の内へと置き入れ、そこから対話がまるでひとりでに自然な仕方で展開するかに見える。我々が『国家』の中でピレウスからアテネへの道中ソクラテスのお供をしようとも、あるいは我々が彼とともに招かれていない客として饗宴の場にいようとも（『饗宴』）、あるいはアテネの運動施設におけるその数多くの会話の証人となろうとも（『エウテュデモス』『リュシス』）、人はいつでも場所や人物や状況——そこから対話が自然で、見たところ自発的な仕方で展開してくるのであるが——を生活に密着した仕方で描写するプラトンの能力を賞賛してきた。

少数の例外を別として——『ゴルギアス』におけるカリクレスと『饗宴』におけるディオティマの歴史的実在性については論争されているが——、プラトンはアルキビアデスや有名な政治家や将軍あるいは彼の一族のメンバー（カルミデス、クリティアス、グラウコン、アデイマントス）のような歴史的同時代人を、注意深く再現された歴史の舞台に登場させている。そして巧みな文学的造形によって、その場面にふさわしい雰囲気を与えることを彼は心得ていた。

『パイドロス』におけるイリソス川の畔《ほとり》の有名なプラタナスの樹のこと（『パイドロス』229a ff.）だけでも思い出してほしい。その樹の下でソクラテスとパイドロスは弁論術に関わる問いについて論じ合い、その樹はキケロが『法律について』を文学的に構成する際にもまたインスピレーションを与えたのである。将軍であるラケスとニキアスやアルキビアデスやカルミデスあるいはクリティアスのような歴史的に有名な人物たちは、彼らの道徳に関する見解や政治に関する考えをソクラテスとの対話の中に持ち込むが、しかしその偏見をも持ち込む。

数多くの場面について情報の由来と伝承の経路が正確に述べられ、再構成されることも稀ではないが、それは報告される内容が史実に即していることを、そのことを通して仄めかすためである。たとえば『饗宴』においてアポロドロス——彼は「ソクラテスが毎日、語ったり行ったりしていることを知っている」と主張するが（『饗宴』172c）——が、ソクラテスも参加したアガトンの栄誉を讃える饗宴について聞き手に報告するが、その際に彼はその知識の源——ソクラテス自身とアリストデモス

——を正確に明かしつつも、情報の流れの中に抜けているところがあることを隠してもいない。

プラトンのリアリスティックな描写の技巧は、少なからぬ解釈者たちを惑わして次のような想定へと導いた。すなわち、歴史的な要素を虚構の要素から分離し、とりわけ歴史的ソクラテスについての言明のために徹底的に利用するという想定である。しかしながら、描写のリアリズムと読者の信認を得るための装置は——我々が既にホメロスの許で見出すように（『オデュッセイア』14, 389 f.）——プラトンの文学的戦略に属するのであり、それらはその対話篇を虚構としてのテクストに仕上げ、歴史上の人物をテクストの中の登場人物に仕立てるのである（Dalfen 1975, 169 ff.）。

## 歴史性と虚構性の統一

状況と対話と人物を描き出すプラトンの技巧は、彼が『ティマイオス』の中でソクラテスにそれを要求させているような仕方で、歴史性と虚構性を統一することによって際立っている。そこでソクラテスは、その内において一個の歴史的出来事が哲学的理想国家についての理想的かつ哲学的な構想と合致するような話、つまり理想であることが歴史的な事実の中へと置き入れられているような話を聞くことを望んでいる。この「産物」をソクラテスは「真の歴史」と名づけている（『ティマイオス』26d ff.）。ここで我々は、歴史上の人物たちに「実際に語られたことの全体的意味にできるだけ近い」演説をさせるように努めた歴史家のトゥキュディデス（『戦史』1, 22; Erler 1997, 80-100）を思い起こさせられるように感じるのである。

このことはプラトン対話篇の人物全体に当てはまるが、とりわけ彼にとって哲学者の典型であるソクラテスに当てはまる。プラトンによるソクラテスの描写は、おそらくは歴史的な特質と並んで叙事詩的な、しかしまた悲劇の英雄の特徴をも認めさせる。プラトンはたとえば『パイドン』の中で、人が情念に対処しなければならないという事実、またどのように対処すべきかを示しているが、とりわけソクラテスには、彼をしてプラトンの理想の哲学者となし、またそのことによって文学上の人物として明確化するような振る舞い方が付与されている。

彼によって主張される無知にもかかわらず、ソクラテスはいつでも立ち勝った対話の導き手であり、探究の道が何処に向かうべきかを知っている。そして対話相手の誤った評価を暴露するが――その際に彼は、時としてその相手よりも有能な読者をより多く視野に入れているように見えるけれども――、彼らの知識に関する状態と精神のレヴェルに合わせ、権威に訴えることはしない。知は対話と言葉による対決を介してのみ獲得さるべきものなのである。

彼は特定の見解を勝たせることにではなく、その相手の魂を誤謬から解放することに関心がある(Szlezák 1993, 119)。手短に言えば、文学上の人物としてのソクラテスは、プラトンが『パイドロス』において理想的な弁論家と哲学者のためにソクラテスに提示させた諸規則に従っているのである。初期ならびに後期の対話(たとえば『ピレボス』)において、ソクラテスはあのプラトンの哲学者の典型のように振る舞っている。その哲学者は、洞窟の比喩の中で洞窟の住人たちに「本来的に存在するもの(das Seiende)は何かということについての話と答えに耐えるよう強制し」(『国家』515d)、それを通じて彼らを途方に暮れさせ(アポリア)、そして彼らがこのような仕方で妄想された知識に背を向け、真の知識へと向き直ることを可能にするのである。

はたして、プラトンのソクラテス像に理想像と実像の切れ目を設定しなければならないかどうか、またどの地点でそうすべきかは、ほとんど解くことのできない問いである。同様にして、ソクラテスが他人の知識を吟味するいくつかの対話篇——いわゆるアポリア的対話篇——を、歴史的ソクラテスのための証拠書類もしくはプラトンのソクラテス的局面に対する証拠としてまで援用すべきかどうかもまた、問題となる（Erler 1987）。

## 読者に及ぼす作用

こうしてプラトンのソクラテス像が歴史的な内実を有することは確かである。とはいえ、この内実は諸々の哲学的な考え——それはなるほど同時代のソフィストたちと意識的なコントラストのうちにソクラテスを示すものではあるが（第六章を参照）、それはまたプラトンがソクラテス自身に対話篇の中で定式化させているような真の哲学者の振る舞いについてのプラトンの考えに対応するものでもある。したがって読者は、いつでもまた描写の虚構的性格を思い出させられることになる。それはたとえばプラトンが歴史的に矛盾することを行為の中に嵌め込んだり、あるいは対話篇の中で描かれる歴史的ソクラテスが生きていた時代にはそぐわないような人物や出来事に言及する場合である。

その際、描写は常に読者の生の現実に密着しており、またプラトンの読者が歴史的ソクラテスやたとえばアルキビアデスのような他の有名な対話篇の登場人物たちについて共に抱いている一般的な見方は、古代の劇において悲劇のアイロニー［たとえばソフォクレスの『オイディプス王』の中で、実は先王殺しの下手人であるオイディプスが、そうとは知らずに徹底的な真犯人探しを民衆の前で宣言することなどを指す］として知られる効果を読者に引き起こす。それは作中の人物が知っていることの量と観客がそれよりも多くのことを知っているという知識量の差がもたらす結果であり、登場人物の少なからぬ発言に対して、両様に取れるような観客だけにわかる意味を付与するのである。すなわち悲劇においては、上演される予定の劇の題材はとてもよく知られているので、「一つの指示だけで十分である。私が『オイディプス』と言うだけで、人は全てを了解するのである」(アンティパネス　断片189, K.-A., Üb. Körte)。

これと同じことを、人はソクラテスという街中に知られた人物についても前提しうる。プラトンが前四世紀に書かれた対話篇の劇中の行動を前五世紀の終わりの三分の一へと、そしてそれを以てソクラテスの死よりも前の時代へと移し入れることによって、対話篇の中の人物たちと読者の間の知識の差がそこに生じる。プラトンはその読者と聴衆が予め知っていることを利用し、またその人物たちの言葉と行動にそれらの舞台となるその都度の地平を超え出るような、読者にだけそれとわかる意味を付与することに、巨匠のごとくに長《た》けているのである。

たとえばプラトンが洞窟の比喩の中で、真の哲学者は洞窟に戻り、命の危険を冒してでもその囚人仲間を問いとアポリアの助けを借りて見せかけの知識から解放しなければならない、とソクラテスに要求させるとき(『国家』515d f.)、プラトンは歴史的ソクラテスが実践したことと彼の身の上に起きたこと——つまり自分たちの自惚《うぬぼ》れた知識に「囚われた者」であるような裁判員によって有罪とされ、命を奪われたこと——を、警告として文学作品上のソクラテスに口にさせているのである。

またプラトンが『メノン』の中でアニュトスに、ソクラテスに向かって次のように言わせるとき、「もしわたしの言うことを聞くつもりがあるなら、わたしはあなたに、気をつけるよう、忠告したい。たぶん他の国でも、人に親切にするよりも危害を加えるほうが容易だろうが、この国ではとくにそうなのだ」(『メノン』94e。渡辺邦夫訳、光文社古典新訳文庫。以下『メノン』からの引用は渡辺訳による)

このコメントは、後のアニュトスによるソクラテスの告発とその有罪判決への眼差しを持った読者にとっては、脅迫に満ちた予言となる。このプラトンによる悲劇のアイロニーは、その対話相手たち――および近代の読者たち――によってしばしば悪意のある偽装と感じられたソクラテスの「有名なエイロネイア（おとぼけ）」（『国家』337a; Boder 1973）と混同されてはならない。そのエイロネイアでソクラテスはいつも自身の知を否認するとともに、人間の知の限界を指し示し、そのゆえに他の者たちの思い込みと知識を持っているとの要求が不当な申し立てであることを暴露するのである。

## 対話篇の構造

対話を構成することにおいて、プラトンの巨匠ぶりが発揮される。それは読者を対話に引き込んだり、あるいは距離を保たせたり、刺激したり、出来事を様々なパースペクティヴから評価したりする手腕である。特定の内容を話の成り行きから抽出したり、著者プラトンのものとして請求することの難しさが、プラトンの文学的対話篇の文学的性格と連関していることはもちろんである。というのも、劇においてと同様、テクストの中の人物たちの発言が常に問題となるが、それらの発言は――およそ、そういうことが許されるとしても――慎重に取り扱うことによって初めてプラトンの見解と見積もられることが許されるのである。

数多くの対話篇において、プラトンは直接話法での演出の劇的形式を選んでいる（『エウテュプロン』『クリトン』『ゴルギアス』Nüsser 1991, 238-242）。プラトンは読者を悲劇や喜劇における「立ち聞きする人」のように、直接的に対話の証人に仕立てあげる。このことは生き生きとした感じを高め、人物の間接的な性格描写に際しての著者の大変な伎倆《ぎりょう》を要求するとともに、読者の想像力に対してもまた、状況とその場の雰囲気と対話相手たちの反応を対話から読み取る高度な要求を突きつけるのである。

## ナレーションによる叙述

他の対話篇（『カルミデス』『リュシス』『パルメニデス』）においてプラトンは、そこで交わされた対話とその場の雰囲気と人々の振る舞いについて登場人物たちに報告させている。このナレーションによる叙述法は、読者と著者の間の距離を生み出す。それは文学的作品自体の中の虚構の公衆――ならびに読者――に対して、報告された対話を理解するためのヒント（たとえば『パイドン』における獄中でのソクラテスの最後の時間を取り巻く状況）を与えるための可能性を提供する。（ソクラテスを語り手とする）ナレーションによる叙述形式には先行者がいるにもかかわらず（アイスキネス）、プラトンはこの文学上の手段を格別の仕方で動員し、それによって「ソクラテス的対話篇」から一つの技巧豊かな文学的ジャンルを決定的な仕方で確立したのである。

どれだけ意識的にプラトンがその都度の叙述の方法を選択しているかを、『テアイテトス』が示している。対話篇の冒頭で、劇形式の表現と叙述的な語りによる形式の長所が論じられる。劇形式が利点をもつのは、挿入句――「そこで僕は言った」とか「そのことは彼も認めた」といったもの――は煩わしく感じられる（143c）からである。ここでプラトンが、我々を詩作に関する熟慮に間接的な仕方で与《あずか》らせようとしているのは明らかである。というのも、『テアイテトス』に続く対話篇（『ソフィスト』『政治家』『パルメニデス』『ピレボス』『法律』）においては、劇形式による表現が支配的であることが目立つからである。このようにして、文学的な構成と選ばれた文学的要素とその意味論の価値と無価値についての暗黙の反省は、互いに相俟《あいま》って進行する。
その他にもプラトンの対話篇芸術の重要な特色として、対話篇において以下のことが認められる。すなわち、プラトンがその文学的な叙述に際して従っている先の詩作に関する諸規則について、折に触れて考察が加えられるということである（Erler 1992）。そのような箇所は、読者を哲学的なメッセージやそれらの文学的な表現についての思索へと、たとえば歴史的事実と文学的虚構について、特定の議論の形を選ぶこととその意義について、他のジャンルの受容――たとえば悲劇や喜劇――あるいは文学的対話篇における特定のモチーフの文学的および哲学的な機能についての思索へと誘《いざな》うことを可能にする。

そのような仕方で詩作に関する自己反省を実践することは、なるほどホメロス以来の初期ギリシャの詩作の内に既に認められるが、しかしヘレニズムにおいては、カリマコスのようなアレクサンドリアの詩人学者の目印ともなった。この観点からすれば、プラトンの対話篇は古典的な文学とヘレニズム文学の結節点を表現しているのである。

## 文学としての対話篇

対話篇の文学的性格には、文学的なお手本を用いる際のプラトンの卓越性が属する。プラトンは時として「ソクラテスもの」というジャンルには属さない文学の創作ジャンルに属する要素やモチーフをも受け取り、統合あるいはパロディー化し、そしてまさにそのことを通じて、ソクラテス的対話篇という大衆的なジャンルを芸術の一ジャンルにまで高めた（Nightingale 1995）。わけても悲劇と喜劇が、しかし同時代の散文も手本を提供している。一人の「学識ある作家」（poeta doctus）として、プラトンはその読者にこれらの手本を提示し、自分がその哲学的なメッセージを強めるために、どのようにしてそれらを活用すべきかを知っていることを認識させる術《すべ》を心得ていた。

その実例としては、『プロタゴラス』におけるスコパス［テッサリアの有力者一族］に対するシモニデスの詩の解釈、『メネクセノス』における伝統的な弔辞（エピタフィオス、laudatio funebris）あるいは『饗宴』における散文の賛辞が役に立つ。それはいつでも文学ジャンルとの暗黙の対決や、再解釈（『プロタゴラス』におけるシモニデスのスコパスへの詩、『プロタゴラス』338e ff.）、皮肉りとそのジャンルが本来果たすべき機能の換骨奪胎（『メネクセノス』）あるいは内容を新たに規定すること（エロースについての話）に至る。

場合によっては読者に対して文学的なお手本がそのままサブテクストとして提供され、それを背景として対話篇の進行が格別の深みを獲得する。『弁明』において、ソクラテスが裁判員に対して苦労した「（知者探しの）行脚」とその骨折りについて物語るとき（22a）、彼はヘラクレスを引き合いに出す。ヘラクレスはエウリュステウス王の命令で――ソクラテスがアポロン神の命令を受けたのと同様に――英雄的な行為を成し遂げたのである。ソクラテスが脅迫にもかかわらずその命令に従おうと欲したとき、その態度はアキレウスを思い起こさせる。彼は死が予言されたにもかかわらずパトロクロスのために復讐しようとしたのである（『イリアス』18, 96、『弁明』28c）。このことによって、プラトンにとっての哲学者の典型はホメロスの英雄の第一人者の傍らに移し置かれたのである。

最後に『ゴルギアス』においては、エウリピデスの悲劇『アンティオペ』（前四〇八／前四〇七年頃）からの引用を対話の中に組み込んでいる。読者は、その悲劇での出来事――そこでも同様に「人はいかに生きるべきか」という問いが問題となっている――を思い起こさせられるのである。その音楽で一つの都市を建設できた音楽青年のアンピオンが、双子の兄弟のゼトスと芸術家の生と実践的な生との間の相違と利益と不利益について議論する。見解の一致と不一致を通して、『ゴルギアス』においていて代表された立場が具体的なイメージを獲得する。ソクラテスはいわば芸術家の役割と知的なアンピオンを引き受け（506b）、それに対してカリクレスは実践的な人生を歩むゼトスの役を演じる。

「つまり、ぼくもあなたに対しては、かのゼトスがその兄弟に向って言っているのと、何か同じようなことを言ってみたいという気持になっているのだ。──『ソクラテスよ、あなたは心にかけなければならないことを、なおざりにしている。そして、あなたの持って生まれた魂の資質はそれほどに気高いものであるのに、それを何か若い者向きの装いで飾ろうとしているのだ。だから、裁判の審議にあたっては、あなたは自分のために、意見を正当に述べることもできなければ、また、まことしやかなことや、人を信じさせるに足ることなどを、声高に言うこともできないだろう。それにまた、ほかの人のために、思いきった勧告をしてやることもできないだろう』とね」（『ゴルギアス』485e-486a。加来彰俊訳、岩波文庫。以下、『ゴルギアス』からの引用は加来訳による）

こうしてエウリピデスの世間離れした音楽青年アンピオンから、哲学的な「音楽青年」すなわち魂の配慮者にして真の政治家であるソクラテスが誕生し（521d）、彼は音楽そのものではなく、哲学を通じて、新たな倫理的土台の上に都市共同体を築こうと望むのである。これに対して現実的な政治家で権力家であるカリクレスは、自分の利益に全くならないことをいつでも何一つ顧慮することなくひたすら無考えに欲するために結局のところ得るところがなく、事実上無力であることを曝け出す。ソクラテスはそのことによって、『ゴルギアス』における哲学的ドラマの英雄になる。そしてその中で、彼のムーサの技である哲学が、いわば新たに定義し直されるのである。

## 5　プラトンのミュートス

プラトン対話篇の格別に印象深い叙述手段の一つが、ミュートス（神話もしくは物語）である。それは少なからぬ対話篇の中で哲学的な議論を中断したり、あるいは完結させる（Brisson 1999）。それらの中には、『饗宴』におけるアリストパネスの球体人［アリストパネスの物語るところによれば、人間は元々は四本の手足を持ち、前後両面に顔や性器を備えていたという］についての物語のようなとても有名な話——その物語によって、何故に人間がお互いに愛し合うに至るのか、が説明される（『饗宴』189d-193d）——や、『パイドロス』における魂の馬車についてのミュートス——それは魂がどのようにして存在の認識にまで飛翔することができるのか、しかしどうしてそれからまた生成の世界へと墜落するのか、を記述する（『パイドロス』246a-249d）——や、理想の国アトランティスについての物語——その市民たちは虚構された歴史的局面において、彼らを脅かす敵と対決しなければならない（『クリティアス』、『ティマイオス』21e-26d）——などが含まれる。

とりわけ重要なのは、『パイドン』（107d-114d）、『ゴルギアス』（523a-527e）および『国家』（614b-621b）における彼岸についてのミュートスである。それらのミュートスをプラトンは魂の不死性についての主張のような哲学的な主張を、目に見えるように説明するために動員する。その際に彼はオルペウス教や、ピュタゴラス派やエレウシスの秘儀の伝統に由来する在来の宗教的観念——死後の裁きや冥界の旅や賞罰など——も利用している。それらの観念をプラトンは自分の時代の哲学的あるいは学問的な観念と結びつけ、そのことを通してそれらの観念から新たな側面を取り出すのである（たとえば『パイドン』108c ff. における自由に漂う球状の大地）。

古代以来、このようなミュートスによる物語と哲学的な議論がどのように関連しているのかについて論じられてきた（Janka, Schäfer 2002）。もちろん、ミュートスを物語ることは、前五世紀の生活世界の文脈に属している。にもかかわらずプラトンは、議論による真理への接近を印象的な具象化によって補うさらなる可能性をミュートスの内に見ているのである。ただし、それは哲学的な言明が拡張され過ぎて捏造されたりすることのないような仕方での話である。『ゴルギアス』の中でソクラテスは、カリクレスが冥界についての物語をミュートスとして理解することを認めている。しかし彼自身はロゴスについて語っている。というのも、その物語は真理を含んでいるからである（523a）。この真理はしかし、ミュートス的な装いに当てはまるのではなく、哲学的・心理的な内実、すなわち不死なる魂という主張についてそうなのである。

ミュートスと論証的ロゴスとの違いは、その哲学的な言明にあるのではなく、議論によって根拠づけるような確証（ロゴン・ディドナイ、『ソフィスト』259d-264b; Most 2002 参照）が欠けていることにある。かくしてプラトンのミュートスは、哲学的な議論において論証的に確証されることができるような真理についての特別な叙述の仕方なのである（『政治家』268d ff.）。プラトンのミュートスが原理的に言表不可能な真理内容を有するとの近代のロマン派によって刻み込まれた観念――それは哲学的な論証に対抗して我々の認識を拡張するとされる――は、テクストの中にいかなる根拠も持たない。

# 第三章

# 文脈の中のプラトン

## 1　プラトンと伝統

「ギリシアは広いのだ、ケベス。その中には恐らく優れた人々がいるし、異人種の人々もまた沢山いる。このような呪い［まじない］手を求めて、これらの人々をすべて隈なく探さねばならない。金銭も苦労も惜しんではならない。これ以上に適切なことへの金の使い方はありえないのだから。そして、君たち自身もまた一緒になって探究し合わねばならない。なぜなら、このことを為すのに君たちよりも有能な人々を見つけるのは、恐らく容易ではないだろうから」（『パイドン』78a）

このケベスに対するソクラテスの要求は、古代においてさまざまな地域に由来する伝統に対して開かれているべきである――プラトン自身がそうであったように――との同時代人に対する指示として理解された。諸対話篇は、プラトン自身が決して真空の中に生きているのではなく、その哲学と文学作品に関して他の人々に多くのものを負っていることを徹底的に自覚していたことを証明している。対話篇は、哲学が文化的なアテネの内に次第に統合されていった事実とその統合の仕方を、まさに具体的に示している。プラトンはその一部として自分自身を了解していた。彼は対話篇によって、この過程の中でソクラテスに割り当てられた本質的な役割を描写したいと望んだのである。

### 対話篇のテーマと対話相手の選択

プラトンは初期対話篇においてもなお、哲学的な教養によって煩わされることのない、その生活世界的な文脈の中の諸問題を論じるような対話相手をソクラテスのために選んでいる。たいていの場合、出発点は彼らの職業的な営《いとな》みと、こうした営みにとっての理論的基礎は何なのかを規定する試みである。ソクラテスは将軍ラケスとニキアスと共に勇気について語り（『ラケス』）、神学的な問いに関する専門家を自称するエウテュプロンと共に敬虔について（『エウテュプロン』）、また吟遊詩人のイオンはその技芸について情報を与えなければならない（『イオン』）。カルミデスのような良家の出の若者たちとは、社会における適切な振る舞いについて議論している。

次に以上の作品に続く対話篇のグループでは、ソクラテスは、プロタゴラス（『プロタゴラス』）やゴルギアスやカリクレス（『ゴルギアス』）のような、あるいはヒッピアス（『ヒッピアス小』）やメノン（『メノン』）のようなソフィストやソフィストの弟子たちと会っている。これらの対話のテーマは、これらの知識人たちの関心に対応している。すなわち、知識の伝授と政治に関する諸問題、法と自然の関係や徳（アレテー）とその教授可能性についての問い、弁論術と対話法（ディアレクティケー）についての問いである。

『パイドン』におけるようにソクラテスがソクラテス主義者の仲間と話し合ったり、『国家』におけるようにプラトンの教養ある兄弟たちと話し合う時には、ソクラテス＝プラトン的な根本テーマが前面に登場する。すなわち、魂の不死（『パイドン』）、人間ならびに共同体における徳と幸福の結合、そしてこれら一切にとって、現象の世界の内には見出されず思惟にとってのみ近づきうるような、一つの基礎が存在しなければならない（『国家』）、との想定である。

後期の作品においては、哲学的な見解と学派の代表者たち（たとえば『パルメニデス』におけるエレア派の人々）がついに登場する。テオドロスやテアイテトスのような数学者（『ソフィスト』『テアイテトス』)あるいは別の方向の学派の識者たちもまた、今や対話に加わる。正しい生活についての問いをめぐる日常的な問題から発生した議論が基になって、学派の見解との対決が生じる。概念規定と、この世における適切な生き方と目指すべき方向を定める探究から、一種のアカデミックな専門科目が生じる。この文脈において、「哲学」という言葉が単に特別なニュアンスを帯びただけでなく、独自の学科の明確な表示になったということは驚くべきことではない。

## 先行思想の影響について

プラトンの思索に対する哲学的影響についての直接的な情報を我々が対話篇の中で得ることはほとんどない。時として、たとえばデモクリトスの場合のように――その立場についてプラトンは『ティマイオス』の中で自分が知り尽くしていることを示しているのであるが――プラトンは「出所」を明かすのを端的に拒んでいるように見える。人はプラトンが競争意識からデモクリトスについて言及しなかったのだとさえ推測した(『列伝』9, 40)。たとえば、ソクラテスが対話篇『イオン』の中でそれを用いて熱狂の作用を具体的に示している有名な磁石の比喩が、はたしてデモクリトスが与えた影響として(533c-535a)評価されるべきかどうかについて、議論されてきた。

アリストテレスはありえた精神的影響――ヘラクレイトスの流動説(『クラテュロス』)と倫理規範の確固とした規定についての探究――について示唆を与えている。それらの影響はプラトンによっていわば綜合へと統一化され(イデア論)、他方またその綜合は他の教説(ピュタゴラス派)との比較を許す(アリストテレス『形而上学』第一巻七章 987a 32-b13;第十三巻四章 1078b 12 ff.)。アリストテレスはまた、プラトンがソクラテス前の自然学者同様、同時代の哲学的問いかけに刺激され、影響されたとも仄めかしている。

時としてプラトンは、その精神的な生成の道程を垣間見させてくれるようにも思われる。もちろん彼は、そこに見えるものを作品の中で哲学者の典型であるソクラテスに投影している。それは他の人の考えとの関わり合いや、自分自身の主張との関わり合いに関係するような経験である。この関連の中でおそらく最も有名なのは、『パイドン』における次のソクラテスの自伝的な報告（96a-101e; Brisson 2000）であろう。すなわち、彼が自然哲学者たちの経験に基づく唯物論的見解とアナクサゴラスのヌースに関する説についての幻滅（97c）からイデアの仮設に至ったという事実、またどのようにしてそこに至ったかについての報告である。それによれば、純粋に物体的・物質的な原因と機械的な過程だけでは倫理的な振る舞いを説明することはできない。

というのも、それらはたとえば何故にソクラテスが獄中にいることがアテネ人たちにとってはよりよいと思えるのか、またソクラテスは逃げようと思えば逃げることもできたのにもかかわらず、何故にアテネ人の判決に従う方がよりよいと見なすのか（『クリトン』）、を理由づけることはできないからである。そのような決断を下すためには、人は表面的な現れを超越し、真の根拠について問い、何故に或る物事がよいのか、を知らなければならないからである。自伝的な補論は生理学的、心理学的、天文学的、地学的な問いを持ち出してより以前の認識を新たに根拠づけるのであるが、その際、何のためにある物事がよいのか、という問いによって導かれている。その補論はそのことを通して、対話篇『ティマイオス』において説明されることになるあの自然解釈への道を指し示している（第十三章を参照）。

しかし、若きソクラテスの学習経験は他の対話篇においてもまた提示されている。『饗宴』においては、まだ若いソクラテスがディオティマから哲学的なエロース学の奥義と美についての教説への手ほどきを受けるだけではない。彼はまた吟味の枠の中で、どのようにして人はそのような吟味のための対話（エレンコス）に際して振る舞うべきなのか、また振る舞うべきでないのか——たとえば人は法廷におけるように証人を論拠として持ち出してはならないといったこと——も学ぶ。ここで若きソクラテスは明らかな仕方で、成熟したソクラテスがその論駁的な吟味の対話に際して——『饗宴』の中でプラトンは、成熟したソクラテスをアガトンとのそのような吟味の対話において示している（『饗宴』199c-201c）——いつでも繰り返し主張していること（『ゴルギアス』471e-472c）を学んでいるのである。

最後に『パルメニデス』においては、若きソクラテスに対して、偉大な老哲学者パルメニデスがイデア論に孕《はら》まれる問題点を指摘する。これらの問題点はこの説の土台を奪い去るものではないものの——イデアはプラトンの後期対話篇においてもさらに一つの役割を演じ続ける（第十章を参照）——それらはアカデメイア内部での議論を反映し、その結果、その説を違った形で提示することへと導いた。つまり後期対話篇においては、イデアと現象の関係はもはや以前のように分有という関係としては記述されない。これはイデア相互の関係のためにとっておかれる。

### 先行思想の批判的摂取

このように、対話篇はプラトンの精神的な地平と哲学的展開と彼が挑んだ対決について、あくまでも間接的な手がかりを与えている。プラトンにとっては、ヘラクレイトスやパルメニデス、アナクサゴラス、ピュタゴラス、エンペドクレスあるいはデモクリトスのようなソクラテス以前の哲学者の教説も、ソフィストたちの多様な立場も同様にお馴染みのものであった。

彼はオルペウス教のような自分の時代の宗教の潮流にも通じていたが、しかしまた、医術や音楽理論あるいは一般に自然諸科学にも親しんでいた。事物の絶えざる変転についてのヘラクレイトスの説、ヌース（理性）による宇宙の操作についてのアナクサゴラスの主張、ピュタゴラスの数によって思考することと一つの生き方としての哲学についての彼の理解、パルメニデスの存在論とエレア主義において発展させられた弁証法、自己認識へのアポロン的な希求と魂の不死に対するオルペウス教的信仰、規範の究極的妥当性についてのソフィストの問いと、価値概念を新たに根拠づけようとするソクラテスの試みは、もちろん、プラトンによって単純に受け容れられたわけではない。

それらの理論は諸対話篇において検討対象とされ、その内容について対話篇が報告している。諸対話篇はこれらの理論を加工する過程を提示しているだけではない。それらの対話篇は一般に以下のことを映し出している。つまり、プラトンがどのようにして上述の伝統と関わったのかを映し出しているのである（Erler 2000）。その関わり方は、古代においてプラトンに典型的であるとともに模範的な関わり方と見なされた。すなわち、諸対話篇において上述の立場は単に批判的に論じられるだけでなく、しばしば一つの改造過程の下に置かれ、その過程は新しいものを生じさせ、次いでプラトンはそれを対話の中に組み入れるのである。

プラトンが唯物論者と観念論者と、またピュタゴラス派とソフィストと対決し、自分自身の構想を展開する場合（たとえば『ソフィスト』245e-249d参照）、単なる継承と拒絶が問題となっているのではない。むしろ問われるべきは、場合によっては予め与えられたものを受け容れるのが正しいのかということである。ソクラテスはプラトンの考えと合致するような主張を議論に導入するとき、しばしば

「昔の人々」や詩人や前代の賢者たちを引き合いに出す。『メノン』(81a-b)においては、ソクラテスは魂の不死についての教えを、賢い男性と女性たちから聞くことを欲している(81a)。愛とは何かについては、彼はディオティマから習った(『饗宴』201d)。対話篇『ピレボス』においては、プラトンの真理探究の基本的方法である対話法が神々からの贈り物と呼ばれている。既に大昔から人間たちはその方法を我が物としていたのだが、次第にそれを単なる論争の術と思われるようにしてしまったのである。

昔からの伝統と昔からの知識に耳を傾けようとするソクラテスの用意は、彼が重要かつ真なることを学べることを見込んでいることを示している。とはいいながらプラトンにとっては、「昔からの説は真理である」といったいかなるオートマティックな公式も存在しない。いつでも伝統に特権的に認められたもの(『メノン』81b)を批判的に吟味し、分析し根拠づけることが求められ、提供される。それが哲学の領域からであれ、詩人たちからであれ、予め与えられたものはそれらが正しいと見える場合でさえも単純に継承されるのではない。

特徴的なのは、エウテュプロンが敬虔について形式的には受け容れられそうな規定を提示しているように見える時にソクラテスが彼に対して言うことである。彼は言う。

「これはじつに見事に、エウテュプロン、そしてぼくが君に答えてもらいたいと求めていたちょうどそのとおりの仕方で、こんどは答えてくれたね。しかしながら真実の答を与えてくれたかどうか、それはまだぼくにはわからない。だけど君は、むろんまた君の言うところが真実であることをも説き明かしてくれることだろう」(『エウテュプロン』7a。今林万里子訳、岩波書店、プラトン全集1。以下、『エウテュプロン』からの引用は今林訳による)

根本において正しいこととして伝承されていることが真であるという事実を示すこと――これはプラトンのソクラテスがどのような仕方で昔からの伝統と関わっているかをよく言い表している。しばしば、宗教的、神話的な領域において、あるいは伝統的な知恵の教えの領域において予め与えられているものについて、議論を通じて確かなものとすることが問題となる。すなわち、秘儀において宣伝され、賢い男女によって伝承されてきた魂の不死をソクラテスは喜んで継承しようとするが、しかしまた議論を通じて確証しようとも望む（『パイドン』）。

そのような確証の試みに際しては、しばしば「古さ」と「新しさ」のヤヌスの顔的な結合に至る。それは未来を指し示すとともに新たな開始として感じられる結合である。もちろん、このプラトン哲学の「ヤヌスの顔のような」側面――新たな基礎づけの地平における伝統的なもの――は、プラトンの恒常的な影響力の一因となっているかもしれない。いずれにせよキケロ（『トゥスクルム談義』1, 22）やずっと後になって新プラトン主義者のプロクロス（『プラトン神学』1, 5. p.26, 18 ff. Saffrey-Westerink; 1, 4, 23, 22 ff. Saffrey-Westerink）はこの方法をプラトンに特徴的と見なし、偉大な功績として評価している。

## 2　一つの実例――プラトンの哲学概念

### 伝統と革新

このような伝統と革新の協働は、プラトンの哲学概念を考察する際にとりわけ有効である。今日、我々が哲学という概念を知識と賢さの希求という意味で理解するとすれば、我々はその語を元々の意味においてではなく、プラトンがそれを改鋳した意味において用いているのである（Burkert 1960）。その際、すなわちプラトンの許で初めて、哲学という概念は独立した学科の明確な観念になったのである。その際、彼の許で「哲－学」（フィロ－ソフィア）という言葉の特別な理解に至ったのである。「フィロ」と組み合わされたギリシャ語の合成語は、普通、一定の対象との慣れ親しんだ付き合いを強調する。フィリッポス――〈フィロ－ヒッポス〉（ヒッポスは馬を意味している）とは馬が好きな人であり、あるいは〈フィロ－シトス〉（シトスは穀物を意味する）とは、食べるのが好きな人を意味している。それに応じて〈フィロ－ソフォイ〉とは、知識に馴れ親しんでいることが認められ、したがって特定の知識の領域に精通しているという仕方で賢い（ソフォス）と見なされるような人々なのである（Albert 1989, 18 f.）。これこそまさにソフィストたちが掲げた主張である。

伝統的な哲学観――知識に精通していることから商売の知識を伝授するための能力を導き出す教師たちを表示するために用いられてきたもの――は、プラトン対話篇の中でソクラテスの多くの相手によって代弁されている。しかしながらプラトンのソクラテスは、この静的な哲学理解を動的な理解によって置き換える。専門家たちの知識を所有しているとの主張——したがって彼らは知識に精通しているはずであるが——が疑わしいものであることが幾度も判明し、加えてまたデルポイの神託が自己認識へと促すとともに、そのことを通して彼に自分の認識可能性が制約されていることを気づかせたので、ソクラテスは人間について知識の所有ではなく知識の欠如を想定することから出発した（『饗宴』『パイドロス』『国家』）。

「知識に精通していること」としてのフィロソフィアから、「知恵を愛しながら探究すること」としてのフィロ－ソフィアが生じたのである。プラトンはこのアクセントの置き換えについて、『国家』の中で具体的に示している。そこでソクラテスはフィロソフォイという言葉を、いったんは語の使用の一般的な意味において犬に対して用いている。なぜなら犬は「目の前にあるものに馴れている」ので、顔見知りの人間に接しては親切であるが、そうでない人間に対しては親切ではないからである（『国家』376a-c）。しかし他の箇所ではその語を知恵に対する希求という新しい動的な意味で使い、その希求を「本物の」哲学者たちに帰している（『国家』496a-c）。

## エロース的な営みとしての哲学

知恵に対する愛と意欲としての哲学は、プラトンにとってまさに「精神的に」不足した存在である人間の「表徴」になる。これに対して神々は賢く（『パイドロス』278d）、つまり神々は知恵を自分のものにしてしまっているので哲学することはしない。

「神々は誰一人として、知恵を愛し求めもしなければ、知恵ある者になりたいとも思わぬ。すでに知恵があるのだからな。神でなくとも、知恵ある者なら、知恵を愛し求めることはないのだ。ところが、愚か者もまた、知恵を愛し求めもしなければ、知恵ある者になりたいとも思わぬのだ」(『饗宴』204a。中澤務訳、光文社古典新訳文庫。以下、『饗宴』からの引用は中澤訳による)

したがって全く無知でない人間は、愛する者が美しい肉体を慕うように、知識を慕う。プラトンにとって哲学はエロース的な営みになる。というのもエロースは母親のペニア(「欠如」の意)のせいでなるほど貧乏で物に事欠くが、にもかかわらずその父親のポロス(「切り抜ける」の意)から善にして美なるものへの衝動を受け継いでいるからである(『饗宴』203d, 207d; Albert 1998, 255)。

個々の肉体や個々の行為の美しさに満足することなく、美そのものへと自らを高めようと望む美に対する希求は、プラトンにとって哲学の範型(パラデイグマ)となる。神々と人間の間の通訳としてのエロースのように、哲学は知と無知の間をあちこちと揺れ動く(『饗宴』202e、『テアイテトス』155d参照)。真理に対する憧れの念が静止するに至り(『テアイテトス』151a)、哲学者がその知識に対する困難な探究において真理の許で一つの目標に到達できること(『国家』490b)をプラトンが当てにしているのは、明らかである。

かくしてプラトンの哲学概念は、動的であると同時に目的を達成することを志向している。このエロース的側面と並んで、プラトンの哲学はさらなる重要な表徴を有している。すなわち、哲学は現実の全領域を認識することに努力し(『国家』511b-d, 534c、『パルメニデス』136e)、他方、全ての事物は互いに親密な関係にあるので(『メノン』81c-d、『饗宴』202e)、プラトンの哲学概念は全体を包括するものとなる。それゆえ、プラトンの哲学観から論理学や自然学や倫理学といった哲学の部分的な学科を取り出すのは難しい。プラトンによれば、哲学は最終的には排他的である。なぜなら、それは現象界の事物よりも精神的な現実により多く関わるからである。哲学は特別な資質を持った人間にだけ定められたものであり、したがって小さなサークルに限られるのである（『国家』496a-c）（Voigtländer 1980）。

## 3　「驚くべき人」（『饗宴』215a ff.）——プラトンのソクラテス像とソフィストたち

### ソフィスト思潮との対決

かくして伝統的な「哲学」という概念は、プラトンの許で一つの新しい意味を獲得し、一つの特有な営みを表示する。その営みは哲学者たちを彼の時代の他の「知識人たち」から区別し、哲学を一個の独立した学科にした。したがってプラトンは、それまで「知識」と知識の伝授の能力を我が物と主張してきたあの連中から自分を分離するように試みなければならなかった。まさに初期対話篇において、プロタゴラスやゴルギアスや彼らの弟子たちのような「知恵の教師」あるいはソフィストとの対決が見出されるのは、なんら偶然ではない。対話篇の『プロタゴラス』（劇作上の日付は前四三三年）は、「ソフィスト思潮」と名付けられた前五世紀後半における知的運動の最も印象的な像を提供している（Kerferd/Flashar 1998, 3 ff.）。

商業的な土台の上に、私的なサークルの中で、あるいはまたたとえば体育場のような公の場所での講演によってその能力を売りに出していた教師として、ソフィストは民主制下のアテネにおいて増大しつつあった教養への欲求に応えた。ソフィストたちとのプラトンの対決は——その際、彼は喜劇作家アリストパネスと一致していることを自覚していた——彼らの名誉を恢復しようとする少なからぬ試みにもかかわらず、既に十九世紀において、また今日に至るまでしばしばこれらの知識人たちに対する否定的な評価へと導いた。これにはプラトンによる哲学概念の価値転換もであるが、諸対話篇の中でのソクラテスとソフィストたちについての叙述と対決もまた寄与した。

シシリー島のレオンティノイ出身のゴルギアス（前四九〇～前三八五年頃）やアブデラ出身のプロタゴラス（前四九〇～前四二〇年頃）やアテネ出身のアンティポン（前四七〇～前四〇〇年頃）やケオス島出身のプロディコス（前四一五?～前三九九年以降）は、アテネの文化生活において「知識人」として尊敬を集めていた有名な人物であった。常識と広汎な教養の擁護者として、また日常生活において居心地をよくするのに役立つ技術の教師として、彼らは欲求に応えたのである（Buchheim 1986）。すなわち、自分自身の利益を見抜くために重要な能力としての弁論術、政治学および実践的な倫理学が彼らの授業の主な分野であった。それらの教授に対して、彼らは対価を払わせたのである。

プラトンはソフィストとその主張を決して根本的に拒絶しているわけではない——カリクレスやトラシュマコスのような急進的な人間は別として。たとえばプロタゴラスは根本的に共感を持って描かれている。実際、プロタゴラスのようなソフィストが慣習的道徳の地盤の上に立っていることを受け容れ、そしてその認識論的な立場を真剣に受け取っている（『テアイテトス』）。しかしプラトンは、全般的にソフィストにおける知識の教授の商業化——上述のごとく、ソフィストは成功に満ちた人生のコントロールについての一連の授業に対して謝礼を払わせた（『プロタゴラス』322d-328c参照）――や、彼らが基本的に現象界に焦点を合わせていることや、言語の道具化や、諸価値の相対化や、とりわけ教育と授業についての考えを批判している。

たしかにプラトン自身は由緒ある富裕な家庭の出で、収入を頼りにする必要はなかった。しかしながら商業化の拒否は、なによりもまず、人間の魂に対する世話としての哲学というソクラテス＝プラトン的な理解の帰結である。プラトンが対話篇の中で描くソクラテス像は、多くの点でソフィストの考えに対して意識的に設定された対照のための企画なのである。その強調された実践的な志向――ソクラテスは「哲学を天から呼び戻した」と後にキケロが言うことになる（キケロ『トゥスクルム談義』5, 10, 12）――によって、彼はソフィストを彼らの領土で打ち破ろうとする。そしてまさに反対の志向によって、プラトンの構想の格別さが明瞭になるのである。

## ソクラテスの営み

ソフィストたちとは違って、ソクラテスは〈人はいかに生きるべきか〉についての確実な知識を手にしていることを疑う。彼は絶えず自分の無知を断言する。ソフィストたちとは異なり、彼は対話相手の自負を強めるのではなく、彼らを「ブレーキ」のように苦しめ（『弁明』30e）、不確かさを生じさせ、そして彼らを困惑に陥らせようとする。ソフィストたちとは異なり、ソクラテスはその友人に対して知識をまるで水を空の容器に注ぐような仕方で注ぐことを望まない（『饗宴』175d）。そうではなくして、彼は全体的な転換と彼らの物の見方の変更を導こうとするのである。ソフィストたちとは違って、ソクラテスはお金と引き換えに教えるための無知な生徒を望むのではなく、産婆が誕生に際して助けるように（『テアイテトス』150a）、その対話相手の許に洞察を見出し、それを促して明るみにもたらすことを望むのである。

ソフィストたちとは異なり、ソクラテスは弁論術の能力を物にしているとは主張しない。しかしながら彼は、自らを語ることとの巨匠にして弁論術の技巧――その技巧には弁論術に関して無能であるかのように見せかけることも属しているのだが――にも通じている者として自分を示すことで、この自称するところの無能力を自ら論駁するのである。しかしソフィストたちとは異なり、ソクラテスは自分自身の利益と「弱い議論を強くする」ために弁論術の能力を動員するのではない。そうではなく、対話相手に認識を獲得させ、それによって究極的には幸福へと手助けするために動員するのである。

魂の不死性について（『パイドン』）あるいは正しい振る舞いにとっての移り変わることのない基準としてのイデアについての議論さえも、最終的には実践的な意図を有している。それらの議論は、何故にソクラテスが人生においてかくも正しく、死に際してはあのように勇敢に振る舞ったのか、また何故に全ての人間がその点において彼を見倣うことができ、また見倣うべきであるのか、を説明するはずである。最後にソクラテスは、ソフィストたちとは違って、誰でも対話に招き入れるのではなく、その理解力に応じて対話相手を注意深く選び出すことに努力している。

以下のこと――つまり、プラトンがソフィスト思潮において予め与えられた手段、テーマ、人生をコントロールする術、彼の時代の切迫した問いに対する答えを取り上げたということ――が明確になるであろう。とはいうものの、彼は他の点を強調し、対照を通じてなにか新しいものを作り出した。彼にとっての哲学者の典型であるソクラテスもまた、まさにこの背景をバックに、その具体的な風貌を獲得するのであり、同時代の知恵の教師たちの要求と予め与えられたものに対するプラトンの答えとして理解されなければならない。と同時に、ソクラテス像の内には真の哲学者の振る舞いについてのプラトンの考えが反映されているのである（Szlezák 1985, 2004）。

## 4　争論術と哲学――『エウテュデモス』

### 争論家 対 ソクラテス

このことはとりわけ対話篇『エウテュデモス』において明らかである。というのも、他のソフィストを扱った対話篇とは異なり、『エウテュデモス』――その中では劇を演ずる役と物語る役が入り交じっている――は、いかなる政治的・倫理的問題設定も扱ってはおらず、ソフィスト流の争論術そのものをテーマとし、それとソクラテス＝プラトン的な哲学の勧め（プロトレプティコス）を対比させているからである。対話篇は巧みに分節されている（Keulen 1971）。場面は『カルミデス』や『リュシス』におけるのと同様、リュケイオンである。ソクラテスは二人の争論家（エリスティコイ）、エウテュデモスとディオニュソドーロスによる演示用の争論（エピデイクシス）の模様を描写する（275d-277c, 283b-288b, 293b-304b）。その目的は、人は学ばなければならないということの証明である。

彼らの技術を披露するに際して、争論家は誤謬推理を持ち出す。それは苛立たせはするが強い印象を与えるものでもあり、それによって彼らの学校の宣伝に役立つはずのものである。その際、興味深い問題も出てくるが、しかし馬鹿げたこともまた口にされる。そこでたとえば、賢い者と無知な者のうちのどちらの人間が学ぶのか、が議論される（275d-276a）。しかしながら、両方の可能性とも論駁される。一人の父親は同時に全ての者の父であり、したがって犬の父親でもある（298c-e）という主張が擁護される場合も、このことが示しているのは争論家たちにとっては内容が問題なのではなく、論理的および言語的な遊びによって印象づけ、生徒を獲得し、そのことを通して金儲けをすることだけが問題であるという事実である。

この対極として、二つのソクラテス的な対話の場面が挿入され、その中においてはデモンストレーションのために一つのソクラテス的な哲学の勧め（プロトレプティコス）がアポリア的対話の形で語られる。この二つの部分から成るプロトレプティコスでは、まず、所有する財産ではなく、財と適切に関わることこそが人間の安寧にとって決定的な意味を持つことが扱われる。第二の場面では、財を用いる際に導きとなるべき知識が問題とされる。その議論はなるほど——他の初期対話篇同様——困惑（アポリア）の内に終わる。

しかしこれまた成果のないままに終わるかに見える他の対話篇（第六章参照）におけると同様、読者に対しては、解決への道を指し示すとともに、考察に値するような示唆が与えられるのである。多くの技術においては、それらがもたらす知識は正しく用いられていない。しかしながら医師は人を治すものについて知るだけでなく、はたして治されることが患者にとって本当に良いのかどうか、についても知らなければならないのである（298a）。したがって、あることを作り出すと同程度に正しい使用をも導くような知識が必要とされるのである（298b）。この両方の側面は通常、分離されている。優れた弁論作家の誰でもが自ら巧みに弁じることができるわけではないが、しかしその人が両方に成功する時にのみ、彼は成功を収め幸福になれるのである。

## ソクラテス＝プラトン的方法

さて実際にある物を作り出すと同時にその正しい使用、たとえば弁論の使用に有能なような学問が月並みな人間の許では見出し難いとすれば、求められた条件はプラトンによって唱道された哲学的な弁論術（『パイドロス』）にも明確に当てはまるはずである。プラトンの対話法はふさわしい対話相手と探究に適したテーマを見出すと同時に、適切な探究の方法を提供することができるのである。それゆえ、プラトンの対話法は人間を幸福にする（『パイドロス』277a）。多くの学者たちが（幾何学者や天文学者や算術家）その認識を対話法を習得した者に委ねるということが対話において示唆されながらも、それ以上詳述されることがないとすれば、その場合には正しい目標への道が示される。すなわちその場合には、哲学者たち（対話法を習得した者）のみが他の諸学問の認識を真理の認識の途上で正しく応用できるということを、『国家』が保証してくれるのである（『国家』511b-d, 533d）。

かくして我々は、どのようにして生徒を獲得し、教えるかということについての最善の方法をめぐる競争の証人となる。争論的対話におけるエウテュデモスとデュオニュソドーロスという二人の巨匠の言葉をめぐる争論的な戦い——彼らは「それが真だろうと偽だろうと、いつでも言われたこと」を論駁する——は、ソフィスト流の議論の仕方の実践を具体的に描き出している。人がソクラテスによってついでのようにして議論に付け足されたかに見える示唆に従う場合、内容的には空疎な争論的な戯れが哲学的・プラトン的な要素——想起説、矛盾律、どのようにして非‐存在は「存在する」かといった問い、「存在」の用法、否定の論理的な可能性、誤謬、矛盾など（『メノン』『パイドン』『国家』

『テアイテトス』『ソフィスト』参照）――の真剣さを我々に認識させるのは、プラトンの叙述の技のアイロニーに属する。これらの示唆は、争論家たちが解決には努力しないで、誤謬推理によってただ苛立たせようとしているだけであることを仄めかしている。彼らはおよそ解決を見出すことができない。これに対してソクラテスには、もっと言うことがあるのである。彼との対話が困惑に至るとするならば、そこには一個の事柄自体に由来する問題があるのだが、それは克服されなければならないのである。

事柄そのものを解決することを目指して哲学へと促すソクラテスの議論の仕方と争論家たちのやり方の対比は、ソクラテス的な意味で哲学することについての誤解に対してソクラテス＝プラトン的な方法を弁護することに特に役立つ。その哲学することは知識ではなく、さしあたって無知から解放することを求め、そこから知識の不足を表面化させる。同じことが「哲学者」ソクラテスが提示する像についても当てはまる。『エウテュデモス』におけるソクラテスの姿は、他の対話篇におけるそれと同様、争論家に対立する姿のスケッチである（Szlezák 1985, 49ff.）。つまり、ソクラテスはこれらの連中のように各地を転々とする教師ではなく、いつでもアテネに留まっている。彼は常に新しいことだけを言うと主張することなく、いつも同じことだけを説いていると自認している。

ソクラテスにとっては、争論家たちにとってそうであるような仕方で知識をできるだけ速く伝授する（303e）ことが問題なのではないし、また彼はできるだけ多くの聴衆を集めようともしない。真理の探究に際しては時間をかけて、彼が本当にふさわしいと思う者だけを対話の相手として受け容れるのである（『パイドロス』276e）。彼は相手を苛立たせようとするのではなく、困惑（アポリア）を通じて解放しようとしているのである（Erler 1987, 213 ff.）。

『エウテュデモス』のプロトレプティコス的な部分や、多くの詭弁の裏に潜むプラトンの底意や、争論家的方法とソクラテス的方法の対比、また哲学者像を視野に入れての争論家と哲学者の対置は、プラトンがこの対話篇で自分の哲学的実践を他の競争相手たちに対して際立たせようと望んでいることを示している。

# 第四章　継承と刷新——プラトンの文化批判

# 1　「魂の世話」としての哲学——『ソクラテスの弁明』

## 『ソクラテスの弁明』の構成と概要

プラトンは『ソクラテスの弁明』で、史実としては些細ではあるが西洋の精神史と哲学にとって根本的な意味を持つ、とある出来事を描いている。つまり、前三九九年におけるソクラテスの有罪判決である。ソクラテスが告訴されたその罪状とは、伝統的な神々を信仰していない、若者たちを堕落させている、新奇な神々を導入しているというものである。本人の証言によればプラトンも法廷に居合わせていた（34a, 38b）。その出来事の顚末は、当時の裁判の進行順序に即して描かれている。すなわち、まず導入部（17a-18a）の後、裁判の争点が述べられ（18a ff.）、告訴内容に対する反論がそれに続く（19a-28）。そして、ソクラテスについての補足的議論と自己評価（28b-34b）を挟んだ後、終末部に至る。

ただし、この書物を歴史的資料として見てはならないだろう。そこで描かれるソクラテスの主張や振る舞いの中には、この歴史上の人物が持つ独自の特徴——たとえば、知の獲得の可能性についての懐疑的な見方など——を反映させたものも多いかもしれない（Döring 1987）。とはいえ『弁明』におけるソクラテス像は、史実的な要素と、プラトンが真の哲学者の持つ特徴だと考えるところの理想化されたイメージとが結びつけられて出来上がったものである。それゆえ、歴史上のソクラテスを作品上のソクラテスから区別することは、『弁明』においてはまた特に難しい。また、『弁明』がプラトンの創作の初期の段階における著作の一つであるということさえ、決して確実ではない（Heitsch 2002, 177-180）。

ともあれ著作そのものに立ち返ることとしよう。ソクラテスは『弁明』において、形の上では、若者を堕落させ新奇な神々を導入したという罪状に対する自己弁護を民衆裁判員たちの前で行っている。しかし弁明の本当の動機は、民衆裁判員たちの魂を世話することにあるのであって、ソクラテスは民衆裁判員たちを過ちから護り吟味しようとする。そして彼はこの大胆な企てによって、原告の側から被告の側に彼らの立場を一転させている。あの三つの弁論はこの目的を達成するためのものである。すなわち、第一にソクラテスは、自然哲学やソフィストの営みと自分の哲学を区別する。そして第二に、自らの生を自己探究と「魂の世話」として描き出す。第三に、自らの行いを、「ソクラテスより賢い者はいない」（20e ff.）というデルポイの神託を通じて正当化する。

ソクラテスは、プラトンが描くところによれば、神託は間違いであり、他の誰もがみな自分よりは賢いはずである、と確信している。ところが彼は、政治家（21b-e）や詩人（22a-c）や職人といった自称専門家たちが実はなんら知者ではないことを、彼らとの対話を通じて再三悟ることになる。彼らは、こうした吟味にかけられること、つまりはソクラテスのことを決して喜ばなかった。とはいえ、こうした吟味を通じて明らかになったことがある。それはつまり、ソクラテスが、本当は知を持っていないのに持っているとうぬぼれたりしないという点だけを見れば、少なくとも神託は正しいということである。かくして、彼だけが無知を自覚しているという点で彼らより優れていることになる。

このことを悟ってソクラテスは、他の人々にも無知を自覚してもらうよう手助けするという企てを行う資格が自分にはあると考えた。つまり、ソクラテスは尋常ならざる行動に出るのである。彼は、自身にとって危機的な状況にありながら、民衆裁判員たちに媚びようとはしなかった。それどころか高名な市民や専門家の知を吟味にかけることで神の命令を自分は遂行しており（『弁明』30a）同胞にとって最善の振る舞いをしているのだ、という主張で彼らに衝撃を与える。ソクラテスは、まるで虻《あぶ》のごとくに彼らに安息を与えず、絶えず真理を追究する。かくして彼は、刑事罰に値するようなことは何も行ってはいない。むしろ彼は、高官向けの施設であるプリュタネイオンで表彰を受け饗応されるにふさわしい人物であろう（現代なら名誉市民の称号を受けるにふさわしいであろう）。

## 魂の世話

『弁明』では、命を懸けてこの神の命令を全うするというソクラテスの意志が表明されている。『弁明』以外の一連の対話篇は、ソクラテスがこの使命を一貫して遂行したこと、またどのように遂行したかを具体的に描き出している。ソクラテスが自らへの非難に取り組み、告訴内容に反論し、一貫して果敢に自分の立場を弁護するそのやり方をみれば、ソクラテスが真正かつ説得力をそなえた人物であることがわかる。古代においても現代においても、『弁明』の読者はこのことに魅了されるのである。そのことはまた、どうしてソクラテスが、プラトンや友人たちにとって、「当代の人々の中で最も優れた人、そして、特に知恵と正義において最も卓越した人」（『パイドン』118a）だったのかを納得させる。

ソクラテスが対話相手に行う「魂の世話」は、考えを改めることを相手に求め、うわべだけの確かさを問いただし、独断的な思い込みを真摯な探究によって置き代えるものであるが、その際、一般大衆の意見には目もくれない。この魂の世話は、それ以来ソクラテスとプラトンに結びつけられることになった、哲学上の重要な新しい視座となる。「魂の世話」の根底にあるのは、魂こそが人間の核心であり、したがって、魂を過ちから守り真理と幸福へ向けた魂の探究を助けることこそ哲学の責務である、という確信である。だからこそソクラテスは、死ではなく魂を傷つけることこそが真の害悪であると確信して、死刑判決を受け入れたのである。

もちろん、ソクラテスが「魂の世話」において問題にしたのは、政治家、詩人、職人それぞれの専門知だけではない。諸々の対話篇が示しているように、プラトンはソクラテスに、アテネ社会における文化や教育といった重大な領域についても吟味の対象とさせている。たとえば、『エウテュプロン』では伝統的な宗教観が、『ゴルギアス』では弁論術の役割と可能性が吟味される。また『パイドロス』では、人間の意思伝達の可能性に関する一般に流布した見方が問いただされる。『イオン』や『国家』の一部では、詩作は知の宝庫であり人生の行為指針の宝庫であるとする伝統的な見方が問題にされる。また、『プロタゴラス』や『メノン』といった対話篇で、ソクラテスはソフィストなどによる当時の教育モデルに批判的に取り組み、『国家』では、こうした教育モデルに人間形成（パイディア）という独自の教育観を対峙させている。プラトンの描くソクラテスによる「魂の世話」には、一般的な文化批判に通ずるものがある。ただしそれはもちろん、単に既存文化の否定に留まるのではなく、新しい側面を提示するとともに、伝統文化を継承し改善する余地があることを示すものとなっている。

## 2　神への奉仕としての哲学──『エウテュプロン』

### 哲学と宗教

文化を変革しようとするこうした企ては、伝統的宗教をめぐる問いにソクラテスが取り組む場面でとりわけ見出すことができる。というのも、プラトンは対話篇の中で宗教についての見方をめぐる議論に多くの紙面を割いている（Albert 1998, 13-208）だけでなく、それらを自身の哲学の中に取り込んでいるからである。こうして、思索そのものは厳密に論理的なものではありつつも、哲学はまさに宗教的な性格を帯びることになる。

プラトンにとっての元祖哲学者であるソクラテスは、自分自身と神々との関係を特に強調する（Erler 2002）。彼は自分のことを「神の使者」と呼んでいる（『弁明』31a）。また、哲学的議論の相手として適切な人物を選び、人が知を獲得するのを助け自己認識を鼓舞する能力が自分にはあるとし、それを「神々からの授かり物」と表現する（『テアイテトス』150c）。彼はしばしば、人々と対話する際に、神的な導きや霊感を引き合いに出す（『法律』682e, 722c）。さらにプラトンにとって神は確固たる尺度であり、それはソフィスト的な相対主義に対置される（『法律』716c）。人間は、神こそを自らの参照軸とせねばならない。人間に可能な限り神に似ること（ホモイオーシス・トーイ・テオーイ）が求められ、それはプラトン倫理学における行為指針である（『パイドロス』249c、『テアイテトス』176e、『ティマイオス』90b-c）。

彼がこのように宗教的文脈に立ち返ることは、皮肉を含む戯れだとか単なる演出だとかいった以上の意味を持っている。宗教的言説と哲学的言説はさほどその内実が区別されるものではないが、ただし、宗教的言説は認識が真正であることの根拠を示せないままであるのに対して、哲学的言説はまさにその根拠を生み出すことができるという違いがある。たとえば『パイドン』では、魂の不滅を証明する理論的根拠が、宗教的伝統への言及にとって代わる仕方で提示される。すなわち、自殺の禁止は神学的に説明されるが（『パイドン』62c）、魂の不死のほうは論証によって裏付けられる。『パイドロス』（246c）では、魂の不滅は論証によって証明されるが、これに対して魂の本質的あり方については、馬車に喩《たと》えられた魂とその馬車の馭者《ぎょしゃ》をめぐる神話を援用しながら説明される（246a ff.）。

かくして哲学的な言説は、宗教的・神話的言説が論証抜きで受け入れる事柄を、理論的に基礎づける役割を果たす。『パイドロス』でソクラテスは、神々さえも、イデアの考究を通じてはじめて神としての地位を得るのだと主張しており（『パイドロス』249c）、そこに彼は、宗教と哲学の間の誤解の余地のない明確な序列が存在すると考えている。内容的に収束してゆく場面も多いとはいえ、宗教上の見方が哲学的な論証と同等視されることはない。とはいうものの、宗教的な要素は哲学的言説の内へと取り込まれる。

哲学によるこうした統合の過程は、当時の因習的な宗教との決定的な対決の結果もたらされたものである。ソクラテスに先立って既に他の人々、たとえばクセノパネス（前五八〇年頃）もそうしたように、プラトンもまた、ホメロスの叙事詩で描かれるような、神々を擬人化した神観と神々の非道徳的な行動を批判している（『国家』377e-383c、Morgan 1992）。

そうした神々の振る舞いには、人間にとっての道徳上の行為規範となり手本となる機能が欠落していることをプラトンは嘆く。「ヘラが息子に縛られた話だとか、母が打たれるのをかばおうとしてヘパイストスが父神に天から投げ落とされる話だとか、またすべてホメロスが創作した神々どうしの戦いの話などは、けっしてわれわれの国に受け入れてはならないのだ」(『国家』378d。藤沢令夫訳、岩波書店、プラトン全集11。以下、『国家』からの引用は藤沢訳による)。そこではホメロス的宗教観の根本が否定されるが、この宗教観によれば、敬虔な態度とは、神と人間の間の応報的な交易「僕が(君に)与えるのは、君も(僕に)与えるためだ(do ut des)」——たとえば『イリアス』第一巻におけるクリュセスの祈り[アガメムノンに捕らえられた娘クリュセイスの解放を父クリュセスがアポロンに祈り、それが叶えられたというエピソード](『イリアス』1, 37 ff.)に典型的にみられるような——によってこそ示される(『エウテュプロン』14d-eを参照)。これに対してプラトンは、自己の内奥が適切な状態にあるということにこそ、真の敬虔さの基礎を見出す(『法律』716e)。

## 『エウテュプロン』における宗教批判

伝統的宗教批判についての証言であると同時にまた、然るべき「神についての語り」の新たな方向を指し示している——「神学」という用語はプラトンにおいて初めて見出される(『国家』379a)——のが、「敬虔について(ペリ・ホシウー)」という副題のついた対話篇『エウテュプロン』である。プラトンの初期著作であるこの対話篇は、ソクラテスの裁判と有罪判決と処刑(前三九九年)という当時の状況の中で展開し、『弁明』『クリトン』『パイドン』と密接な関係を持っている。『エウテュプロン』篇における対話が交わされる場所は、宗教上の事柄を管轄する官職であるバシレウスの役所であり、アクロポリスの南側に位置する。ソクラテスは、やがてかの弁明において対決することになるメレトスによる公訴を受けて立つために、召喚に応じてそこにやってきたのだった。役所の前でソクラテスはエウテュプロンと出会う。

二人が出会ったことから、「敬虔とは何か」をめぐる議論が展開される。その議論は、とある日雇い労働者を殺した罪で自分自身の父親を訴える決断をエウテュプロンが下したことに端を発する。エウテュプロンはこの行動の正当性の根拠を、自分には神官としての能力が備わっているという点に求める。というのも彼は、自分こそ神官であり、敬虔とは何であり何でないのかという問いとその知に関する「専門家」だと考えているからである。彼はひたすらこの知だけによって自分の行動を導くことを望んでいる。彼は、自分の父親を訴えようとしていることに他の人々がショックを受けることなど気にもしなかった。彼らは、まさに敬虔とは何であり何でないのかをわかっていないのである（4e）。こうして、それに続く議論のキーワードが提示される。というのもソクラテスは、エウテュプロンが「敬虔」ということで何を理解しているかを知り、それを通じて、本人は正しいと確信しているエウテュプロンの行動の根底にあるものに狙いを定めて、その不確かさを暴こうと考えたからである。そこでエウテュプロンはまず、「敬虔とは何か」という質問に対して事例を挙げることで答えるが、物事の本質はその現象的な側面に言及したところで開示されえないということを教え諭される。続いて彼は「敬虔とは神が愛するものである」（6e）と答え、正しく方向転換する。とはいうものの、ソクラテスの指摘するように、「何かしら正しいとしても、答えが真であるかどうかはまだわからない」（7a）。事実エウテュプロンは、自分の定義案をしかるべく根拠づけることができないでいる。というのも彼は、神々の間においてまた争いがあり、何を敬虔と見なすかについて意見の相違が生じる可能性を前提として認めているからである。それによって彼は、どの神も同じ物事を尊重するわけではないという、ホメロスによる擬人的な神観の信奉者であることを自ら暴露していることになる(8a)。そして、「敬虔とはすべての神が愛するものである」との修正案も、ソクラテスの精査には堪えられない。ソクラテスによる敬虔と正義の連関についての親切な示唆も、エウテュプロンを困惑から救うことはできない(12d)。とはいえ彼は、敬虔がなにかしら「奉仕」に関わるものであることをなんとか示すに至る。

「私にはこう思えるのです。ソクラテス。——正義のこの部分、つまり神々の世話に関わる部分が、敬神や敬虔であり、他方、人間の世話に関わるのが残りの部分である、と」(12e)

問いに対する答えとしてこれは意義深い見解ではあるが、奉仕ということで何を理解しているのかという問題がなおも残る。それは、たとえば馬の世話のような、奉仕する相手をよりよい状態にする手助けではありえない。というのも、神をさらによりよい状態にすることなど人間には無理だからである。むしろ奴隷として主人に仕えたり、医者を補佐したりするのと同様に、神の業に協力することに関わるものであるはずである(13d)。とはいえ、人間は神をいかなる仕方で援助できるのであろうか(13e)。エウテュプロンが提案しているような仕方で「祈りや供犠において好ましい語りや振る舞いをする」ことでは、なんの足しにもならない。なぜなら、どういう場合に神々は人間の援助を期待するのかという問いが残ったままだからである。

こうして議論は成果を生むことなく終わりを迎えるものの、次のことは明らかとなる。すなわち敬虔とは、善なるそして嫉妬のない永久不変の存在である神々(『国家』381e)の、世界と世界内の物事を善いものにしようとする尽力に対して、人間がなんらかの貢献をすることに関わるはずだということである(『エウテュプロン』14c)。ソクラテスはまさにこうした貢献を、吟味探究の活動によって果たしている。というのも、この吟味探究の活動によって、彼の仲間である人間は思い込みや誤りから解放され、それにより彼らは善きものになるからである。こうしてソクラテスは神の営みに寄与していることになる。デルポイの神が自分に課した使命に従事しているのだという彼の主張は、このような仕方で、宗教的かつ哲学的な基礎づけを与えられる（『弁明』28e、Erler 1987, 164 f.）。

## 宗教批判の哲学的意味

かくして、宗教的伝統に対する批判――いわば否定形（ex negativo）で表されるにせよ――から見出されるのは、実は宗教性と敬虔性についての未来志向的な見解である。この見解の主な特徴は、神々の間の争いや妬みの不在、神々の善き営みへの人間の共同参与、内的態度の正しさといった点にある。したがって敬虔とは、外面的な行動や供犠の遵守によってではなく、ソクラテス＝プラトン的な「魂の世話」によって示されるものである。すなわち「魂の世話」は、反駁や勧奨や産婆術を通じて、人々を無知から解放し、人々をより善い状態にもたらそうとする（『国家』500d）。つまり、哲学は神への奉仕となる。

それゆえ、プラトンが伝統的な宗教観を批判する場合、ソフィストが時折やるように、それを完全に脇に追いやったり排除したりしようとしているわけではない。むしろ彼は、それを新しい文脈、つまり哲学的な文脈のうちに取り込もうとする。彼は最晩年の作品『法律』においても、真なる敬虔の基礎となるものを次の三つの命題に定式化する（『法律』885a-907b）。すなわち、「神は実在する」「神は人間のことを気づかってくれる」「神は何ものからも影響を受けない」の三つである。二つ目の原理は、神が完全であることからの帰結であり、神の完全性には嫉妬心がないことと他者の安寧への気づかいが含まれるという考えによる。三つ目の原理は、人間は神々と取引できるという発想を禁じ、伝統的な宗教実践（供犠、祭祀、予言）の変革を迫るものである。というのも、いまやひたすら意味を持つのは、人間が神と接する際の内面的な態度だけだからである。自分自身の無知の自覚としての「汝自身を知れ」というデルポイの格言は、こうした態度に当てはまる。この格言は、人間の可能性の限界、および人間と神の間の隔たりに気づかせ、さらには、こうした自覚に達した者に、見せかけの知から他の人々をも解放してあげるよう促す。とはいえ一方で、知を――労苦を伴いながらも――獲得し神的な知に接近することができるのだという確信もまた、そうした態度に合致する。

## 3　哲学と弁論術――『ゴルギアス』と『パイドロス』

### ソクラテスと弁論術

宗教と並んでアテネ社会における文化の中心的要素となるのが、弁論術である。公の場面における――たとえば裁判のような――重要な会議においては、専門的知識があるか否かという観点から参加者が決められるわけではなく、法律家のようなその分野に固有の専門職は存在していなかった。それゆえ必然的に、誰しもが自分自身で、説得的な弁論によって自分の利害関心を正当化したり、もっともらしい議論や言語的手段によって自分の立場を正当化できることとなった。弁論術を心得ているかどうかが、まさに死活問題だったのである。弱い議論をより強いものに変える能力――ソクラテスは告訴状の中でこの力を持っているとして責められたわけだが（『弁明』18b, 19d）――は、日々の生においてまさに必要不可欠であった。「弁論術（レトリック）」という用語はプラトンの著作において初めて見出されるが（『ゴルギアス』449c、『パイドロス』260c）、弁論術の伝統はプラトン以前から存在する（『パイドロス』266d-269d）。プラトンはそうした伝統にまで遡って言及しながらその多種多様な適用可能性を考察しているが、とりわけ『ゴルギアス』と『パイドロス』では、弁論術のとる手法と目的を批判的に分析している。ソクラテスの対話相手は――ソクラテス自身もそうなのだが――もちろん、同一の弁論術的な手法をさまざまな目的のために自由に操る。『弁明』の中でソクラテスは、自分にはそうした能力があることを饒舌に否定するわけだが、そもそもこうした「自己卑下」は、ソクラテスがその所有を否認したはずの法廷弁論における技法の一つである。彼が裁判に負けたということは、弁論の領域に関する彼の力不足を立証しており、『ゴルギアス』の中でこうソクラテスを非難する権限をカリクレスに与えることになるようにも見える。

「ソクラテスよ、あなたは心にかけなければならないことを、なおざりにしている。そして、あなたの持って生まれた魂の資質はそれほどに高貴なものであるのに、何か若い者向きの格好で人目を惹こうとしているのだ。だから、裁判の審議にあたっては、あなたは自分のために、正当な意見を述べることもできなければ、また、まことしやかなこと、人を信じさせるに足ることを、大声で言うこともできないだろう。それにまた、ほかの人のために、思いきった勧告をしてやることもできないだろう」（485e-486a）

ソクラテスとしては、自分は「静かにじっくり探究を行う」人間の一人であって、「常にせかせかと（語る）」法廷弁論向きの人間ではないと率直に告白する。というのも法廷弁論の場合、「流れる水（すなわち水時計）に急《せ》かされてしまい、自分が一番話したい事柄についてじっくり探究を行うことが許されないから」である。そして法廷弁論は、「権力を手中に彼らの前に座っているところの主人に向かって、同じ奴隷仲間のことをうんぬんする言論なのです」（『テアイテトス』172e）。

とはいえ、こうした反弁論術的な態度は、徹底的に弁論術的なやり方で巧みに表明されている。しかし、ソクラテスは弁論術を活用しなかったので裁判に負けた、という非難はとりわけ次のことを見落としている。すなわち、ソクラテスは、弁論術がもたらす成果を伝統的な見方からすれば逆説的に見えるに違いない別の基準に照らして測っているということである。つまり、彼にとって重要なのは、自分一人の「勝利」ではなく、対話相手を誤った見解から解放することなのである。だからこそ裁判では弁明が告発になるわけであるし、それゆえにまた、ソクラテスは自身の判決を「敗北」だとは考えていない。ソクラテスの振る舞いは無能さの結果なのではなく、他者の魂を問題とする彼の哲学上の基本的立場から導かれた帰結である。『ゴルギアス』と『パイドロス』は、伝統的弁論術から見れば失敗に映るものがプラトンの哲学的弁論術からすればまさに成功と見なされるということの根拠を、そしてなぜそうなのかという理由を示している。これらの対話篇は、人の魂を動かす術（プシュカゴーゲー）としての奴隷根性的な伝統的弁論術が、ソクラテス＝プラトン的な魂の世話のための重要な補助手段になるということ、またいかにしてそうであるかということを理解するのに役立つ。

## a　魂の世話としての弁論術――『ゴルギアス』

### 『ゴルギアス』における弁論術批判

『ゴルギアス』は、プラトン対話篇の中でもとりわけ大作である。作品の主題は、弁論術を規定し評価することにある（449c-d）。とはいえその背景には、「人はいかに生きるべきか」（492d, ポース・ビオーテオン）という、プラトンが常に問い続ける問いが存在している。はたして優先させるべきは、政治権力と快楽の充足を野放図に追求することなのか、それとも、道徳的完全性を希求し哲学的真理を探究することなのか。この問いを探る文脈の中で、ソクラテス、ゴルギアス、ポロス、カリクレスの間で議論が展開され、弁論術の批判的検討と再評価、そしてソフィストの術についての徹底的な分析が行われる。

弁論術教師の大家であるゴルギアスとの対話、その弟子ポロスとの対話、カリクレスとの対話という三つの部分で議論されるのは、以下のことである。すなわち、弁論術はどんな目的のためにも使ってよいのか、よいとすれば如何にしてそうなのか、そして自分の利害関心のみに基づいてその都度使ってよいのか、あるいは、それを使用する際には普遍的な価値に導かれるべきなのか、という問題である。これらの議論との関連で、「徳は知なり」「故意に悪をなす者はいない」「一つの徳の所有はすべての徳の所有を意味する」といった有名なソクラテスの主張も話題にのぼる。また、数学上の問いやオルペウス＝ピュタゴラス的教説についても言及される。

ソクラテスと並んでとりわけ読者を常に引きつけるのは、カリクレスの人物像――実在した人物像なのかは議論の余地があるが——である。ニーチェは彼のうちに自身の見解が先取りされているのを見出した（Dodds 1959, 387-391）。カリクレスは価値中立的な権力志向を首尾一貫して喧伝しており、ソクラテスはこうした態度に根本的な批判を加えている。そういうわけでこの対話篇は、とりわけ二十世紀の全体主義的な思想の潮流を分析する際に大きな関心の的となった。

ゴルギアスは、弁論術は道徳的素養を必要とするであろうが、しかし同時に、道徳的責任を負わずに各人の目的に寄与しうると主張する。彼のこの主張は、ソクラテスとの議論によって、疑わしく矛盾を抱えていることが明らかとなる。そこでポロスは、道徳的素養が必要であるという要件を放棄しはするが、しかしポロスは大衆の道徳観を気にかける恥じらいの心（アイドース）を持っているために（Kobusch 1996, 47-63）、自分の考えを首尾一貫させ、弁論術の中に固有の目的を貫徹するだけのために役立てるべき純粋な権力装置を見ることには、二の足を踏んでしまう。この過激な見解は、ソクラテスと三番目の対話相手であるカリクレスが導き出すものである。

彼は、恥じらいの心といったような自身が小市民的と感じる道徳観によって、自身の根本的な立場から徹底的かつ過激な帰結を引き出すことをためらわされるなどということは我慢できない。というのも彼にとって大衆道徳は、単に強者の本性的な権利を制限するのに寄与しうるように拵え上げられた約束事に過ぎないからである。

彼の見立てによれば、約束事としての正義など、いわば少数の本当に力のある強者に対抗して多数派たる弱者が共謀して案出したものに過ぎない。実は、強者が自分の利益追求を貫徹しようと欲しかつそうすることが許されることこそ、自然の掟なのである。彼からすれば弁論術は、弱者の共謀を暴き出し強者自身の利害関心を満たすことを可能とする限りにおいて、実はその掟を実現するための実証済みの有効な手段なのである。

カリクレスにより提起されたこの主張に対し、ソクラテスはそれに劣らず印象的な仕方で、一見逆説的な対案を主張する。すなわち彼は、自分の利益追求を手当たり次第容赦なく徹底することこそ弱さであることを明らかにする。というのも、そのような追求が根本的に不正な仕方で行われるならば、人間は不正を犯すことで魂そのものを害することになるという事態が見出されるからである。それゆえ、不正は実のところ、それがなんの妨害もなしに首尾よく貫徹されたとしても、不正を犯した人の利益になるのではなくその人を害することになるのである。

ところで、自ら進んで自分を害する人などおらず、気づかぬうちに害してしまったというのがせいぜいである。とすれば、逆説的ではあるけれども論理的には一貫した、次の帰結が生ずる。すなわち、独裁者のそれのような巨大な権力に基づいて不正が犯されるとしても、実はそのことは、当人が全く無力であることのしるしである、という帰結である。「不正行為」とは「自らを害すること」を意味するのであるから、不正を被るよりは不正を行うほうが悪いということになる。自分が既に犯した不正の結果として自らが害されてしまっている場合、そのことに当人が気づかされないままなのも同様に悪いことである。というのも、そうなると治療の可能性が断たれてしまうからである。

## 新たな弁論術の可能性

以上の洞察から、伝統的な弁論術観を逆転させる新しい課題が弁論術に生じる。通常――たとえば裁判を前にして――人は、なんとか弁論術に助けてもらいたいと考える。被告側としては、刑罰を免れたり、科されんとする量刑が緩和されたりするのに弁論術という手段が役立つだろうと期待する。

他方、原告側としては、弁論術の助力により訴訟に勝利するという目標が達せられることを望む。しかしながらソクラテスの考えに従えば、弁論術が目指すべきはむしろ次のこと、つまり、犯罪者は自らのなした不正行為そのものによって既に自分を害してしまっており、よって刑罰を浄めの行為として切望しなければならないということを犯罪者に認識させる点にあるということになる。したがって弁論術は真実の解明と真理のためにあるべきなのであって、いずれの場合においても事の真相を隠蔽したり裁判で処罰を免れたりするために用いられては断じてならない。

この新しい意味での弁論術は、ソクラテス=プラトン的な「魂の世話」の一つの道具となる。だからこそソクラテスは、法廷での弁明によって、不正をなそうとする民衆裁判員たちを告発しようとするのである。かくしてソクラテスは、次のような理由を挙げて伝統的弁論術を批判する。すなわち伝統的弁論術は、大衆に迎合した話をするだけで何が本当に善いかはわかっていない（『ゴルギアス』462b-c, 463b, 464e-465a）。また、経験や熟練に基づくだけで（『ゴルギアス』501a-b）、ひたすら勝利しか目指さない。それはちょうど、料理術が心地よさしか考慮しないのと同じである。これに対して真の弁論術は「魂の世話」に寄与しなければならず、それは、人が真の政治から期待することでもある。というのも、テミストクレスやペリクレスのような著名人ではなく、実はソクラテスのような哲学者こそが真の政治家だからである。つまり真の政治家とは、国家体制ではなく同胞の魂を配慮する人々のことなのである（503d-505b）。

『ゴルギアス』篇は、死後の人間の魂がたどる運命についての物語で幕を閉じるが、その物語では神と人間の審判が重要な意味を持つ。そこでは魂の世話に寄与しそれによって哲学の本質的要素になるような弁論術がいま一度説かれる。

「もし誰かが、何らかの点で悪い人間となっているのなら、その人は懲らしめを受けるべきである。そしてこれが、つまり裁きを受けて懲らしめられ、正しい人になるということが、正しい人であるということに次いで、第二に善いことなのである。さらにまた、迎合は、自分に関係あるものでも、他人に関係あるものでも、あるいは、少数の人を相手にするものでも、大勢の人を相手にするものでも、どれもすべて避けるべきである。なお、弁論術もそういうふうに、つねに正しいことのために用いられなければならない。そしてそれは、他のどんな行為の場合でも同じである」（527b-c）

## b　哲学者は人を欺いてよいか？ 魂の誘導としての弁論術――『パイドロス』

### 伝統的弁論術と哲学的弁論術

弁論術の原理的な位置づけが『ゴルギアス』で扱われたのに引き続き、『パイドロス』でも考察が進められ、そこでは話し言葉と書き言葉による適切なやりとりの基準をめぐる主張を展開することによって考察が深められる。この対話篇は古代において、また十九世紀においてもなお、プラトンが若い頃の作品と見なされ、場合によっては最初期の作品だとされてきたほどである（シュライエルマッハー）。だが最近の研究では、テーマ的にも文体的にも極めて多彩な特徴を持った、巧みに仕上げられた傑作であり、正当にも盛年（およそ六十歳頃）のプラトンによる中期創作期（およそ前三七〇年）の作品だと考え直されてきた。対話篇の第一部では、エロースをめぐる三つの話が述べられる。第一の話――パイドロスが言うにはそれは弁論家リュシアスに由来する――は、なるほど形式上は文章で書かれてはいるが実際には暗唱により提示されるものである。あとの二つの話は、同じテーマに関してソクラテスによって即興で作られたものである。対話篇の第二部では、まずソクラテスとパイドロスが弁論術について、そしてその歴史および規則について一般的に議論する。書き言葉と話し言葉の正しい用い方についての議論がそれに続く。

この対話篇は、アテネの城壁外の趣に満ちた夏の一コマへと読者を誘う。パイドロスは、文芸と弁論（262c）と神話《ミュートス》（『パイドロス』229d, 259d）の愛好家であり医術にも精通している人物であるが、悲劇作家モリュコスの一族であるエピクラテス（227b）のもとで、リュシアスの弁論術コースを修めた。彼はその頃、医者アクーメノスの指示で行っていた散歩の途上でソクラテスとばったり出会い、リュシアスの演説について講評するよう頼み込む。こうして二人は、ポリスの外へと散歩に出かけることで意見が一致する。ポリスの南部を西方に流れるイリソスの小川（229）の川辺のプラタナスの木の下に二人は腰を下ろす。

まずはパイドロスが、リュシアスによるエロース論――それが歴史上のリュシアスによってそのように語られたのか、それともリュシアス風にプラトンが創作したものなのかについては論争があるが（Heitsch 1997, 77-80）――を披露する。それによれば、とある求愛者が――ただし彼は相手に夢中になっているわけではないのだが――美少年を求めて争い、少年に恋している競争相手たちのことを貶める。愛される側については、まさに自分に夢中でない者にこそ付き従うことが総じて薦められる。パイドロスによって報告される話は高い賛辞を受けるものの、ソクラテスは用心深くそれに応答し、彼は彼で即興的だが形式的に洗練されたスタイルで（237a-241d）、エロースを、肉体的な美しさへの強い欲望と、つまりは一種の狂気と同一視する。だが彼はすぐに自分の立てた説に後悔してその話を打ち切り、「エロースとは究極的には一種の神である」という立場の論証に移る。

こうして彼は前説を撤回したあとの詠い直し（パリノーディア）を行うわけだが、これも同様に即興形式によって行われる。この話は、少年愛に対するソクラテスの讃歌となっている。そこで扱われる主題と用いられるイメージは極めて印象深いものであり、西洋の精神史にとって重要な意味を持つ。このエロース論においてソクラテスは、狂気には次のようないくつかの形態があることを論じる（244a-245c）。まず、未来を洞察する者にみられる、霊感としてのアポロン的狂気が挙げられる。次に病と罪からの浄化としてのディオニュソス的狂気が、そして詩人たちの霊感としてのムーサの女神による狂気が挙げられる。そして最後に四つ目としてエロース的熱狂が狂気の最高形態であるとされる。

この根拠を示すために、「魂はすべて不死である」（245c）という魂の不滅説が、自己運動概念に基づいて論証的に展開され、さらに魂の本性が、「有翼で三つの要素から成る魂の馬車が天上のイデア界へ登りつめる」というイメージを使って神話的に説明される（243e-257a）。魂のふるさとである天上のイデア界において魂は、物質界では極めて認識困難な存在であるイデアを認識する。ただしソクラテスによれば、美のイデアは感覚によって認識される世界にも輝きを放っており、イデア界に接近したいという欲求を人間に惹きおこす。イデアの認識を再獲得しようという魂の努力は、哲学するように人間を駆り立てる。かくして、哲学することはエロースの一形態（プラトン的な意味での愛）となる。というのも、愛する者が愛される者を求めるように、哲学することは知を求めるからである。ソクラテスの話、そしてこの対話篇の第一部は、こうした主張をもって頂点に達する。

以上の報告に続いて、弁論術の歴史、技法、目標設定、そして弁論術が自身のことをどう了解しているかに関する議論が展開される（257b-279c）。ここでもまた、伝統的弁論術が哲学的弁論術から区別される。その際、弁論術についての小史が提示される。それに続いて、哲学的な知を伝達する場面における書き言葉の長所と短所が議論される。そして、パン神への祈禱をもって対話篇は幕を閉じる。弁論術は哲学に向かうことが必要であるということが論証される。すなわち、形式的な雄弁術は然るべき内実を持った「魂を導くもの（プシュカゴーギア）」（261a）とならねばならず、これこそが魂の本質を認識するものであり、真理を開示することができる。それは雑多に散らばったものを統一し、統一を概念上の多様性へと導くことによってである。

知らねばならないのは事柄の真相であり（259e, 270c）、序・中間部・結びをそなえた望ましい順序である（264c）。そして概念規定――これこそ対話法が携わる事柄である――から議論を始めなければならない。さらに、適切に主題を設定し然るべき形態で意思伝達を行うこととならんで、対話相手の選択と見識が特に重要である。つまり、どんな人でも真理の共同探究に向いているというわけではないので、人間通で、その都度の状況に応じて適切に物事を評価できること（カイロス）が前提となる。

『ゴルギアス』において明白となったように、伝統的な語りの術が哲学的なそれと異なるのは、技法上の手段の違いによるというよりもむしろ、それぞれを用いる際に設定する目的が異なることによる。哲学的な語りの術にとっては、因習的な理解をひっくり返すことによって、話し手が議論に勝利することではなく、話し相手が幸せな状態になることが問題なのである。話し相手は負かされるのではなく、思い違いと無知から解放されるべきなのである。哲学的弁論術にとっては、魂の導きすなわち魂の世話が関心事である（261a）。なお、第二部とは性格を異にする第一部の話は、第二部で詳しく述べられる弁論術の準則を具体的に例証する役目を持っていたと言えよう。

## ソクラテスの対話における哲学的弁論術の実践

かの修辞的な――たとえば言葉の意味を少しずつずらすことによってしばしば行われる――トリック、つまりソクラテスが対話相手を苦境に追いやる際に用い、対話相手が愚痴をこぼしたあのトリックも、こうした文脈において考えることができる。とはいえ、こうした欺きの行為を道徳的に否定されるものと捉えるべきではない。たとえば精神の錯乱した人に預かった武器を返さない場合のように、欺かれることは時に欺かれた人の利益となりうる、とソクラテス自身も『国家』で指摘している（『国家』331c）。正しいポリスにおいても、現に善良で知識のある君主が市民を欺くことがあるように、欺きはときに善いことでさえある（『国家』389b-c）。

たとえばソクラテスは、さまざまな種類の人間が生まれることについて作り話を持ち出すが（金製、銀製、青銅製、銅製の人間など。『国家』414b-415a）、それは市民が多種多様である一方で等しく母なる大地の子供たちであることを示すためである（Canto-Sperber/Brisson 1992, 111 f.）。こうした作り話は、共同体にとって有用でありうるがゆえに許容される。同様に、対話相手を無知から解放するのに役立つのであれば、ソクラテスによる議論上のトリックはプラトンにとって容認されるものとなる。

もちろん、ソクラテスによる曖昧な――言葉の意味をまさにあのような仕方でずらすことによってなされる――語り方の多くは、対話相手の主張を挫くのに役立てられる。とはいえよく見れば、対話相手の挫折の真の根拠はそこに潜む原理的な誤解と誤った物の見方にあるということが判明するのであり、ソクラテスはこうした過ちから対話相手を救いたいと考えているのである。ソクラテスのトリックは、こうしたプロセスを支えている。したがってそれは対話相手を治療する営みの一環、つまり対話相手を辱める手段ではなく、知の探究を行う態勢を相手に整えさせるための手段にほかならない。それゆえ、ソクラテスのこうした欺瞞は常に、読者にではなく、対話相手にその照準を合わせている。プラトンは読者に対してはむしろ、欺瞞が存在しどうすればそれを避けられるかのヒントをしばしば与えてくれる。

かくして、弁論術に関しても、プラトンはまたもや、主要な伝統的文化に対する根本的批判を行っていると言える。しかしそうした批判もまた彼にとっては、伝統文化を徹底的に廃絶する根拠となるのではなく、それを新たに再規定するきっかけなのである。こうした再規定は、当の文化に関して伝統的な手段を保持しながら所与の目標を設定し直すことでなされる。そこで、こうした哲学的弁論術のさまざまな規則は、哲学的なやりとりのための基準を与えるものとなり、プラトン対話篇における哲学的議論の叙述を導くとともに、対話篇を解釈するさいの解釈上の手段にもなる。

# 4　プラトンと表現媒体

## a　書き言葉に対する批判――『パイドロス』

### 書き言葉批判

　プラトンは『パイドロス』で伝統的な弁論術について分析するさい、対話の終わりの方で(274b-278b)、書かれた言葉が知の伝達という文脈でどういう役割を持つのかについても主題的に論じている。書物は知の伝達には役に立たない、というのがソクラテスの立場の主旨であり、この考えは『プロタゴラス』篇(329aを参照)で早くも提示されているし、後に『第七書簡』でも同様の結論を次のように定式化している。

「実際少なくともわたしの著書というものは、それらの事柄に関しては、存在しないし、またいつになってもけっして生じることはないでしょう」(341c)

『パイドロス』の中でソクラテスは、エジプトのテウトについてのエピソードを紹介する。かれは文字を発明して、ファラオのタムゥスにこう伝えたとされる。

「王様、この文字というものを学べば、エジプト人たちの知恵はたかまり、もの覚えはよくなるでしょう。私の発見したのは、記憶と知恵の秘訣なのですから」(『パイドロス』274e。藤沢令夫訳、岩波書店、プラトン全集5。以下、『パイドロス』からの引用は藤沢訳による)。しかしながら、王は全く心を動かされなかった。つまり、書かれた文章は知ではなく雑学や物忘れをもたらすだけではないか、そう王は恐れたのである。「かれらは、書いたものを信頼して、ものを思い出すのに、自分以外のものに彫りつけられたしるしによって外から思い出すようになり、自分で自分の力によって内から思い出すことをしないようになる」(275a)

タムゥスの考える通り、口頭による学習がない限り、書かれた言葉は生気を欠くよそよそしいものにしかならない。『パイドロス』のその後の議論の進み具合からは、プラトンの描くソクラテスも明らかに同様の考えを主張していることがわかる。

それによれば、文字による表現は明晰で確実な意味内容を何一つもたらしてはくれないのであって、口頭で会話し、然るべき相手とその場で向かい合って、またその相手が自分の主張を弁護するだけの能力をもつ場合にのみ、意思疎通しやすい状況が生まれ、本当の知識伝達が行われることが可能となる。書かれた言葉に対するプラトンの懐疑の根拠は、書物だと、ふさわしくない読者の手にわたった時にその誤解から身を守ることができないという点にある(275e)。書物と会話しようと思っても、書物は黙りこくったままである(275d)。絵画と同様、書物に問いかけても何も答えてくれないし、いつも同じことしか言わない。著作は、読者の多様性に応じることも読者を選ぶこともできないし、読者から侮辱を被っても自力ではどうすることもできない(275d-e)。

むしろ著作は、その「父」の助けを必要とする(275e)。補完的な教授を欠くならば、書かれたものは物忘れと見せかけの知へと導くだけである(275a)。書かれたものは、口頭による話の写しでしかない。著作のどこを探しても、そしていかなる形式の文章も、口頭のやりとりに対する書かれたものの短所を取り除くことは不可能である——そうプラトンは確信している。このことは対話篇という文章形式にも当てはまる。対話という形式が書かれたものの短所を埋め合わせ得ることを示唆する言葉を、ソクラテスは一言も発していない。むしろ反対にプラトンは、対話によって自分の著作に対する間接的な関係をつくり出そうとしている（『パイドロス』276e、『国家』に関連、Luther 1961, 536 f.）。

一見逆説的なのだが、プラトンは——彼が理解する意味での——学びの過程において書物が効果を持つという考えに根本的な懐疑を表明するさい、自分の対話篇もその例外とはせず、一定の留保条件の下でのみそれを認める。つまり、ソクラテスが学習過程において書物に認めるのは、「既に知っている人たちが思い出すための助け」という機能（ヒュポムネーマ）だけである。著者は、口頭の議論によって著作を擁護し、価値があるとされるところの何かの助けを借りて、書物が実は「ちっぽけなもの」であることを示さねばならない（278c）。プラトンによれば、それをなしうる者こそ哲学者であることを証しするのである。

## 書き言葉批判とソクラテスの対話術

書物に対するプラトンの懐疑的な見方と、その帰結として口頭での会話を優先させる彼の態度は、一時期活発になされたとある論争を真剣に受け止めることに大きく寄与しうるものである。すなわち、シラーの『群盗』（1, 2）の中でカール・モールが「インクの染みの時代」と批判したり、レッシングの『賢者ナータン』（5, 6）の中でナータンが「死せる記号によって脳に植え付けられた寒々しい書物だけから得られた博識」と主張したりしたのとはまた別のやり方で、プラトンも紀元前五世紀に実際にあった具体的に展開された立場に対して応答している。それはつまり、知の伝達という領域で文章や書物の意味をますます重視し、書物を、著者の不在を補うとても貴重な代用物だとみなす考え方である。プラトンはそうした考えに反対する。たしかに彼もまた書物を著してはいるのだが、しかし彼が、書物の成り立ちや機能について、書かれたものを批判するさいに表明しているような熟慮に満ちた態度をとっているのは明らかである。対話篇におけるソクラテスの話しぶりからは、単に問題意識を持つというだけでなく、積極的な成果を得るために、さらに先に繋がるような議論の水準にまで高めていくよう勧めているのが見てとれる。そのさい彼は、あの相手に応じた態度を重視するが、これこそプラトンによれば真の哲学者を際立たせる特質である(『パイドロス』278c)。プラトンの描くソクラテス像は、初期の論駁的対話篇においても(Erler 1987)、後期のどの対話篇においても、そうした態度の見本を提示している(Szlezák 1985, 2004)。

と同時にプラトンの対話創作術の独自性は、書物は思い出すための補助手段に過ぎないというプラトンによる批判とその基準を背景として、哲学的な特質を獲得する。思考の進行を中断したり、重要な情報をあえて言わずにおいたり、多くの帰結を敢えて暫定的なものに留めたり、会話を最終的に行き詰まらせる(アポリアに陥れる)のは、プラトン以前の(ピンダロスのような)他の作家に見出される単なる修辞的技法とは一線を画する。プラトンのこうした技法には、未解決の問題について議論しできる限り空白を埋められるようにと対話相手を促すことによって、目の前の相手を目覚めさせるアピール効果がある(Erler 1987)。

もちろん、(シュライエルマッハーが考えたように)「読み手が心の内奥にあるものの真の聞き手にまで自らを高めるか否か」、すなわち著作を可能な限り正確に読んだかどうかによってのみ事の成否が決まるかどうか、は疑問である。あの根本的な新しい方向づけ、つまり、ソクラテスの対話相手が会話で導入するような旧来の発想と決別するために目線を転換することも必要となる。それゆえ、教育的な意味での作品の中心でプラトンが要求する例の転回が、人々に必要とされるのである。付け足しのような任意の公衆に寄り添うのか、それとも哲学的に重要なヒントを内容に即して正しく見抜くことができる公衆に寄り添うのかに応じて、どこまで内容が階調豊かに分節され、またその書物の多様な働きが識別されるかが決まってくる。形式と内容は、哲学的言説の成否、そして態度の適否を具体的に示すのに役立つ。だが同時に対話篇は、すなわち哲学的論争を対話形式で描き出すことは、形式上の訓練にも哲学的内容の駆使・精査・強化にも役立つ一種の実習の助けともなる。対話篇を読むことで誤った考えから解き放たれ、正しい見解が伝達・精査・強化され、そしてとりわけ、ソクラテスが手本を示したような自制的で理性に制御された生き方に倣うよう促されることが可能となる。

## b　正しいことを聞きつつ真理を取り逃す——プラトンによる話し言葉の批判

**話し言葉批判**

表現媒体をめぐってプラトンが『パイドロス』で行う批判的議論は、書き言葉の評価や有効性だけを対象としているのではない。もちろん、書物よりも口頭でのやりとりを優れたものとプラトンが見なしていることは、『パイドロス』や他の対話篇から見てとれる。とはいえ、口頭の場合にも知の伝達や獲得をめぐる問題が存在することを、プラトンは決して見落としたりはしない。むしろ彼は、口頭による知の伝達を描写したものである対話篇という著作形式を用いて、話し言葉の領域に潜む困難を暴き出し、それに反省を加えようとしているのである。このこととの関連で、「正しいことを聞きつつ真理を取り逃す」と呼びうるモチーフが一定の役割を演じている（Erler 2002）。すなわち、ソクラテスやその対話相手は、人から聞いた話ではあるけれども内容的には議論のテーマに極めて関連性があり、しかも問題を解決する可能性さえも暗示するような見解を対話に導入する。それにもかかわらず、人から聞いた話（アクースマ）を議論において実りあるものにする試みは、ほとんどいつも失敗する。

『ラケス』篇においてニキアスは、ソクラテスからしばしば聞いていた勇気の規定を提示するが（194e-195a）、それは形式的には誤りでないことが証明され、重要ないくつかの観点では『国家』でソクラテスが行う定義とも合致している（429b ff.）。しかしながらニキアスは、この「人から聞いた」主張の正しさを擁護しようとすると困難に遭遇する。「正しいことを聞きつつ真理を取り逃す」というモチーフが示唆しているのは、プラトンが本来はよしとするところの口頭による知の伝達でさえも、口頭の情報が正しく扱われなければ問題が生じるということである。文字を適切な仕方で用いる場合においてと同様、受け手がその時々に口頭による情報を理解する能力が決定的な役割を果たす。というのも、口頭による情報は――書かれた文章もそうなのだが――、それを「基本原則」や定まった公式であるかのように会話に導入できるのだと人が考えた時点で、その自在さを失い、個々の状況に対応できないものになるからである。

このモチーフが注意を喚起するのは、たとえ神に由来する話であったとしても「聞いた話」をそんな風に用いるだけでは不十分であるということである。聞いた話を積極的かつ批判的に吟味する心構えこそが必要となる。内容的に意義深い話を正しく扱えない人がいるという事実からわかるのは、口頭の伝達内容を単に受け入れるのではなくきちんと説明できてはじめて、それを正しく用いることができたと言えるということである。その他に、聞き間違いをするというおそれもある（アリストテレス『ニコマコス倫理学』第七巻第六章 1149a 26 ff.)。ソクラテスは、人から聞いた話が正しいことの根拠を示すべきだと再三注意を喚起している。その誤ったやり方を、多くの対話篇が描き出している。

これに対し『ソフィスト』篇では、人から聞いた話について、その主張に至った思考過程を再現できてはじめて、それを聞いた人の身についたと言えるのだという考えが示される(『ソフィスト』236e-264d)。というのも、その場合口頭で伝えられた考えは、長い熟慮による産物、広がり豊かな思考を経た帰結となり、その過程においては、前提がいわば解凍されるべき凍結された言葉のようにして最初から与えられているのである(Plut. 7, 79a; Gaiser 1968, 584)。ここで大切なのは、この凝固したものを溶かすことであり、いわばそれは遡行的に思考すること、つまり前提へ向けて探究することと、人が聞いたところの産物が形成されるに至った思考過程を辿り直すことである。プラトンの見方では、書物と同じく聞いた話も、その文脈を再構成することができる場合にのみ、学びのプロセスにおいて役に立つものとなる。こうした必要性を、対話篇は具体的に示している。諸対話篇は、知の伝達についてのプラトンの理解に沿ったものであり、そうした理解によって彼は当時の人々の考え方と一線を画している。当時の考え方を代表するのは、プラトンのライバルである修辞学教師イソクラテスであり、彼は、学習とは話を聞いたり文を記憶したり学んだことを暗唱することでもたらされる単なる「伝達」であると理解し、こうした作業こそが正しい振る舞いの前提になると考える(Ad Dem. 12)。彼曰く、「数多の細緻なアクースマタ(聞かれた言葉)で満たされていない人は、適切な精神状態には至ることなどできない」。一方、対話篇から汲み取れるはずのことについては、プラトンの『第七書簡』が証明してくれる。

## 話し言葉批判とソクラテスの対話術

それによれば、シュラクサイの僭主ディオニュシオス二世は、既述のようにプラトン哲学の理解者を自認しており、こう主張した。プラトンからその哲学について自分は正確かつ十分に聞いており(『第七書簡』341a-b)、また他の人たちからもプラトン哲学について十分情報を得ていると。しかしながらプラトンが試しに彼と話してみて明らかになったのは、ディオニュシオスは——対話篇におけるソクラテスの対話相手の多くと同じく——聞いた話を議論において展開し、根拠づけ、そして話の含蓄を汲み取るということができないということだった(340b-341a)。

これらの対話相手と同様に、ディオニュシオスは、聞いた事柄を知識として身につけてはおらず、見せかけの知を物にしているだけで、誤った振る舞いに導かれているということを露呈している(340b, 341c)。ディオニュシオスは、重要な事柄を文書で表現するのはどうやら不適切であるのにもかかわらず、人から聞いた話を文書で広め、それによって人の知識を自分の知識だと称しているのである(344e)。

『第七書簡』では、聞き手の能力不足がこうした問題の原因として挙げられているだけでなく、口頭による知の伝達の原理的欠陥、すなわち「口頭による議論のもろさ」(ト・アステネス・トゥー・ログー)も挙げられている。こうしたもろさが生じるのは、認識媒体(表象可能な像、言葉、定義)における欠陥、すなわち事柄の性質(ポイオン・ティ)も同時に提示することなしには事柄の本質を議論に導入できないという点に由来する(342e-343a)。それゆえ、事物の本質についての洞察は、他の種類の知識のようには伝達されえないのである。それは出来合いの定式によっては伝えられないのである。

もちろん、口頭による意思伝達の脆弱さを場合によっては補いうるような、大枠となる限定条件が存在するということもわかってくる。つまり、対話相手に理解力があるということが重要である。対話相手はその適切な素質を駆使し、問題となる事柄と――『第七書簡』の表現を借りれば――「血縁」でなければならない、そして正しい洞察が示されても、素質が適切でない者たちは認識を力ずくで獲得することはできない（343e-344b）。

これに加えて二次的に必要となるのは、教える側と学ぶ側の長期にわたる継続的な交わり（341c）、対話法的な応答の実践、悪意のない吟味と反駁（344b）であるが、とりわけ必要なのは、認識の伝達と正しく関わることである。すなわち、感覚的にイメージできる形、言葉、定義などの認識媒体を絶えず摺り合わせ続けて、認識の炎が点火する、あるいは「陽が昇る」かのように忽然と悟る（von Fritz 1978, 179 f.）までに至らなければならない。こうした点からは、『国家』で開陳される哲学者養成プログラムや、対話篇でスナップショット的に示される、真理探究を共にするにふさわしい対話相手を探し求めることが思い起こされる。

『第七書簡』が真作であるということについては、これまで強力な議論は示されていないが、たとえそれがプラトンの真作ではなかったとしても、この手紙は、対話篇で口頭による議論が批判される意味を傑出した仕方で解説しており、またそうした批判を根拠づけている。そして肯定的な側面もそこでは認められている。すなわち、結論がきちんと中身を持つことを保証するのは、定式化された結論ではなくて、その中身をめぐって共に口頭で対話的に行われる絶え間ない討議プロセスなのである。

それゆえ、対話という形式やプラトンの独特な表現技法は、プラトンによる伝達媒体批判に注目することによってその特色が明らかになる。彼の対話形式や表現技法は、求められている能動的な学習過程を具体的に示すとともに、また根拠づけている。それは考察の諸々の成果よりもむしろ、成果へと導くプロセスのほうが提示されていることによってである。こうした風通しのよさによって議論が刺激され、対話がプラトンの求める意味での想起の補助装置となる。

## 5 人間を回心させるものとしての教育（パイデイア）——『国家』における洞窟の比喩

### 『国家』における教育論

プラトンによる媒体批判と弁論術批判は、彼の教育（パイデイア）観と密接に結びついているが、そこでも彼は同様に、伝統的要素と革新的要素を結合させている。近代的教育とは違って、プラトンは人間の個性をさほど重視しない。プラトン流の教育は、人間の魂の内における調和と統一をめざすものである。これに、身体と魂の調和的関係を勧めることが加わる。プラトンの教育プログラムはとりわけ『国家』で展開されており、さらには『法律』においても展開されている。

『国家』（『国制について』）は、プラトンの代表作とみなされている。この著作は長らく政治論として解釈されてきたが、この著作で扱われるテーマが多岐にわたることと並んでとりわけ重視されるべきなのは、倫理学に中心的な地位が認められているという点である。この作品においてもまた、一連の議論を主導する問いは「私はいかに生きるべきか」という問いである。おそらくはアカデメイア創立後のプラトン中期創作期（前三六〇年以降）に書かれた『国家』においてとりわけ問題にされるのは、個人と国家における正義の本質と作用である。人間の幸福（エウダイモニア）をめぐる問い、および正義の探究が一連の議論を導いていくが、そこでは、魂と国家について哲学的な目で見ることの意義が論証的に確立されていくことになる。

この文脈の中で、正と不正の根源を具体的な仕方で明確に示すという役割が正しい国家をめぐる論考に与えられる。それゆえ、魂と国家の並行的な関係こそが、この著作を主導する思想であり、著作が明確な構造を持つうえで重要な意義をもっている。第一巻では正義をめぐる問いが扱われる。第十巻では、詩人の徹底的批判が展開されるほか、魂の不死をめぐる議論がなされ、また最後に神話が提示される。これらの巻はそれぞれ、著作の核心を成す内実豊かな以下の三つの部分のプロローグとエピローグに相当する。第二巻から第四巻までは、理想国家と魂が、三部分説のアナロジーに言及しながら比較され、また、正義とは何かが定義される。第七巻と第九巻では、国家形態と人間のタイプにおける否定的なものへの堕落について論じられる。第五巻から第七巻まではひとまとまりの論考であり、そこでは将来の哲学者養成が問題とされるとともに、形而上学の基礎、イデア論、対話法、善のイデアなどが論じられる。このことは、しかるべき教育法についての基礎的考察と分かち難く結びついている。

プラトンによれば、魂の理性的部分のみが知の獲得と幸福（エウダイモニア）に携わるのであるから、プラトン流の教育はなによりもまずこうした魂のあり方を——もちろん身体的鍛錬も疎かにされてはならぬとはしているが——目指す。教育とは、魂の理性的部分を誤った見解から浄化し、魂の内的衝動を抑制し、魂の理性的部分を強化し、魂の内的調和と統一に配慮するものであらねばならない(『国家』441e-442d)。

プラトンもまた、ソフィストと同じように、徳(アレテー)にあっては知が問題であり、それは「教えうる・学ばれうる」という知見を議論の出発点に据える(『プロタゴラス』『メノン』)。ただし、プラトンの描くソクラテスは、ソフィストとは異なり、徳の中に民主主義的な共通善を認めることはしないし、誰にでもあっさり伝達できるものだとも考えていない。つまり、皆が哲学者になれるわけでもないし、教わることができるわけでもない(『プロタゴラス』317a、『ゴルギアス』483b、『国家』494a, 500b)。

ごく少数の人々のみが、自らの力にもとづいて——これさえも労苦を伴って、しかもわずかな間だけ——真理、神的な知、そして幸福に到達することができる(『国家』474b-480a)。「魂の中の金」を備えたこうした少数の有望な人々を発見し(『国家』415a)、哲学のためのふさわしいパートナーとして選抜する(エクロゲー)ことこそ、プラトンが対話篇で披露してみせるあのソクラテス的対話の狙いの一つなのである。

## プラトン教育論の哲学的意味

ソクラテスがとる態度の根底にあるのは、ソフィストとは本来的に異なる、知の伝達についての新しい見方である。知と徳は、あたかも「満杯の器から空の器に糸を伝って流れ落ちる」(『饗宴』

175d）かのようには、つまり、通常の伝達手段である単なる同意、真似、訓練、暗記、植え付けなどによっては伝達不可能である（『国家』518c）。

「ごく幼少のころからはじめて、（中略）乳母《うば》も、母親も、お守り役《も》も、それに父親自身も、なんとかして子供ができるだけすぐれた者になるようにつとめ、行いについても言葉についても、その一つ一つに関して、これは正しくこれは正しくないとか、これは立派なことでこれはみっともないことだとか、これは敬虔なことでこれは不敬虔なことだとか、こういうことをしなさい、こういうことはしてはいけないとかいったようなことを、教えたり示したりしてやる」（『プロタゴラス』325c-d。藤沢令夫訳、岩波書店、プラトン全集8。以下、『プロタゴラス』からの引用は藤沢訳による）

プラトン流の教育は、世界についての見方を根本的に変えること、そして学ぶ者が積極的に参与することも要求する。つまり彼の教育は基礎づけのための分析と探究であり、学習者が自立するための援助である。哲学者になる見込みのある者は、こうした新しい方向づけを自力で成し遂げるのに成功するかもしれない。だが天賦の才において劣った者たちは、他者による強力な助けを必要とする。この問題をプラトンは、『国家』の中心的場面、すなわち「洞窟の比喩」のところで主題的に扱っている（519a-521b, 539d-541b）。洞窟の比喩では、人間に課された制約（conditio humana）と「君や僕みたいな」（515a）人間が問題とされている。この比喩によれば、人間は、洞窟の中で鎖に繋がれて身動きができない状態にあり、幻の世界が映った影絵だけを凝視してそれを現実と勘違いしている。そうした人間が現実を知りうるには、拘束から解き放たれ（515c-d）、身を外に向け変える必要がある。そうすることではじめて人間は、洞窟から脱出する途上につき、真理という太陽に向かうことができるようになる。

人間が自分の力だけでそこから解放されうるとか、探究や単なる自己認識によってそれが可能になるとかいった話は、そのどこにもない。むしろ人間は、慣れきった物の見方と決別することを拒む。だから人間には、慣れ親しんだ物の見方から解放されるように援助してくれる外からの刺激が必要なのである。こうした援助を与えることはもちろん骨の折れることであり、危険を伴わないものではない。というのも、この助け舟は幻影からの解放を意味するからである。すなわち、洞窟での拘束から解放されるには、実はそれまでは幻影に捉えられてきたのだと見抜くことが前提となるからである。つまり、すべての人間を向け変え(『国家』518c-d、Szlezák 1997, 223 ff.)、眼差しを外に転じさせることが必要となる。

かくして「転回(ペリアゴーゲー)」(521c)こそが、知と幸福へと導くプラトン流教育のスローガンにして表徴となる。この目標を実現するためには、人間の情動を制御することが有益である。情動は理性を曇らしうるものであって、理性と調和した状態(シュンフォーニア)にもたらされる必要がある(『法律』653b)。

「思うに、このことは、陶片の転向とはわけが違うだろう。これは魂を、何か夜を混じえたような昼から転向させて、真実の昼へと向け変えることなのであって、それがつまり、真実在への上昇ということであり、これこそまさにわれわれが、まことの哲学であると主張するところのものだ」(『国家』521c)

拘束から解放される際には、強制と痛みを必ず伴う(515c)。そこでは次のような人物、つまり拘束されていた人々を、自らの命の危険を冒しながらも問答を通じてアポリアに導き、それによって、彼らがこれまで知っていると自負していたことが実はその性質からして幻に過ぎないことに気づかせるような、そのような人物について語られている（515d）。読者なら誰でも、ここで直ちにソクラテスに思いを馳せることになるはずである。というのも、彼は対話相手を吟味し、問いにより対話相手を途方に暮れさせることで、見せかけの知から彼らを解放しようとするからである。

彼がこのような活動のために生の危機に陥っただけではなく実際に死に至ってしまったことは、どの読者にも周知の事実である。それゆえ洞窟の比喩は、プラトンが対話篇の中で描いた事柄についての一種の註釈書のような意味合いを持っている。つまり洞窟の比喩で描かれていることは、プラトンの他の対話篇において動員されている人々を一瞥すれば、明らかになる。知っているという思い込みから対話相手を解放することをめざすソクラテスの試みは、時には、成果が期待できそうに見えることがある。ソクラテスからの援助は、対話相手の側からの積極的な参加によってサポートされることさえある。

とはいえ大抵の場合、対話相手が自分の思い込んだ幻に強情に固執してしまうことで、自立へ向け助力するソクラテスの試みは失敗に終わってしまう。とにかく、ソクラテスの側からの小さなヒントが必要となる（『第七書簡』341e を参照）。しかし洞窟の比喩で少なくとも示唆されているところでは、ソクラテス自身は、幻しか見えない洞窟から自力で脱出することができたように見える。ソクラテスによる助力は、プラトンの描く洞窟の比喩の持つ重要な側面をさらに示す。すなわち、上昇と知の獲得へ向けた尽力だけでなく、再び洞窟の中に下って人々の知の探究を助ける覚悟がソクラテスを際立たせている。こうした教育的観点は、実のところ、プラトン哲学において中心的な意味を持っている。

「君や僕みたいな」人間はしばしば、自分で自発的にやりぬく力や知への衝動を持っていないので、プラトンは、ソクラテスを窮境にあっての助け手として提示するだけでなく、伝統的な要素を含む教育プログラムも『国家』で提示している。

正しい見解を持つよう修練したり不断に「染め直」したりすることは（『国家』429c ff.）、徳や幸福に、そして転回の準備に寄与し（『ティマイオス』90c-e）、いうなれば人間にふさわしい性向を創り出す。そのためには、本来の哲学である対話法の「要石《かなめいし》」（『国家』534e）となる数学四学科（算術、幾何学、天文学、音楽）の教育を長年にわたり受けることが必要となる。というのも、こうした「偉大な」諸学（『国家』503e）は、予備学的な役割を担い（『国家』521c-531e）、発想の転換を喚起することができるからである。それゆえプラトンの教育プログラムは、伝統的要素と革新的要素を織り交ぜた特徴を有している。彼の考えが新鮮で重要なのは、世界観の根本的な転換が人間によってもたらされると期待されていること、そしてこのためには他人による外からの援助が必要であるという点にある。

## 6　プラトンと解釈者たち――『イオン』

### プラトンの文芸批判

プラトンの教育観の枠組みに関して言えば、ギリシャ文化の大黒柱的存在であった文芸と彼は批判的に対決するに至った、ということが重要である。ホメロスやヘシオドスの作品は、人がそこから物事を学びうる、いわば知の泉であり、正しい行為や間違った行為に関する実例の宝庫であった（『国家』606e、『プロタゴラス』338e-339a）。またそれゆえ、伝統的な教育プログラムの中核を成すものであった。だからこそソクラテスは、知者をめぐる探究において詩人も吟味の俎上に載せ、その作品に関して彼らを問いただすのである。だが、詩人たちについてもソクラテスは失望してしまう（『弁明』22a-c; Heitsch 2002）。すなわち、詩人たちは自分の作品内容について、それがどう正しいのかを説明することができない。作者たちはそれを主張できないどころか、彼らの作品は神が賦与した霊感の産物でしかないのであって、理性によって吟味可能な知が生み出したものではないのである（Flashar 1954, 112）。

プラトンは文芸作品を、作用美学的［作品が鑑賞者にもたらす作用、制作者の意図を重視する美学］、倫理学的、哲学・存在論的観点から評定する。こうした見方は、文芸作品は主としてフィクションによる自律的な表現形式であるとする現代的な見方と対立する。とはいうものの、ギリシャではアルカイック期（前七〇〇年頃〜）から五世紀に至るまでの間、文芸作品の使命はとりわけ公開上演や実演（パフォーマンス）によって果たされるものだったのであり、そこでは聴衆という共同体に影響を与えることが必要であった。そのことについてはヘラクレイトスが既に自覚していた（DK 22B 42）。それに加えて、作品の中に作者の思想を直接摑みとることができる、と人々は信じていた。たとえば、プラトンと同時代人のクリティアスは、アルキロコスの詩の内に作者の思想の吐露を見てとっている（DK 88B 44）。

## 文芸と哲学の関わり――『イオン』におけるプラトンの文芸批判

プラトンの初期の段階における対話篇である『イオン』――研究者の多くはソクラテスの存命中の作品だとしている（Heitsch 2004, 19 ff.）――では、詩人が解釈する側に求めるものと解釈する側が実際に行う解釈の間に横たわる乖離が主題として扱われる。『イオン』で知のテストにかけられるのは、詩人ではなく、エペソス出身の吟遊詩人イオンである。吟遊詩人の仕事は、ホメロスの叙事詩の中から人前で朗誦し、聴衆に対してその詩について物語り、解説することである。それゆえ『イオン』では、作者と解釈者と作品受容者の関係性ということが問題になる。

エペソスからちょうどやってきていた――対話篇における架空の設定だが――イオンは、そこであるコンテストに勝利したのだった。そして今度は、アテネのパンアテナイ祭でも同じく勝利しようと意気込んでいる。ソクラテスはとても感心して、吟遊詩人という仕事を誉め称える。吟遊詩人は幸運にも、ホメロスのような著名な詩人に従事する資格が与えられている。イオンはホメロスの作品を完全に暗記しており、彼の思想を解釈し、皆に理解できるようにし、一般の聴衆に感銘を与えることができる（『イオン』535b-e）。彼としても鼻高々である。現に彼は、自分のことをホメロスの通訳であると自認しており、ホメロスは、どんな事柄でも叙事詩の中で言葉に表すことのできる、あらゆる分野の専門家だと考えている。そしてイオンは、その能力を証明する用意ができている（530c-d）。

ひとまずソクラテスは、イオンの持つ知識ははたして彼自身が言うようにホメロスに限られているのかを解明しようとする。つまりソクラテスは、ある種の問題がそこに潜んでいることを見抜いている。たとえばヘシオドスのような他の作家もホメロスと同様のテーマを扱っているのであるから、イオンの能力はヘシオドスの作品にも及ぶことになるはずだし、さもなくば、彼の能力は何ら知に関わらないことになる。というのも知とは、同種の知の領域に普遍的に妥当するものだからである。イオンは自分のことをホメロスのみに関わる専門家だと考えている、となると彼の能力は神的な霊感によるものだということになる（『弁明』22cを参照）。ちょうど、磁石が鉄の鎖に対して互いに引き寄せ合う力を授けるのと同様に、神は、詩人からイオンのような解釈者にその力が伝達されることで聴衆が感銘を受けることになるような、そういう力を詩人に授けたのである（『イオン』533d-e）。ソクラテスのこうした喩え話にイオンは感心こそするものの、自分の仕事がそうした非合理的な霊感に基づくという考えには同意しない。彼は自分の仕事があくまで専門的能力であることに固執する。

「とはいえ、あなたの話し方がいかに上手だとしても、わたしを説き伏せて、わたしがホメロスを賛美するのは、霊感にとりつかれ、狂気にかられてのことだと信じさせるほどかどうか――もしそこまで見事なら、わたしは驚くことでしょう。しかしわたしは思うのですが、もしあなたが、わたしがホメロスについて語るところを直接聞けば、あなたにしても、わたしがそのようだとは思われないでしょうね」（『イオン』536d。森進一訳、岩波書店、プラトン全集10）

そうはいうもののイオンは、実のところ、この能力についてもっと詳しく説明することはできない。というのも、ホメロス作品の内に見出されるどの専門領域にも、それぞれ固有の専門家（医者、漁師、予言者、羊飼い、将軍）が存在するからである。吟遊詩人には、何ら固有の領域はないように思われる。かくしてイオンは戦闘シーンに自分の持ち分を限定し、吟遊詩人の術を統帥術と同一視するわけだが、ではなぜ吟遊術の代わりにはるかに多く尊敬されている統帥術を駆使しないのかと問われるはめになる。対話は結局――『弁明』における吟味と同様に――成果なしに終わる。つまりイオンは、自分の主張の根拠を知に求めることができずに終わる。
『イオン』は、一見したところ重要でない対話篇のようでいて（たとえばゲーテはこの小品をあまり評価していない）、実は重大なテーマを扱っているように思われる。すなわち、〈詩人の解釈〉〈詩作と哲学との関係〉〈合理的な専門知か非合理的な神的霊感か〉といったテーマは、詩作とその作用に関するプラトンの詩作論において、いやそれ以上の意味において意義深い。詩人の課題は、あらゆる社会的役割（女性であるか将軍であるかを問わず）をふさわしく描けることであって（540b）、それぞれの役割を専門的知識によって実質的に果たす必要はないのだと主張するが、ソクラテスはこれを一蹴する。

とはいえこの発言は、重大な視点を開示する。というのも、詩作についてその内容を重視する伝統的な見方（ソクラテスはこの立場の代表である）にとらわれることなく、作品を純粋に形式上の観点から評価し査定するよう、その発言は勧めていることになるからである。読者に与えられるのは、人間が追い求めるはずの刺激である。つまり彼の考えは、出来事のフィクション性こそが詩作の主な特徴であるというアリストテレスの説を先取りしている。ただしプラトンも別の文脈で、知識と熱狂との間の対立は収斂的な交わりによって置き換えられると考えている。すなわち、「ムーサへの愛」から哲学が生じ、「熱狂」から神的領域における真理の哲学的認識のためのメタファーが生じるとされる（『パイドロス』249c-e）。詩人と詩作の解釈者についての伝統的自己了解に対するソクラテスの批判は、詩作をムーサの技としての哲学に統合する可能性を開示している。

# 7　プラトンと詩人——『国家』第三巻と第十巻

## 教育論の枠組みの中での詩作論

『イオン』で吟遊詩人と議論された問題は、『国家』では将来の支配者を育成するプログラムという枠組みの中で深められる。議論の出発点となるのはここでもまた、ギリシャ人のもとでは、詩人と詩作に対して社会的価値の伝達における中心的役割が帰せられてきたという事実である。それゆえソクラテスが求めるところによると、詩人は神々や英雄に関する真理だけを語り、行いの立派な道徳的に価値の高い個人のみを再現することが許されたのであり、それはこれらのお手本となる人物たちを聴衆や読者が見倣うことができるためにであった（394c ff.; Asmis 1992, 347）。

そうでない場合には、伝統的詩作——ホメロスが特に考えられるが——の内に、将来の理想国家にとっての脅威を人は見ることになる（376c-398c）。それゆえソクラテスは、詩作を行為の模倣（ミーメーシス）と捉え、その叙述形式（398c-400e）、目標（401a-403c）および詩が吟じる者たちと聴衆に及ぼす作用（392c-398b）について論じている。というのも模倣は、作者の性格にも聴衆の性格にも影響を及ぼすからである。詩作は、魂の毒になったり癒しになったりすることができる。たとえばアレスとヘパイストスの妻アプロディーテとの姦通（『オデュッセイア』8, 268-359）のような倫理的にいかがわしい内容の物語は、ホメロスの叙事詩は将来の市民や指導者の教育という観点からすれば不適切だという印象を与える。というのも、この種の作品は、ソクラテスの見方によれば、それを読む人々の魂の非理性的な部分に作用を及ぼし、そうした部分を制御不可能なものにしてしまうからである（595a-608b）。

それゆえ然るべき詩作は、模倣的要素ができるだけ少ない（396e）ものであらねばならず――悲劇と喜劇はこの条件を満たさない――、道徳的に受容できる主題だけを提示しなければならない。「いや、われわれの探し求めるべき職人は、そのすぐれた素質によって、美しく気品ある人の本性ののこす跡を追うことのできるような制作者でなければならないのではないか、――これまたほかでもない、若者たちがいわば（中略）美しい言葉に相似た人間、美しい言葉を愛好しそれと調和するような人間へと、導いて行くためにね」（401c-d）。こうした要求は、ヘラクレイトス、ヘカタイオス、クセノパネス（DK 21B 11）あるいはソロンといったプラトン以前の他の哲学者たちのもとにも見出される。ただしプラトンは、「哲学と詩作のいにしえからの争い」（『国家』607b、Kannicht 1980）を哲学的により深く掘り下げているのである。

## プラトンの詩作批判と新たな詩作の姿の可能性

『国家』第十巻でプラトンは、この批判に立ち返る。なぜなら、『国家』の中心諸巻で展開された形而上学と魂論によって、模倣芸術についての新しい、しかしこれまで同様に批判的な吟味が可能となったからである。プラトンは当初の模倣概念を拡張することで、今度はそれぞれの芸術のうちに自然の模倣を見出す。とはいえ、芸術家のうみだす模倣とは、鏡に映る姿のような現実性を欠くものでしかない（『国家』598a-b）。つまり、画家が模写するのは椅子そのものではなく、現象として現れている椅子の姿に過ぎない。それゆえ、描かれた椅子は真の椅子よりも三段階下に位置づけられる（601b ff.)。芸術家は、いうなれば鏡を見ながら作品を制作している（597d-e）――この表現は後世の詩作論において中心的モチーフとなる――のであって、この鏡は鏡で、本来の事物の模像を感性界において映し出したものに過ぎない（597e, 600e）。この文脈においては、模倣概念（ミーメーシス）は、事物のもつ「何かの模倣である」という模像的性格を強調するものとなる。それとともに、存在論的要素や価値づけが問題となってくる。というのもプラトンの考えでは、模写関係は序列関係も成立させるものだからである。何かを模倣したり模写したりするものは、それが模写する対象よりも序列や価値において下位に置かれるが、それは、彼の確信によれば模像は欠如を有しており、本物であるかのように見えるだけだからである。

このことは、円を描く場合でも、人間の肖像画を描く場合でも、特定の人物を舞台上で演じる場合でも同様にあてはまる。それゆえ現実の模倣としての詩作は、感情を志向するので有害であるというだけでなく、感情を強化し理性を弱体化させる。詩作はまた、現実を開示しないのに言葉巧みに現実だと思い込ませる点で詐欺的でもある。それゆえソクラテスは、神々を讃えたり偉人を賞賛したりする作品は別として（『国家』607a）、理性によって詩人と詩作を彼の理想国家から追放するように迫られていると感じたのである（『国家』607b）。

こうしてソクラテスは、「哲学と詩作のいにしえからの争い」（『国家』607b）を先鋭化させる。その一方で彼は、詩作が受容可能に思える可能性も示唆する。それに加えてプラトンは、自分のことを詩作のための一種の「パトロン」だと考えている（『国家』607d）。彼は自身の著作の中で、詩作が人々に心地よさをもたらすだけではなく、社会や人々の生にとって有益でもありうるということ、またどのようにすればそうなるかを示唆している。プラトンの学徒であったアリストテレスは『詩学』

の中で、自らをそうしたパトロンとして実際に提示した。そこで彼は詩作を擁護しようと試みているが、そのさい作品内容よりも形式的構造に目を向けており、重要ないくつかの領域に関してプラトンの立場から離脱している。こうしてアリストテレスは、近代的な文芸観への道を開くことになる。

人々が見倣うべき「善き人」についてプラトンが語る場合、真の哲学者の生（『国家』500c）のことを、とりわけ対話篇で描かれているような、真に手本とすべきソクラテスの生き方を考えることが許されるであろう。すなわちソクラテスは、プラトンが詩作に関して求めたところのあの「理性的で落ち着いた心持ち」を自分のものとしている。その心持ちとは、「常に自分自身であり続ける」境地であり、「舞台の前に集まる群衆や雑多な人々にはとりわけ真似し難く、真似ても容易に理解できない」境地である（604e）。事実、たとえば『パイドン』におけるソクラテスは、悲劇的な状況において悲劇に抗して振る舞う英雄として描かれている。というのもそこでのソクラテスは、外的な境遇の急変にもたじろぐことなく、苦悩や激情を克服し、家族（クサンティッペ）や友人たちを前にしても自分の平静さを強調しているからである。さらにそれ以外のところでも、プラトンの対話篇は、理性的で落ち着いた心の持ち主の代表者としてソクラテスを描いている。対話篇におけるプラトンのソクラテス描写は、プラトンが理想国家でその存在を許可することになる芸術の一種に数えられると考えてもよいであろう。

『法律』篇の「クレタ島の国家」においては――それは『国家』で描かれる理想国家に続く次善の国家であるが――、立法家が、悲劇作家に対し、極めて美しく最善のしかも生き生きとした悲劇の作家たるよう強く要求している。

「おお、異国の人びとのなかで最も優れた方々よ、わたしたちは自分たち自身が悲劇の作者であり、しかもできるだけ美しく、最も優れた悲劇の作者なのです。じっさい、わたしたちの全国家体制は、最も美しく、最も優れた人生の似姿として構成されたものであり、そしてそれこそまことに、最も真実な悲劇であると、わたしたちは主張します」（『法律』817b。森進一・池田美恵・加来彰俊訳、岩波書店、プラトン全集13。以下、『法律』からの引用は同訳による）

プラトンによれば、最も真実で最善の悲劇とは、最善の生をドラマ化したものであり、そこでは悲劇的英雄の人生の代わりに哲学的な実存というものが想定されることになる。ソクラテスこそ、新しい種類のドラマの主人公であると考えうる――そして当然考えるべきである――のであり、そうしたドラマを対話篇は描いているのである。プラトンは、対話篇を著すことで新しいドラマ形式を提示すべく試みているのであり、それによって伝統的なドラマ形式の著作が持つ欠点を避けようと努めているのである。

プラトンは、ソクラテスものという文脈でも元祖哲学者ソクラテスの表現という文脈でも、別種の文学的要素を取り込んで融合させていったのだが、そこから次のことが容易に推測される。つまり、プラトンは新しい種類の詩作を対話篇のうちに実際に見てとったのであり、それによって伝統的詩作に潜む危険をできる限り避けようと試みたのである（Dalfen 1974, 282 ff.）。

# 第五章 ソクラテスの徒プラトン——認識への道

## 1 「吟味を欠いた生は生きるに値しない」（『ソクラテスの弁明』38a）

### ソクラテスによる魂の世話

魂の世話（テラペイア・テース・プシューケース）のきっかけは、デルポイの神託が誤っていることを証明したいというソクラテスの願いである。神託の言うところによれば、ソクラテスは人間たちのうちでもっとも賢明であると見なされる（『弁明』21a）。もちろんこの点についてソクラテスは、実際に自分が知らないことを知っているとうぬぼれることがない限りで、自分が他の人間たちよりも賢明であるということを知らされる（20e-22e）。そこからソクラテスは自らにとっての使命を導き出す。すなわち、自分の同胞市民を知のうぬぼれから解き放ち、魂の点でより優れたものとするという使命である（23b）。彼はまた自分の処刑の後に他の者がこの任務を引き継ぐだろうと確信している。

「あなた方を吟味する人間はずっと多くなることでしょう。実は私が彼らをこれまで抑えてきたのですが、あなた方はそのことに気づいていないのです。しかも彼らは私よりも年が若いぶんだけいっそう情け容赦ないでしょうし、あなた方もいっそう苦しい思いをすることでしょう」（『弁明』39c-d。三嶋輝夫訳、講談社学術文庫。以下、『弁明』からの引用は三嶋訳による）

このソクラテスの予言はプラトンの「自己了解」として理解されるべきであるし、またそう理解することができる。というのも、『ラケス』『カルミデス』『エウテュプロン』『プロタゴラス』『リュシス』『エウテュデモス』といったプラトンの対話篇は、歴史上のソクラテスが実践したことを描いているからである。これらの対話篇では魂を気遣う吟味の対話が叙述されており、ソクラテスは「馬につけられた虻」として登場し、対話相手を吟味することで困惑に陥らせる。それに加えて、これらの対話篇は文学的に構成されているので、読者はともに考え、対話篇における対話相手の困惑に感染することなく、自分自身も吟味を受けるように要請されていると感じる。たしかに、読者がテクストのなかのソクラテスの相手と同じように困惑してしまうことも珍しくないが、ひょっとするとその困惑を通じて、慣れ親しんでしまっているけれど明らかに問題のある見解について改めて考えてみるように促されることもあるだろう。

## アポリアに終わる対話篇を読むこと

このたしかにプラトンが望んだ成果、とりわけ「アポリア的な」対話篇がもたらすべき作用は、実際に、『弁明』のソクラテスの発言のなかに一種の予言を、そして少なくともプラトンのたくさんの対話篇に関して、上に述べたような働きが示されていることを認めるように迫る。ただし、それらのアポリアに終わる対話篇を読むことは――ソクラテスがテクストのなかで対話相手たちにとってそうであったように――読者たちにとっても辛いことである。いずれにせよ、プラトンは自分がこれらの対話篇によって意図していたことを誤解の余地なく明らかにしている。対話篇は、どのようにソクラテスが対話相手たちについて知を吟味し、知についての思い上がりを暴露するのかを披露しているだけではない。テクストは、ソクラテスがその対話相手たちにもたらそうとしていることを、読者に引き起こさなくてはならない。つまり、自己に対する懐疑という棘《とげ》を植えつけ、人々がこだわりなく学びを受けるようにしなくてはならないのである。

対話相手たちの側においては――対話篇の読者たちにおいてと同様に――自身の見解を改め、新しいものを受けいれるという覚悟が前提される。ソクラテスはこのことを『パイドン』において定式化している。

「それぞれの場合に、僕がもっとも強力であると判断するロゴスを前提として立てたうえで（ヒュポテメノス）、このロゴスと調和する［整合的である］と思われるものを真と定め、調和しないと思われるものを真ではないと定めるのだ」（『パイドン』100a）

修正を受けいれる用意があるというこの原則はソクラテス＝プラトン的な真理探究の前提となっている。その際、各々の立場は吟味され、さしあたり次の機会まで論駁されない限り、「仮設的」と見なされる。なぜなら、これらの対話篇において勇気、敬虔、節度、正義といった価値についての見解は恣意的、もしくは少なくとも十分に基礎づけられてはいないことが明らかにされるからである。

それらの見解は、テクストの中でのソクラテスの対話相手たちにとって、そして彼の同時代の読者たちにとってもまた、まったく常識的でもっともらしく見えるのではあるが、ソクラテスは一般的な見解に訴えることを受けいれないのである。彼にとって価値のあることは、その都度の対話相手との合意だけである。

「しかしぼくには、君さえ同意して証人となってくれるなら、たとえそれが君一人だけであっても、それで充分なのだ」（『ゴルギアス』475e-476a）

もちろんその際、是が非でも同意を得るということが大事というわけではない。たとえば『饗宴』

のアガトンのように（201b）、ソクラテスの問いに対して何も対置すべきものをもたないがゆえに同意するだけでは、誰であれ、その表明された見解が正しいということを推論することはできない。またもし反論できないとしても、そのことは述べられたことの正しさへの証明とは全くならない。

## 徳と知の一致

したがって、『ラケス』『エウテュプロン』『カルミデス』のような対話篇は、その叙述と働きによってプラトンがソクラテスの徒であることを証明している。これらの対話篇においてソクラテスが話し合うのは、特別な専門的能力があることを自認する人々である。というのも、ソクラテスは彼らがどのような根拠に基づいて活動を行い、意見を主張し、そして生活を営んでいるのかを理解したかったからである。ソクラテスはラケスやニキアスという将軍たちから「勇気」とは何であるかを知ろうとし（『ラケス』）、宗教家エウテュプロンからは「敬虔」という語で彼が何を理解しているのかを知ろうとする（『エウテュプロン』）。そして、若くてとても育ちのよい節度あるカルミデスからは節度について（『カルミデス』）、トラシュマコスからは「正義」について教えてもらおうとする（『国家』）。どの対話相手も吟味に合格することができず、みな異なった仕方で懐疑と困惑に陥る。彼らの考えは正当化が困難であることが、いやそれどころか不可解でさえあるということが明らかになる。つまり彼らは自分のものとして要求した知を、あるいは自分たちが持っていると主張した徳を本当に持っているのかという疑いが生じるのである（『カルミデス』159a、『ラケス』190c）。

吟味のための対話の根拠となるのは、徳（アレテー）を身につけている人は誰であれそれを言葉で表すことができるはずであるという、ソクラテスの主張である（『カルミデス』159a）。さらに『カルミデス』や『ラケス』のような対話篇は、徳が知と同一視されていることをはっきりと示している。もちろん、徳と知の関わりはもっと明確にされなければならないが。

この同一視は近代的な思考にとっては異質なものであるかもしれないが、ギリシャ的な言葉遣いには合致している。というのも、徳にあたるギリシャ語は「善い」という形容詞と、詳しく言えばその最上級のアリストス（最も善い）という語と関連しているからである。「アレテー」は事物であれ、器官であれ、人間であれ、あるものに具わる「善くあること」をいう。ナイフはよく切れるなら「アレテー」を有し、目はよく見えるなら「アレテー」を有し、人は人間としての責務を果たすなら「アレテー」を有している。ギリシャ語においては、しばしば道徳的な振る舞いは知るという表現を使って言葉に表される。詩人アルキロコスは「私は愛には愛で報いることができる（＝報いることを知っている）」（アルキロコス断片23, 14 West 校訂）と言うことができたのである。しばしばパラドクスと感じられるソクラテスの主張、すなわち「徳は知である」（『メノン』87c-89a）、「誰も知りつつ故意に悪をなさない」（『ゴルギアス』488a、『メノン』77d-e、『弁明』25d-26a）、「徳は単一である」（『プロタゴラス』329c-333e; Görgemanns 1994, 125 ff.）は、アレテーについての一般的な見解からの帰結なのである。

## 2　ソクラテスの吟味の方法——エレンコス

### 哲学的な治療の手段

ソクラテスは吟味のための対話に際してエレンコスと呼ばれる進め方を用いている。この方法は、口頭での争論（Erler 1986）と法廷弁論術（Dorion 1990）にそのルーツがあるが、ソクラテスにあっては、誤った思い込みからの解放と本当の学びの準備を目指す哲学的な治療の手段となっている（『テアイテトス』210b-c）。哲学的な治療が必要なのは「誰かが論駁を行なうことによって、論駁を受ける者を恥じ入らせたうえで、学びの妨げとなるいろいろの思いこみを取り除き、浄らかにして、ただほんとうに知っている事柄だけを知っていると思い、それ以上のことはそう思わないような人間にしてやるまでは、魂は、授けられるさまざまの学問から利益を受けることはない」（『ソピステス』230c-d。藤沢令夫訳、岩波書店、プラトン全集3）からである。

### エレンコスの規則

エレンコスは、二人の対話者の問いと答えによって織りなされる闘いである。規則は確立されている（Kapp 1965）。すなわち、何であるか（「xとは何か」）という最初の問いに、答え手は一つの主張あるいは定義を提出する。以降の手続きの目的は、この申し立て（＝前提1）がどこまでしっかりしているかを問いを通じて吟味することである。問い手——たいていはソクラテスであるが——は、答え手――ソクラテスの相手――に議論を通して答え手の主張と反対の想定を受けいれさせることができるかどうかを調べる。答え手にとって重要なのは、それをかわして自分の主張を守ることである。目標に到達するために、問い手はたいていの場合さらなる概念（＝前提２）を導入し、それによって、定義されるべき概念が推奨に値するものであることが示される。問い手は節度や勇気や敬虔が美しい（カロン）か、善い（アガトン）か、あるいは有益（オーペリモン）なのかということを、つまり当然ながらほぼつねに認められることを質問する。次いで吟味されなければならないのは、美しく善く有益という概念が先に提案された主張の概念（＝前提１）を全面的によしとするかどうかだけである。問い手はしばしば一連の例を使って、その主張の概念が「善く」もなく「美しく」もなく「有益」でもないことが明らかな場合が少なくとも一つはあり、したがって前提１は前提２と合致しないということを示そうと努める。この場合、主張１は論駁されたものと見なされる。答え手はその主張に対する吟味に合格しなかったのである。

エレンコスは積極的な形で真理の証明をすることはできず、魂の「向け変え」に役立ち、魂に学びの準備をさせるために、矛盾を指摘し、誤った理解から守ることができるだけである（Stemmer 1992）。このソクラテス的な吟味の手続きが肯定的な帰結を有するのは、規定や主張が首尾一貫しているかどうかが繰り返し吟味され、そしてその結果が肯定的なときには論駁の試みに対して抵抗できるものとして証明されることができる限りにおいてだけである。もちろん、このことは論駁がなお可能であることを排除しない。この方法を用いる際に、対話相手たちが自分たちの確信している主張だけを提案することが許されるのか（Vlastos 1981）、それとも提案可能なものと見なしてさえいれば構わないのか（Benson 2000）については、依然として論争されている。

たしかに問い手（ソクラテス）が議論のなりゆきを決定しているように見える。だが、問い手は議論を進めるたびごとに答え手の同意（ホモロギア）を取りつけなければならない。そういうわけで、問い手はその都度の対話相手の理解の水準に応じ、彼らに合わせていかなければならない（『第二アルキビアデス』113a）。したがって、その都度の議論の水準を定めているのはソクラテスの対話相手なのである。このように、対話を進めてゆく規則（それらについてアリストテレスは早くも『トピカ』I, 1において分析している）は、ソクラテスの対話相手がもたらす考えと思考の水準とが、対話の結果にとって重大な意味を持っていることを物語っている。

## 二重のソクラテス像

それはまた、対話篇において見て取られるべき二重のソクラテス像を説明してくれる（Apelt 1912, 96 ff.）。その一つはある主張の問題がどこにあるかを知っているソクラテスであり、もう一つは対話相手の困惑をともにして彼自身の無知を強調するソクラテスである。なぜなら、一つの主張を吟味し矛盾を指摘する者は、そこに矛盾があること、また問いを通じてその矛盾にどのように導くのかを知っていなければならないからである。対話相手を予期した結果へと導く適切な問いを発することが可能となる前に、その人はいわば結果から逆戻りして考えてしまっていなければならない（Kapp 1965, 20）。

このエレンコスの帰結について予め知っていることは知の誤った自負を暴露することを可能とするが、必ずしも求められている問題を解くことができなければならないというわけではない。それゆえ、ソクラテスは適切な問いを発し、意義深い手がかり――たとえば、敬虔なことはなにほどか正義と関係している（『エウテュプロン』12a）というような——を与えることができる。もし対話相手がこの示唆を受けいれないなら、ソクラテスは彼らに合わせて規則に従っていかなければならない。そういうわけで探究の失敗は、必ずしもソクラテスの不公正な議論の導き方の責任になるのではなく、対話相手にも、つまり自分が対話に持ち込んだ考えから自分を解き放つことができないというその無能力にも責任がある。洞窟の比喩のなかで語られている、考えを一新すること（ペリアゴーゲー、魂の向け変え）が求められているのであり、それこそがプラトンの教育の土台なのである。

## 3　伝統的な考えの不明瞭さ——『ラケス』

### 価値観の相対化

対話篇でのソクラテスの吟味のための対話において、たいていの場合、価値概念が問題とされているのは偶然ではない。論争と行き詰まりは、前五世紀の間と前四世紀の初めにかけての（対話篇の劇設定年代の）様々な慣習の衰退と諸価値の転倒に関して蔓延した不確かさと嘆きを反映している。歴史家トゥキュディデスは次のように伝えている。

「そして言葉のそれまで通用してきた意味を自分たちの行動にあわせて、その正当化に都合のよいように変更した。すなわち『思慮に欠けた大胆さ』は『仲間想いの勇気』とされ、『先のことを考えて

立ち止まること』は『体のよい臆病』とされた」（トゥキュディデス『戦史』3, 82, 4）
　原因と見なされるのはペロポネソス戦争とアテネの内乱に加えて、一般に、交易と旅行を通じて他の慣習や風俗や価値についていっそう広汎な知識がもたらされることになったという事情である。というのも、それまで以上に価値観については地域的にしか妥当していないと見なされることになったからである。その際、アテネに固有の価値観は他のものより優れていると感じられてはいたが、ヘロドトスは次のように書いている。
「実際、どこの誰に対してであれ、すべての慣習《ノモイ》の中から最も優れたものを選ぶことを命じるとすれば、熟考した上で誰もがみな自分のところの慣習を選ぶであろう。このように誰もがみな自分のところの慣習を格段に優れていると見なしているのである」（ヘロドトス『歴史』3, 38, 1）
　そういうわけで指針が求められ、様々な仕方で――まずはソフィストの側から――提案がなされた。いたるところに不安定さが見られ、そして倫理的な相対主義へと傾斜してゆくなかで、それでもなお重要な価値概念を規定して普遍的に通用する行動規範のための条件を定めることができないのかという点に関して、より真剣な思索がなされるに至った。敬虔や正義や節度や勇気のような、一般に通用している価値の本質についてのソクラテスとプラトンの止むことのない問いは、この文脈の内にあるのである。
　これらの問いは自明であるかのように見えることに向けられ、一般に通用している価値観がいかに不確かなものであるかを暴露し、価値概念について相対的にしか妥当していない規定から生じている諸問題を見る目を鋭くする。諸々の著作は、とりわけ『ラケス』や『カルミデス』のようなプラトンの創作の最初期から、読者たちを勇気や節度についての探究に直面させている。もちろん、それらの探究は成果のないまま（アポリアに）留まり、解釈者たちに不確かさに留意させるとともに、そのゆえにまたプラトンによってこれらの諸著作に与えられた働きについて格別な仕方で問わせるのである（Gaiser 1959; Erler 1987）。

## 勇気とは何か

対話篇『ラケス』は直接話法で（戯曲形式で）仕立てられており、その長い第一幕において（178a-189d）ソクラテスを教育者として登場させている。議論の主題は、勇気の本質についての問いである。対話が効率的に進むようにとの理由から――議論の相手の経験の範囲にふさわしく――、問いは勇気に限られている。議論のきっかけは、自分たちの息子の専門的な教育について迷っている二人の市民が、たとえば重装備で戦うことは教育に大いに役立つだろうかと思案していることである。判断を下すために、彼らはラケス（トゥキュディデス『戦史』3, 115を参照）とニキアスという二人の将軍を相談役として招く。ニキアスはアテネの著名な軍司令官として、とりわけ前四一五～前四一三年のシシリー遠征を指揮した。さらに別の専門家かつ審判者として、ソクラテスも引き入れられる。ソクラテスが専門家とされているのは、軍事紛争（前四二四年）において証した勇気によってである（『ラケス』181a-b）。

最初の対話が明らかにしているのは、息子たちの教育の目標としての徳（アレテー）がいったい何なのかを明確にする必要性である。それが明確にされてはじめて、教育について有意義な仕方で語ることができる（190c）。徳の部分であり、将軍たちがその専門家である勇気について語ることに意見が一致する。とはいえ、二人の専門家の考えは一致しない。ニキアスは知が有用であることを力説し

(181d-182d)、ラケスは内面的な態度――すなわち知はあったとしても、それなしには勇気のような徳が存在しえないもの――の意義を強調する(182d-184c)。

二人の将軍による勇気を規定する何回もの試みが、吟味のためのエレンコスによる対話において検討される。すなわち、隊列に踏みとどまること(190e)、心のなんらかの粘り強さ――より適切にいえば――思慮ある忍耐強さとしての勇気(192b)、恐ろしいことと平気なことの知識としての勇気(194e)、これらの規定は吟味的な=エレンコス的な対話において調べられ、退けられている。最初の定義の提案「敵との対決において踏みとどまることとしての勇気」(190e-192b)は、エレンコスによる吟味によって有効ではないことが明らかになる。なぜなら勇気は軍隊のもとにのみあるのではなく、他の生活の局面にもまたあるからである(191d-e)。「勇気とは思慮ある忍耐強さである」(192b-194c)と定義する第二の試みは、逆にあまりに広く捉えられている。というのも、思慮ある忍耐強さは決して危険な場合においてだけ望ましいわけではないからである。

「恐ろしいことと平気なことについての知識としての勇気」(194c-200c)という、さらなる定義の提案――今度はニキアスによる――は、一見したところでは、もっともらしく見える。この提案は形の上では正しいと認めざるをえない。加えてニキアスは、勇気が知恵となんらか関係していなければならないとソクラテスから聞いたことがあると、ソクラテス自身を引き合いに出す。実際、他の対話篇にはこのような趣旨のソクラテスの発言がある(『パイドン』69a、『国家』430c)。『ラケス』ではソクラテスはニキアスの提案に満足しない。たしかに知は勇気の一部である。しかしながら、勇気という個別の徳の特性が何であるかについて、ニキアスはいかなる情報も与えることができない。というのも、知が他の様々な徳にも必要なことは明らかだからである。

## 徳の部分

徳が知と関係しており、ラケスが想定するような人間の単なる態度の反映ではないというニキアスの想定は大いに期待させる。しかし、徳が全体として善いことと悪いことの知であるとするならば(199b)、徳の部分である勇気をどのような特別な知が際立たせているのかは、そこで主張されているように、未決定のままである。

議論の最初に徳全体ではなく、徳の部分である勇気を探究すると取り決めてしまったので、探究は失敗したと見なされざるをえない。それゆえ『ラケス』は、『弁明』の伝えるところではソクラテスがしばしば体験したことを——つまり専門家たちがかかえている、自分の行為の理論的な基盤を分析し説明する困難を——具体的に描き出したものである。もっともらしいこと、いやむしろ適切なことが言われているように聞こえはするものの、議論を通じて、なぜ適切であり、適切な試みとは何であるのかを——ソクラテスは「確かなものとする」という語を口にしている——根拠づけるという能力が欠けている(200b)。このことは、ソクラテスの対話相手にとってはアポリアへと通じる。しかしまた問題に気づくことと、そしてニキアスの場合のように最もうまくいった場合には、見せかけの知の幻影からの解放にも、またニキアスがソクラテスのもとで期待するように、知っていると称していたことを新たな討議を通じて根拠に基づいて「しっかりと縛りつけ」、そして自分自身の生の土台に関して明晰となるという希望にも通じている。

「私はといえば、この人とは親しい間柄でもあるし、人が彼によってそうした目にあわされるのは避けられないことだということ、さらにまた自分がそうした目にあうだろうということを自分自身よくわかっているつもりです。というもの、リュシマコス、私はこの人とつき合うのが嬉しいし、また自分がこれまで立派に事を行ってこなかった、あるいは現在行っていないということを思い起こさせられるということは、なんら悪いことではないからです。いや［そうした人は］これからの人生においてより慎重で思慮に満ちた者になることは必然だと思うからです」（『ラケス』188a-b。三嶋輝夫訳、講談社学術文庫）

## 4　呼びかけとしてのアポリア――『カルミデス』

### 対話の成果の暫定性

プラトンの他の対話篇もまた『ラケス』のように、ソクラテスの対話相手が述べることのすべてが誤りではないにもかかわらず、アポリアのうちに幕を閉じる。とはいえ、彼らはそれらの自分たちの述べた適切なことを確立できない。プラトンはこの文脈においてしばしば「逃げ去る」や「縛りつける」ことを述べており（Erler 1987, 78 ff.）、『メノン』では、この逃げてゆくか、あるいは縛りつけるかということを解説して、適切ではあるが十分には根拠づけられていない思いなしと、つねにその釈明が可能で議論を通じて確立された知との間の違いを象徴している（『メノン』85b-d, 98a）、と述べている。適切なように聞こえながら対話が挫折する場合には、然るべき理由づけが欠けているのは明らかであり、それゆえにまた、別の対話相手が主張を「縛りつける」ことができるという希望が存続する。対話相手の交代は、ものごとの見方と議論の水準の変化に結びつき、肯定的な成果へと通じるかもしれない。まさしくこのことが、たとえば『国家』のような対話篇において認められる。

実際、アポリアに終わる対話篇に見られる諸特徴は、首尾一貫した議論にもかかわらず対話の成果については暫定的なものと見なされるべきだ、との感をいだかせる。こう考える動機となるのは、すでに論駁されたものを改めてかつぎ出すという譲歩（『カルミデス』169d参照）や、語られたことが「さしあたり」妥当するという示唆、またその解明が少なくとも暗示されてはいるが解かれなかった謎（『カルミデス』162a参照）であり、また突き返され、そのうえ根拠のないものと明らかにされはするもののなお、ソクラテス＝プラトン的な教えの様々な構成要素として認識される諸概念である。これらすべては、困惑してしまうことが最終的なものでなければならないわけではなく、むしろすべてをまた全く違った仕方で理解することができるということを読者に示唆し、予示している。

『カルミデス』という対話篇はとりわけ印象深い例である。『カルミデス』で問題となっているのは、節度（ソープロシュネー）を何と理解すべきかという問いである。カルミデスと、対話篇でのソクラテスのもう一人の対話相手クリティアスは、プラトンの親戚であった。カルミデスは若者として紹介され、礼儀正しく節度ある態度によって際立っている。それゆえ、ソクラテスはカルミデスが節度とは何であるかを説明できると期待している。「つまり、もしも節度が君に具わっていれば、むろんのこと、君はそれについて何かを思いなすことができるはずだ」（159a。山野耕治訳、岩波書店、プラトン全集7を一部改変。以下、『カルミデス』からの引用は山野訳による）

## 節度をめぐる探究

さてそこでは、いくつもの概念規定が提示される。まずカルミデスを相手に提示されるのは、節度とは一種の慎重さである（158e-160d）、節度とは畏怖の念あるいは恥じらいの心（アイドース、160d-161b）、節度とは「自分自身のことをすること」（161b-162a）——それはカルミデスがおそらくクリティアスから聞いていたことである（161c）。次いで——対話相手としてクリティアスへの交代の後——「すること」（プラッテイン）が「作ること」（ポイエイン）に置き替えられ（162c-164c）、最後には節度はそれ自身の知として（164c-166e）、すなわち知の知として（166e-175d）規定される。しかし、どの概念規定の試みも吟味に合格しない。

とはいえ注意をひくのは、否定的な結果は暫定的なものだというシグナルを発する発言が再三なされていることである。あるときはその否定的な結果が「この議論から」帰結するということに力点が置かれ（160b-e）、あるときは節度が美しく善く有益である（160e-161a）ということが議論の前提になっていると、ソクラテスは奇妙なほど幾度も力説している。読者が疑問に思うのは、これらの諸前提の仮定していること、すなわち、いつもはそこから自明であるかのように始める、節度が何か善いもので有益なものであるとの仮定を、なぜソクラテスはことさら強調するのか、あるいはなぜソクラテスは単に「そのようであると予感する」（169b）だけなのかということである。それにまた奇妙なのは、「節度とは自分のことをすること」や「節度とは自己回帰的な知と内容相関的な知とが同一であることを意味する」（171d）——つまり、知っていることと知らないことについての知——という主張には問題があると明らかにされることである。しかしながら、こういったことは対話を前へと進めるために、ソクラテスが自己回帰的な知（エピステーメー・エピステーメース）の存在を対話的な仕方で「今のところ」（ニュン）容認することを妨げはしない。そのような知が本当にあるかという問いは、より後へと先送りされている（169d）。

## 道しるべとしてのアポリア

読者が議論の結果のこのような相対化を、次のことの示唆と理解すべきことは明らかである。すなわち、当の事柄について結論は出されておらず、ひょっとすると広範囲で生じている行き詰まりを避けて通ることができたのだと。さらに注意を引くのは、一般にプラトン的思考の重要な諸要素と認められている説に、その行き詰まりが関わっているということである。疑念をもたれているのは、国家と個人にとっての幸福の原因としての知に関する主張――ソクラテス＝プラトン的思考の原則である。分業は『カルミデス』ではよい国家を構成する条件として否認されるが、『国家』においては哲人国家の原則として妥当するとされている（『国家』369b-372a, 433a-d とともに『カルミデス』161e-162a を参照）。

もし人が何を知り、何を知らないかについての知としての、知の知が本当は存在するべきでないとするならば、ソクラテスの「魂の世話」も問題となってしまう。というのも、『弁明』が主張し諸対話篇が描いているように、ソクラテスはまったく縁遠い知を、すなわち職人や詩人や政治家やその他の専門家たちの有する知を調べているからである。アポリアを当の問題についてのプラトンの結論と受け取るなら、『カルミデス』は、『弁明』が物語り多くの対話篇において描かれた、神から与えられた使命としてソクラテスが遂行している吟味に対する根本的な批判を示していることになる。

結局、私たちは他の対話篇から、プラトンの心理学とそのイデアの思考が自己回帰的で内容相関的な知とともに自己認識をすっかり説明し基礎づけることができること、それを使ってまた分業による国家モデル——その存在は『カルミデス』においては不可能だと説明されてはいるが——が展開されることを知っている。したがって『カルミデス』において投げかけられた問題を新たに議論することは、この対話篇の結果が暫定的であることから直ちに要求されるけれども、プラトンの目には大いに有望だと見えている。かくして、これに対応する文学的なシグナルは、読者への道しるべであり呼びかけであり、そのようなものとして真剣に受け取るべきものなのである。

## アポリア的対話篇の構造と機能

以上のことはプラトンの作品の他の箇所において裏書きされている。『国家』の「洞窟の比喩」において洞窟に囚われた者たちは問いと答えを通じてアポリアへと至り、それによって幻影から解放され、認識の道へと導かれる。しかし、この道は、それまで囚人たちが住み慣れていた領域から上へと、そしてまた外へと通じている。すなわち、アポリアに終わる対話篇においてはいつも必要不可欠だと示されているように、ものの見方を変えることが要求されている（Erler 1987）。『国家』における対話の進行は、そのような道をある仕方で実際に辿ってみせている。

『国家』第一巻において、ソクラテスと対話相手のトラシュマコスは正義を規定しようと試みる。どのような行為を正しいと呼び不正と呼ぶのかについて、彼らは意見が一致している。しかしながら、正しくあることが善いかどうかについては、彼らは意見を異にしている。トラシュマコスとの対話はアポリアに終わるが、他の対話相手すなわちグラウコンとアデイマントスとを相手に続けられる。今や正義の積極的な規定が提案される。その際、今度はプラトンの心理学が——魂が三部分から成っていることが——基礎となっている。魂の諸部分と国家の諸集団の調和が正義として規定され、そしてついには善の——もちろんまたもや暫定的な——規定さえも与えられている。したがって対話相手だけではなく、議論の水準もまたそれゆえ変更されてしまっている。そうすることによってプラトンは、行き詰まりがある特定の状況に文脈的に限定されており、問題の解決のためには考察の仕方の変更が決定的でありうる、とのシグナルを発しているのである（『国家』515b-c）。

## 読者へのシグナル

他方また、アポリアがその都度の問題へのプラトンの結論では決してないということは明らかである。「ソクラテス的」対話の末尾での行き詰まりは、むしろ議論の的となった徳の理解の探究における重要な中間点を意味している。対話相手の困惑は、間違った思い込みからの解放とさらなる探究に開かれていることとの肯定的なしるしである。『ラケス』や『カルミデス』のような対話篇での否定的な結果は、将来においては避けられるべき論理的な議論の欠陥の帰結に過ぎないのではない。

それらの結果はまた新しい思考の仕方のきっかけともなりうるし（『メノン』80c, 84b）、生における転換点（ペリアゴーゲー）ともなりうる。これらの対話篇の呼びかけの構造すなわちシグナルは、プラトン的な意味で新しい見地から問題を解くことができる可能性を意味しており、そのことからすればプラトンがもっぱら自分のアポリアを記録しようとしているということはありそうもなく、むしろどうすれば切り抜けられるのかを知っている問題を明確な形にしているのだ、ということは当然思いつくところである。もちろん、エレンコスによる討論の文脈と規則は単に示唆を可能とするだけであり、その示唆の本来のあて先は読者である。

それゆえ、これらの対話篇には複数の機能があることになる。すなわち、もし不確定でたまたま聴き手となった聴衆に向けられているとするならば、対話篇は、どのようにソクラテスがエレンコスの手続きによって対話相手たちに自分たちの無知をわからせ、そして最もうまくいった場合には、問題についてさらに熟考する覚悟を彼らに呼び起こすのかを、例証しているのである。もし対話篇のなかでシグナルによって仄《ほの》めかされている開放性の重要性を正当に評価することを心得ており、かつ自らの知に役立てることのできる聴衆に向けられているのならば、対話篇はそれ以上のさらなる議論の基礎となることができる。なぜなら、対話篇は問題を明確な形にもたらすとともに、解決するための特別な能力に訴えかけることになるからである。かくして、対話篇は哲学的な課題を提供するが、しかしまた読者の側で知と思い込まれていたものの再吟味と確認に役立つことになる。そのときプラトンの対話篇はある仕方で「開かれ」ており、そして『饗宴』のアルキビアデスがソクラテスの議論の仕方について述べているように、ヤヌスのごとく二面的なのである。

「もし誰かがソクラテスの言葉を聞こうとすれば、その人は、最初は、じつにおかしな言葉だと感じることだろう。(中略)そして、いつも同じ言葉を使って、同じことばかり言っているように見える。(中略)しかし、もし誰かがその覆いを開いて内部を見るなら、その人はまず、その言葉だけが意味のある言葉だということを見出すだろう」(『饗宴』221e-222a)

## 5　徳の一性——『プロタゴラス』

### 『プロタゴラス』の舞台設定

このように『ラケス』や『カルミデス』のような対話篇は、維持できないことが明らかにされる主張をしている登場人物たちの困惑を叙述している。それらの対話篇が「アポリア的」と名づけられるのは、その議論が——少なくとも一見する限りでは——切り抜ける道のない（アポロス）ものであることが明らかになるからである。『プロタゴラス』のような他の対話篇は、この意味ではアポリア的ではない。というのも、『プロタゴラス』は一見したところ肯定的な結果に至っているからである。とはいえ、読者がこの肯定的な結果がソクラテス＝プラトン的見解とは決して折り合うことがないように見える議論に基づいて得られていた、ということを突きとめるなら、読者には疑いが、いやそれどころか行き詰まりが呼び起こされることになる。まさにこのことが『プロタゴラス』という対話篇で生じている。

『プロタゴラス』は、読者をペリクレス時代末期のソフィストたちの時代へと連れてゆく。この対話篇はペリクレス時代が終わる頃の、アテネの文化的な生活の一光景を描いている。『プロタゴラス』の対話篇形式は「混合的」である。導入部（309a-310a）は「戯曲形式」で始まるが、次いでソクラテスによる報告へと移っている。この特徴的な形式は『プロタゴラス』においてのみ見られる。ソクラテスが報告しているのは、裕福なカリアスの家におけるヒッピアスやプロディコスやプロタゴラスのような非常に有名なソフィストたちとの集まりである。ソクラテスは弟子を募集するに際しての、ソクラテスのやり方とソフィスト術との間に漂う競技会のような雰囲気についての印象を伝えている。舞台装置については、もしかすると、前四二一年に上演された喜劇作家エウポリスの劇『コラケス（おべっか使い）』から着想を得たのかもしれない。他の対話篇においてと同様に、『プロタゴラス』において問題となっているのは、見せかけの知を取り去ることと正しい道に至る通路を開くことである。

## 徳の教授可能性と徳の一性

『プロタゴラス』は、ソクラテス的な知の教えの二つの中心的な問題領域を主題として結びつけている。すなわち、徳の教授可能性と徳の一性である。アテネにおいては出自や家柄がもはや徳（アレテー）を決定することはなく、民主主義的な了解に従えばすべての人によって獲得されることのできるものとなっていたので、アレテーの教授と学習の可能性は他の場所においてと同様にアテネでも重要な主題であった。というのも、ソフィストたちはアレテーの獲得に際して教師として助力することを申し出ていたからである。保守的な諸勢力はこの可能性を疑っていた。『プロタゴラス』や『メノン』のような対話篇はこの衝突を取りあげ、徳の授受の可能性、徳の一性、そして徳の本質について議論している。

ソフィストのプロタゴラスの主張は、私的な事柄においても公的な事柄においても（318e）役に立ち、したがって最も広い意味で政治に関わる、そういう技術を教えることができるというものである。それは『プロタゴラス』において、徳の教授可能性とその一性に関する議論に行き着く。ソクラテスは、プロタゴラスの「政治に関する」技術が実際に教授可能であるのかという疑念を表明する(319a ff.)。というのも、政治が問題となる場合には、他の専門領域と異なり、民主制においてはすべての人が口をはさむことができると信じられているからである。そこで、予め教えられた者だけが手中にしているという専門知識について問いが発せられる。

プロタゴラスはこの疑念に、文明発生のミュートスで応じている(320c ff.)。それによれば、ゼウスは人間たちに社会的な行動の基礎として恥じらいの心(アイドース)と正義(ディケー)とを付与した。贈り物がすべて動物たちに分配されてしまい、人間だけが何ももたずにほうり出され、無力なまま留まっていたので、プロメテウスが人間たちのためにアテナとヘパイストスから手仕事の技と火を盗んだ。人間たちはゼウスから恥じらいの心と正しさを得て(322c)、これらを用いて徳を得ることができるようになっているのである。徳が学ばれうるものでもあるということは、さらに社会的な諸徳を——たとえば正義を——まったくあるいはあまりにわずかしか身につけていない者は非難されるという事情からも、プロタゴラスにとっては明らかである。もし正義が幸運と天分にかかっていたのであれば、このことは生じなかったであろう。

### 快楽主義的な倫理基盤の問題

ソクラテスは徳が教授可能であるという主張を受け入れるが、徳と正義の関係における問題を指摘する(328d-334c)。諸々の徳は質的に区別される徳の部分であるのか、それとも正義や敬虔や勇気のような諸徳はただ一つのものに付けられた異なった名前にすぎないのだろうか(329c f.)。諸徳を結び合わせる要素として、知恵があげられる。人間たちが快を求めているということはまさに、この主張に矛盾するように見えるが、快と不快の比較考量がすべての行為の基礎となっていることを示している。この比較考量は、快楽の外部にある尺度としての理性によって定められなければならないことになる。かくして、知恵は個々の徳を一つに結び合わせ、その教授可能性を保証するのである。

それとともに、最初の立場が逆になってしまっている。徳の教授可能性についてのソクラテスの当初の疑念にも、また個々の徳が徳全体の部分であるというプロタゴラスの想定にも問題があることが判明する。対話篇の末尾でソクラテスはアレテーを知と同一視することの論拠を述べ、徳の教授可能性を巧みに匂わせている（361a-c）。このようにして対話は、少なくとも外観上は、積極的な結果をもって終了する。とはいうものの、ソクラテスは徳の一性と教授可能性についての主張を快楽主義の基礎のうえに展開している（355e-357c）。それはソクラテス的な根本信念にもプラトン的なそれにも合致せず、文脈上の制約を受けた対話戦略上の考慮に発している。それゆえ、対話の結果が積極的であろうとも、その結果は非プラトン的な出発点によって相対化されており、疑わしいものとされている。すなわち、テクストの登場人物たちではなく、おそらくは読者がアポリアのうちに放置され、さらなる探究へと促されているのである。いくつかの示唆は（329d）、顔とその部分（鼻や耳など）との関係についての示唆のように、徳の一性への問いにとってもまた用いることが可能な方法を示しているかもしれない。

対話篇が多彩かつ活き活きと進むにつれ、さらに方法と内容の両面で重要な視点が論じられる。一人で語るプロタゴラスに対して、ソクラテスは問いと答えを交わすことでの真理の探究を擁護する。プロタゴラスとソクラテスによるシモニデスの詩の解釈（338e-347a）は、文脈も著者も無視して詩を解釈する限界と可能性についての、根本的な反省のきっかけとなっている。この解釈においてソクラテスは再び、不正なことは心ならずもなされているのだという自分の主張を見出している。快楽主義的な倫理を基盤として徳の一性を論じるにあたり（351b-359a）、尺度もしくは適度という視点がはじめて前面に出てくる。それは後期対話篇（『政治家』）において取り上げられ、プラトン的思考の中心的な要素となる。もちろん、徳が何であるかという問いは未決定のままである。

## 6　教授可能な知識としての徳――『メノン』

### 徳は教えることができるか？

徳の知ということで何が理解されるべきかは『プロタゴラス』においては未決定のままであるが、この問いは『メノン』において中心的な主題となる。徳の本質への問いとともに、その教授可能性と教授法の問題が論議されるのである。

『メノン』という対話篇は入念に構成されており、議論は徳の規定について（71e-80d）、教授と学習一般について（80d-86d）、そしてとりわけ徳の獲得について（86d-100c）という部分からなっている。正しく定義することについての訓練の部分（73e-77b）と同様に、徳についての定義の試みも提示されている。対話の冒頭で挙げられる、徳の獲得の可能性のある三つの観点――訓練、生まれつきの素質、学習（アスケーシス、ピュシス、マテーシス）――すべてが『メノン』においては一定の役割を果たしている。さらに加えて『メノン』は魂の輪廻、想起説、知と真なる思いなしの区別のような諸教説を提供している。そうすることで、後の著作（特に『国家』）においてより詳細に扱われることになる、プラトンの教説の存在論的かつ認識論的な諸側面が主題とされている。

高名な弁論術の教師ゴルギアスの教えを受けたメノンの問い、徳は教えられうるのか、それとも訓練によって徳を身につけるのか、あるいは徳は生得的なものなのか（70a）という問いに対して、ソクラテスは徳とはそもそも何であるのかがまず明らかにされなければならないとの指摘で応じている。

「何か或るものが何であるかを知らない人間でありながら、そのわたしがその或るものがいかなるものであるかを、どうして知ることができるというのかね？」（71b）

正しく定義することについての脱線で中断されはするけれども、徳が何を意味しているかを規定することについてのソクラテスの問いは、いくつかの定義の試みを以て答えられる（71b-80d）。それはささやかな論理的訓練（exercitium logicum）である。すなわち、徳は人々を支配することに存している（73c-d）、徳は美しいものの追求とそれを獲得する能力である（77b）。しかしながら、両提案ともうまくいかない。というのも、ソクラテスが道徳的な局面を示唆しているにもかかわらず、メノンは徳を自分の利益を押し通す能力という意味での卓越性に限定するからである。そこから生じるアポリアは、知の探究一般の可能性を問わせる。人は知らないものをどのように探究できるのか。

ここで大事なのは、人間の魂はイデア的な概念や倫理的な概念に、それらが経験的な世界にはないにもかかわらず、どのようにして至ることができるのかという中心的な問いである。この問いは宗教的な輪廻転生説についての古い伝承を援用して、すでに魂のうちに潜在し持ち合わせている前もって知っていることを再び想い出すという教説（想起説）によって答えられる（80d-86c）。以前の生において魂はすでにすべてを見てしまっている。それに応じて、学ぶことは、これらの魂のうちに蓄えられている知識を再活性化することにほかならない。すなわち「学ぶことは、けっきょくは全体として、想起することにほかならない」（『メノン』81d）。これは魂が不死であることを――単に示唆されているだけに過ぎないにせよ――前提としている。

「もし存在するもろもろの真理が、われわれの魂のうちにつねにあるなら、魂は不死であろう。したがって、たまたま今きみが『知らない』ものがあれば――これは、想い出していないということだが――きみはそれを勇をふるって探究し、想起しようとしなければならない」（『メノン』86b）

## 想起の実験

本来の証明は、『パイドン』『パイドロス』そして『国家』に残される。それらの対話篇から帰結するのは、本当の知識は教示されることによって受動的に受け取られるのではなく、自分自身で能動的に手に入れなければならないということである。このことは、数学の知識のない召使いを相手とした例によって証明される。

メノンの召使いに向かってソクラテスは、面積を倍にしたときの正方形の辺の長さを尋ねる。ソクラテスは召使いに知識を伝えることなく、対話相手の中から、埋もれてしまってはいるがすでにそこに持ち合わせている知識を明るみに出すという助産術を使って、次のような仕方で正しい答えへと導いている（『メノン』82a-85e）。その召使いは与えられた二プゥス［古代ギリシャの長さの単位。一プゥスは約三十センチメートル］の長さの辺からなる正方形（四平方プゥスの面積）に対して、二倍の面積

（八平方プゥス）をもった正方形を見出さなければならない（Merkelbach 1988, 58-70）。召使いが何度か失敗したのち、ソクラテスは最初の正方形と同じ大きさの四つの正方形から、一つの正方形を作ることを助言する。そうすると、その正方形は元となった正方形の四倍の面積を有しており、十六平方プゥスなので求められている正方形の二倍の面積がある。求められている正方形を見出すためには、これを半分にしなければならない。さらにソクラテスは、大きな正方形の部分である四つの正方形のそれぞれに対角線を書き入れるよう助言する。そのときその召使いは、対角線を書き入れることで部分となっている正方形のそれぞれを二等分していること、またそれぞれの内側にある三角形が一つの正方形を形作っていることを知る。そしてその正方形が元となった正方形の半分のもの四つを仲立ちとして、それで元となった正方形の二倍の面積を成していること、したがってそれが求められている正方形であるということを知る。元となった正方形の対角線は、この求められている正方形の辺なのである。

こうすることで第一に描かれるのは、ソクラテスはなるほど助産術による決定的な示唆を与えてはいたが、この召使いが実際に自分自身で真に本質的なことを知ったということである。第二にプラトンは証明をこのように進行させることを通じて、「アポリア的な」諸対話篇における真理の探究に一種の自己注釈を与えているということである。というのも、それらの対話篇の探究はまったく同様に進むからである。すなわち、その都度選び出された概念を定義するという最初の試みは失敗する。とはいえ、ソクラテスの示唆は、対話相手――あるいは読者――が解決策を自分で見出すことができる道を与えている。

それゆえ、この知識の獲得は単なる練習や慣れによってではなく、そしてまた知識で満たされている容器から空の容器に単に移すことによって(『饗宴』175d)でもなく、むしろ批判的な吟味すなわち絶えることのない問いによって、つまり探究し再び見出すことによって(『メノン』81d)実現するのである。このように、すでに手中にしてはいるがなお活性化しなければならない知識がここでは問題となっているのだから、人は知らないものごとを探究することができることになるのである。

## 『メノン』の仮設法

想起についてのこの脱線の後、『メノン』では対話は徳の本質と教授可能性の問題に立ち戻る。メノンが徳の本質についての探究を開始することを拒むので、ソクラテスは数学に由来する仮設法[ヒュポテシスの方法]を用いて、徳が教授可能であるとすれば充たされなければならない条件について問う。そういうわけで、徳が善いものであり、すべての善いものが知識に基づく限り、徳が知識であるということが示される。しかしながら、この推論に対しては、徳を本当に教えている人がいないことが明らかであるという、現実の示すところが不利な証拠となる。ソフィストやテミストクレスのような優れた政治家も、テミストクレスは自分の息子にすら徳を授けることができなかったのだが——ソクラテスも同様であったが——、徳の教師としては通用しない。かくして、矛盾が生じる(89a-96c)。

とはいえ、正しい思いなしはしばしば成果をあげることがあり、それゆえ善いものであり、したがって徳の原因でありうる(97b)。もちろん正しい思いなしは、縛りつけておかないと、永続きせず「あらこちさまよう」という欠点を有している(97d)。本当の知識は、それとは逆に、「縛りつけられて」おり、つまりよく根拠づけられており、それゆえ反駁の試みに対して抵抗力があるのでいっそう価値がある。にもかかわらずここにおいても、この知識は教授可能ではなく、神的な贈り物（テイア・モイラ）である――と見える――という問題が残る。この挑発的な主張は、とりわけ議論のうちでプラトンのソクラテスと彼の対話相手が知識や知識の伝授ということに関して、その都度何か別のものを理解していることから生じている。

## アポリアは最終的なものではない

たしかに『メノン』における徳の本質についての探究は行き詰まって終わるが、『メノン』においてもまたその結果の暫定性が強調されている。徳の本質は解明されるべく残っており、正しい思いないしは議論を通じて確立されなければならない。このようにここでもまた、アポリアは最終的ではありえないというシグナルが発せられているのである（『メノン』99e参照）。そうはいっても、プラトンはソクラテスというその人物像によって、正しい教師が少なくとも一人存在していることを証拠立てている。ソクラテスはその問いを積み重ねる方法によって――それは前述のように助産術に似ており、後に『テアイテトス』においてはそう呼ばれている（148e-151d）――能動的な学習を起こさせようとしている。その能動的な学習が可能であるのは、対話法に適った対話のうちで、自分であるいは教師の助けを借りながら、次のような正しい思いなしを、誰もが（不死の魂のおかげで）自然本性によって手に入れることができる限りにおいてである。つまり、留まり続ける知識とするために、「原因を突き止めること」（『メノン』98a）によって縛りつけることができるような思いなしである。

それゆえ、ソクラテスの教師としての純然たる存在は、対話のうちに生じる疑いを相対化する。

そのうえ、徳（アレテー）がプラトンにとっても――ソフィストにとってもそうであるように――

一種の知識であることは明白である。とはいえ、その際に経験知（エンペイリア）が問題にならないのは、「それ（経験）は、自分の提供するものが本来どんな性質のものであるかについて、何の理論も持たず、したがって、それぞれの場合において、なぜそうするのかという根拠を述べることができないからである」（『ゴルギアス』465a。加来訳を一部改変）。プラトンがむしろ問題としているのは、根拠について解き明かすことのできる知識なのである。その能力を、ニキアス、ラケス、エウテュプロン、トラシュマコス、および他の専門家たちのような、ソクラテスの対話相手が有していないのは明らかである。

彼らは経験に基づく専門家なのであって、かの本当の知識のおかげで専門家であるわけではない。本当の知識は自分自身のなかからだけ――ときおり外部からの助けとなる一押しもあって――新たに取り戻すことのできるものなのである。その限りでは、アポリアに終わる対話篇『メノン』は単に解決が可能であるということだけではなく、そのアポリアに関する解決の道もまた暗示しており、また他の諸対話篇におけるアポリアに関しても一般的な説明を提示しているのである。そのうえ『メノン』においては、特別な基礎づけの地平（諸イデア）が、すなわち洞窟の比喩における眼差しの転換への要請に合致するものが不可欠である（72a-73c）ということが示唆されているのである。

# 7　エロースについての探究と「プラトン的な愛」
## ——『饗宴』と『パイドロス』

### a　ソクラテス——エロースの探究者としてのシレノス

「みなさんご存知のように、ソクラテスは美少年が大好きで、いつも美少年につきまとい、めろめろになっている。また、彼はすべてのことに無知であり、なにも知らない。このようなソクラテスの姿は、シレノス〔山野に棲む精。毛むくじゃらの、髯のある鼻の低い醜い老人の姿で描かれる。素晴らしい知恵の持ち主ともされる〕にそっくりではないだろうか」（『饗宴』216d）

「美しい若者たちに恋する人としてのソクラテス」および一般的に「エロース」はプラトン以前のソクラテス文学の主題であるだけではなく、プラトン自身の対話篇においても大きな役割を果たしている。その際に社会における性の役割に関しての諸規則が問題となるが（『国家』402d-403c, 459d-461e、『法律』835b-842a、Dover 1983）、とりわけエロースの探究と哲学が一つになってゆくことが重要である。エロースの探究者としてのソクラテスと、知を哲学的に追究することに関するメタファーとしてのエロースが、『パイドロス』と『饗宴』という二つの対話篇を導く主題である。哲学的にエロースを探究することは、認識と魂に関するプラトンの教説の重要な構成要素となっている。

「ところで、このぼくは、きみ、ものの判断がまるっきりできないのだよ。だって、美少年にはからきし弱くて、なんのことはない、いわば白い墨糸〔白い石材に白い墨糸という諺の略。識別の役に立たないという意味〕みたいなものでね。ぼくには、年ごろの若者はほとんど誰でも美しく見えるのだから」(『カルミデス』154b)

美しい若者に弱いことによって、ソクラテスは対話篇のうちで描かれる前五世紀のアテネにおける生の現実を映している。社会的に受け入れられる行為としての少年愛はこの生の現実の一部であり(Dover 1983)、そこでは通俗的な同性愛との区別と、教育的な要素がある(Patzer 1982)。対話篇に描かれているように、上流家庭の若い男子は年上の恋人を探し、見つけた。そして、年上の恋人たちは少年たちの導き手を務めるとともに、そのことによって模範となる振る舞い(アレテー)へと駆り立てられていると感じていた。それに対して若者たちは、彼らの人間形成の過程においてそのように促されたのである。

## プラトンのエロースの教説

プラトンはその対話篇において、お互いの間のエロース的な交際のさまざまな側面と局面を披露している。もちろんプラトンはその関係から性的な性格を取り去り、エロース的な関係を昇華し、プラトン的な哲学概念へ統合することによって、エロース的な交際の内実を変換し、新たな解釈を行っている。真のエロースの探究者であると明らかにされるのは、知ることを求めてその人格を理想に向けて作り上げる人であり、プラトンはその理想がソクラテスのうちに具現化しているのを目にした。

プラトンのエロースについての教説は、なぜ人間は世界を哲学的に考察するのか、つまり感覚によって経験可能な領域を超越するよう試みるのかという問いへの答えである。エロースの探究の内実の変換はすでに次の点でわかる。すなわち、肉体的にはまったく見る価値のないシレノスという神話上の存在にそっくりな（『饗宴』216d）ソクラテスが、それにもかかわらずその内的な価値のゆえに美しく影響力のある裕福なアルキビアデスによって性的な意図を以て愛され言い寄られるが、性的な応対からは身をかわすということにおいてである（218b-e）。プラトンはエロースの探究を精神的な追求の触媒として受け入れるが、この類いの同性愛的関係の性的側面を卑しいとしてはねつけるのである（『パイドロス』250e）。とりわけ二つの対話篇においては、感覚的なものから離脱することと、内実を変換することとの過程が主題となる。

## b　プラトンの非感覚的なエロース――『饗宴』

プラトンの傑作の一つ『饗宴』では、エロースが対話の主題である。ここには単にエロースの解釈だけではなく、エロースの探究と理解される哲学が提示されている。それは悲劇作家アガトンのレイナイア祭（前四一六年）の悲劇競演での勝利を祝う集まりについての報告である。出席者たちは――そのなかには喜劇作家アリストパネスもいるが――エロースという神の本質について、順にスピーチを披露しようとする。その試みにおいて、互いを凌駕しようとする劇の競演でのように、彼らは伝統的な讃辞の形式に技巧を凝らし、劇的に段々と高まっていくように変化をつけており、各々の演説は異なった観点を際立たせている。すなわち、人間たちに最も善きことを生みだす最も古き神としてのエロース（パイドロス）、天上的エロースと地上的・世俗的なエロースとの対比（パウサニアス）、自然

（本性）の（人間から宇宙まで関わる）普遍的な原理としてのエロース（エリュクシマコス）、自分の失われた半身を求め再び一つになることに対する人間たちの憧れとしてのエロース（アリストパネス）、その美しさから人間たちのもとでも神々のもとでもあらゆる善きことが生じる、魂のなかに発する最も若き神としてのエロース（アガトン）。最後に、ソクラテスは自分自身の言論は披露せず、エロースについてマンティネイアの女性神官ディオティマのもとで学んだことを報告する（Sier 1997）。対話篇を締めくくるのは、酔っぱらって祝宴の輪に入ってきたアルキビアデスによる、外見は醜いが内面的に魂の点では美しいシレノスたるソクラテスへの讃辞である。

## エロースの希求

ソクラテスの詳しい説明によれば、エロースはダイモーン（神霊）であり（『饗宴』201d-212c）、それ自身は善や美を備えておらず、むしろそれらを欠いているがゆえにそれらを希求する。この希求においてエロースは哲学者に似ている。エロースは人間たちに、美しいものを求め、美しいものと一つとなって子どもを産もうと欲することをもたらしている（206b-c）。この「美しいもののなかでの愛に満ちた出産」を通じて、エロースは人間の根源的な欠落を、すなわち死すべきものであること（206c）を乗り越える助けとなることができる、と信じられている。このことは肉体的な領域と同様に知性的な領域にも妥当する。そこではエロースの希求と「出産」は教育的な意味を持つ希求となり、「理性的な思考」を生みだす（209a）。なぜなら精神の面で永遠化への願望から、詩を作ったり、発明したり、あるいは本当の政治という偉業を達成するというような精神的な産物が結果として生じるからである。それゆえ、精神的に身ごもっている人は、自分がその知を伝えることのできる美しい魂を求める。このエロース的な追究は複数の段階からなる道を通って、最終的な真理の認識へと至る。というのも、秘儀のイニシエーションにおけるように、エロース的な衝動が個々の肉体の美しさに恋する者たちを上方へと、すなわち形のある美へ、教育にかかわる美へ、精神的な美へ、そして最後に美のイデアへと導くからである。エロースを探究する人は、突如（210e）として顕現するその姿を観照することで美のイデアを知り、そして美のイデアはその人を幸福にするのである（211e）。

それゆえプラトンによれば、このエロース的な衝動とともに、人間にはプラトンがエロースと呼ぶ内的な力が本来備わっているのである。この力が外的な誘因によって呼び起こされるとき、それは人間たちを駆り立てて、個々の肉体的な美から美そのものへと前進、上昇させるのである。その際、哲学的にエロースを探究することへの衝動を与える機能は感覚物の領域に帰属するが、この希求は最後には感覚物の領域を克服すべきであるし、またそうすることができる。かくして、哲学的にエロースを探究するという文脈において身体的なものは――『パイドン』ではそうなっているが――まったく軽視されているわけではない。むしろ一種の補助手段として受け入れられているのである。その点でプラトンの基本姿勢――現れの領域に対する懐疑――にはいかなる変化もない。ただし、異なった議論の目的と文脈によって制約された視点の変化および強調点の相違があることは、見てとられなければならない。もし『パイドロス』という対話篇において、『パイドン』とは異なって、理性的な探究と並んで、魂の非理性的な欲動としてのエロースの希求もまた人間の知識への追求において重要な機能であると認められるのであれば、同じことがここにもあてはまることになる。

## c　神的な狂気としてのエロース

『パイドロス』においても、エロースは同様に重要な論題である。ここでもまた、エロースについての複数の演説（最初にパイドロスによる演説、次いでソクラテスによる第二の演説）が再び提示される。そこではエロース的な文脈での求愛の側面が問題となる。すなわち、パイドロスと、さしあたりソクラテスもまた、恋に落ちていない求愛者の方が恋人への求愛に際しては、恋に落ちている競争相手に比して有利であるという主張を支持する。その後、ソクラテスは第二の演説においてこの主張を取り下げる（パリノーディアー）。この二番目の演説においてソクラテスはエロースと狂気を同一視するが、その際に害を与える狂気から最も有益な種類の狂気を区別している。ソクラテスはエロースの追求を予言者の狂気や儀式から生ずる神聖な狂気や詩作に関わる狂気と並んで、神的な狂気の最高の形式として格付けるのである（『パイドロス』244a-245a）。それは魂に至福なる眺めという、この世に生を受ける以前の状態を想起させてくれる神々からの贈り物である。

この文脈においてソクラテスは、魂のその精神的な始原からの転落と、しかしまたそこへの帰還を物語るミュートスを提示している。魂の不死性が証明された後（245c）、魂の本質は翼をもった魂の馬車として、すなわち、馭者としての知性に御された高貴な馬と卑しい馬からなる二頭立ての馬車として描かれる。この魂は精神の領域およびイデアのみごとな眺めから身体の内へ、この世の存在へと転落するが、しかし現世の領域での美を目にすることで天のかなたのみごとな眺めを想起させられる、とされる。この想起はエロース的な狂気（エントゥーシアスモス）という形で登場し、転落の際に失った翼を魂に再び生じさせ、そして精神的な領域における絶対的な美しさの眺めを再び切に求めさせるのである（『パイドロス』250e-253c）。もちろん、それは多くの魂の馬車にとっては困難であり、ただやっとのことでこの世の美しさから解放されうるに過ぎない。多くの魂は通常のエロースを求めることと「不自然な快楽」（250e）で満足するのである。

このように『パイドロス』においてもまた、感覚はまったく否定的に評価されるのではなく、その助けを借りて非感覚的な領域へと帰還するという可能性が認められていることは明白である。同様に、人間の内に非理性的な諸要素が存在していることは単に気づかれるだけではなく、より高次の狂気（マニア）が精神的な領域への探究に属する限りで、それらの非理性的な要素にはさらに積極的な諸側面が見出される。ここにもまた、エロースを求めること自体が単に「脱感覚化される」のではなく、衝動を与えるものとしてであろうと、人間の内なる非理性的な力としてであろうと、エロースを求めることが感覚物の領域を乗り越える際の助けとなるという前提があるのである。

## プラトニック・ラヴ

この精神的なエロースの探究を、プラトンの対話篇は異なった形で説いているが、「プラトン的な愛」として――性的に満たされることを除いた探究として――ヨーロッパの伝統の重要な要素となり、芸術、文学、哲学において異なった仕方で受け継がれている。ここではトーマス・マンの小説『ヴェニスに死す』を思い起こすことだけにしておこう（Effe 1985）。この作品では、性的な要素へのプラトンによる有罪判決がいわば取り消されている。哲学の領域では、個人的に親しい相手への愛情がさらなる上昇のための一種の跳躍板として役立ち、したがって親しい相手との別離を本質的に含意しているという限りにおいて、個人的で人格的な恋愛関係という側面がプラトンの構想ではなおざりにされていないかどうか、そしてまたそれはどの程度であるのかということについては決着がついていない（Vlastos 1981）。

それに応じて、「プラトン的な愛」とキリスト教的な愛（アガペー）との関係についても評価が定まっていない。しばしば現代の愛の昇華理論（S・フロイト）との関係づけがなされることがある。ただし、その際考慮されるべきなのは、プラトンにおいて問題なのは性的なことを抑制することではなく、むしろそれを放棄することであるということである。しかしまた、エロースとエロースの希求について現代において考えられていることとの相違がまさに際立たせているのは、人間について、また人間が認識に到達する可能性についての、プラトンの教説の中でソクラテス的な倫理に帰せられるべき意義である。

第六章

# プラトンと言語

## 1 「あなたはそれをどのように説明するのか」（『ラケス』192a）

### 真理を探究する手段

事柄の真相へのソクラテスのやむことのない問いは、対話のなかで答えが見つかるとの信頼によって刻印されている。真理を議論によって探究する手段としての言語（ロゴス）は、プラトンにとってあらゆる哲学することの基本である（『ソフィスト』260a）。というのも、思考することもまたプラトンにとっては、魂が自分自身を相手に行う声に出さない対話と見なされているからである（『テアイテトス』189e-190a、『ソフィスト』263e）。ロゴスはプラトンの描くソクラテスにとっては、認識へと至る確実な筏《いかだ》と見なされている（『パイドン』85d）。真理をまっすぐに見つめると失明する危険があるけれども（『パイドン』96c）、真理はロゴスのうちに水に映った太陽のように映っているので（99d）、ロゴスは「第二の航海」として、あるいは真理への接近の可能性として役に立つのである（99c）。それゆえ哲学者は、同時に「フィロ・ロゴス」すなわちロゴスの友でもある。というのは、――『パイドン』でソクラテスが述べているように、――言論を嫌うことから、つまりロゴス嫌いから――単に真理を嫌うことだけではなく、人間嫌いもまた生じるからである（89c-90d）。

プラトンの対話篇はロゴスとの正しい関わりを、時としてまた誤った関わりをも描写している。たしかにプラトンにあっては、固有の哲学分野としての言語哲学について語ることができるかどうかは問題である。とはいうものの、疑いもなくプラトンは言語に関して熟考を重ねており、特に『クラテュロス』と『ソフィスト』においては、ソクラテスや他の登場人物に言語の起源と機能について、語と文の本質について、語と表示されたものとの関係について、あるいは言語が存在と思考との間に有する関係について議論させている。その際に投げかけられている問いと主張されている様々な立場は、思考と発話の関係に関するプラトンの時代の哲学的言説を反映している（Kraus 1988）。

名と対象の一致という考えは、問題をはらんだものとなっていた。言語は物理的な実在性への、結局のところ不十分な相関者と見なされていた。一つの名がいくつもの事物を、そしていくつもの名が一つの事物を表示することができるという事情（『メノン』74d）が、言語上の多義性によってその目標を促進しようとしたソフィスト的な弁論術やかの論争の技術（争論術）に劣らず、自然本性的に与えられた名・事象・連関への疑いを育んだ。言語についての指標となる分析（文法：プロタゴラス、同義語論：プロディコス）は欠損を補うことに役立つべきであったが、言語の有する認識論的機能をしばしば度外視していた。

この問題性に対して、ソクラテスはその問いで、そしてプラトンは名と事象との一致を回復する試みで応えた。ここでもまた、ロゴスの真理を解明するという性格へのプラトンの信頼は、伝統的な見解の単なる更新を意味するのではもちろんなく、同時代の様々な問いと問題を取り上げ、そして新たな根拠づけの地平によって伝統的な考えを変換するという、さらなる試みを表しているのである。

## 2　言葉についての約定説と自然主義——『クラテュロス』

### 言語をめぐる二つの立場

言語とその可能性についてのプラトンの見解にとって、中核的な重要性を有しているのが『クラテュロス』という対話篇である。この対話篇はヨーロッパの言語哲学についての、欠けるところなく保持された最古の証言と見なすことができる。対話篇は直接的な形式（戯曲形式）で対話を描写している。対話の参加者はヘラクレイトスの信奉者を自認するクラテュロスの他に、ソクラテスのサークルに属しているヘルモゲネスである。『クラテュロス』の対象は「語あるいは記号の正しさ」についての問いである——オノマというギリシャ語は、一般に「語」や「記号」と同様に、「名」を意味している（Heitsch 1998, 43-59）。

このオノマというギリシャ語を主題として、プラトンはソフィスト術において活発に論争されてきた名と事象の連関についての問いを取り上げ、やはりその問題に独特なニュアンスを与えている。ソフィストにとってはとりわけ意味論的問題が大切であるとすれば、プラトンにとっては言葉がどの程度まで認識の手段として役立つことができるかという問いが中心になる（Gaiser 1974）。プラトンはどのような指示範囲において語は確かな知を伝えることができるのかを問うているのである。『クラテュロス』においてプラトンは二つの競合する立場に発言させている。クラテュロスはヘラクレイトス説の信奉者であり、「それぞれのあるものに対して、本性的に定まっている正しい名称」が存在し、「ギリシャ人にも外国人にも同一のものである」(383a-b) という主張を代表する。これに対して彼の対決の相手ヘルモゲネスは逆に、取り決めや合意による以外に名称の正しさがあるとは信じない。

「なぜならば、本来それぞれのものに本性的に定まっている名前なんて、全然ありはしないのだから。むしろ名前は、それを言い慣わし、呼んでいる人びとのしきたりと慣わし〔慣用〕によってできあがるものである」(384d-e。水地宗明訳、岩波書店、プラトン全集2を一部改変。以下、『クラテュロス』からの引用は水地訳による)

どの程度まで言葉において、他のあらゆるものと同様に、自然本性 (ピュシス) が原因となっているのか、あるいは人間の慣習や法 (ノモス) が原因となっているのかという根本的な争いが、この討議の背後に隠れていることが明らかになる。

いうまでもなく、この『クラテュロス』における議論が明らかにしているのは、プラトンがこの二者択一を――こうしたことが前五世紀の論争において取り上げられる場合にはたいていそうだったように――、歴史的な意味においてよりも、言語の起源への問いとして理解しているということである。すなわち、プラトンは言語を「作り出し」た「名前製作者」(ノモテテース) が存在することを前提としている。この名前製作者がその仕事に際してどのように振る舞っているのか、つまり彼がまったく自由であって記号を好き勝手に生みだすことができたのか (約定)、あるいは自然本性的な予め与えられた準則に沿わねばならなかったのか (自然主義)、という問いをプラトンは究明しようとしているのである。

## 二つの立場の、それぞれのアポリア

ソクラテスの探究は、両方の立場とも困難にぶつかることを明らかにしている。ソクラテスはまずクラテュロスの主張を擁護する。その際、ソクラテスはヘルモゲネスの約定説を個人による任意の言語使用へと先鋭化させ、そして言葉が有する道具としての性格を指摘するとともに、その帰結としてもたらされる、対象にふさわしいものであることとそれがふさわしいかどうかについての専門家の判断が不可欠であることを指摘して、反駁を行っている。それに従えば、ソクラテスが『クラテュロス』において次のように言うように、言葉は情報を伝達するとともに「本質を識別する」機能を有している。

「してみると言葉は一種の教示的な道具であり、そして事物のありかたを区別する道具であるわけだ。ちょうど梭《ひ》が織り糸を区分する道具であるようにね」(388b-c)

言葉はすなわち事物をなにか規定されたものとして表示し、それを他の事物から区別し、そして世界を事象にふさわしい仕方で差異化する。したがって、言葉は道具として、存在について教示し区別することに役立つ。「名前製作者」とは、その都度語の理念(エイドス)を見てその「作品」を作り出す職人なのである。

しかし対話がさらに進展していくなかでソクラテスは、当初は表向き好意的に扱っていた語の本性的な正しさについてのクラテュロスの主張が保持されないということを証明している。というのも、語は事物の、使用を通じて変化する写像でしかないことが明らかになるからである。ソクラテスが長々と披露しているように、神々と英雄たちの名についての語源に関わる考察、あるいは神学的な諸概念や他領域に属する語に関する考察（391c-410e）は、たしかに時として興味深い洞察を可能としている。にもかかわらず同時にプラトンは読者に対して、事物の認識に関して語の基本成分や音価上の構成要素に立ち戻ることから得られるものは多くはないということを示唆している。

それに加えて、もし記号あるいは名の本性的な正しさが要点であるとするならば、それはギリシャ人にも非ギリシャ人にも等しく通用しなければならないはずであって、語についてのこのような語源的な考察方法は、ギリシャ語からするだけでは、ソクラテスが対話篇の冒頭で立てたあの普遍性への要求には適合しない（383a）。したがって、解決は普遍的な言語についての考察に基づいてのみ可能となる。それゆえ『クラテュロス』の対話はアポリアに終わるのである。約定テーゼも自然本性テーゼも、持ちこたえることができることを証明できない。にもかかわらず、この対話篇においても困惑に陥ることは最終的なものではないというシグナルがある。

## イデア・感覚的事物・語の三項関係

対話篇の末尾にある夢（439c）は、同一性を保証する基準点が存在しなければならないということを示唆している。記号の有する道具としての性格は、語の正しさを問う際には、事物それ自体へと目を向けることが大切であることを示している。ここでイデアのことを考えるのは当然である。それは、プラトンによれば、感覚的な事物から離れて実在し、多様な現象に恒常性と統一とを与え、そしてたとえばドイツ語のバウム（木）に対してのギリシャ語のデンドロンやラテン語のアルボルのような多様な語の形態に、指示対象の範囲としての内容に関する同一性を与えるものである。外的な音声上の形態と内的な形相とを区別し、そしてこの区別と語の変化に縛られない指示範囲とを関連づけることによって、プラトンは自然主義と約定説の言語把握の対立を乗り越えている。約定は語の形態のために取っておかれ、内的な形相が本来的に存在するものとしてのイデアに関係する。本当の知識が可能となるのはただ、意味内容だけではなく、語によって表示される対象と語との連関を考慮するときである。というのも、正しさは意味内容ではなく、関連づけというレヴェルにおいてのみあるからである。「(英語の) フットボール」と「(ドイツ語の) フースバル」はなるほど同じ意味内容を有しているが、同じ関連づけを有しているわけではない。アメリカン・フットボールはフースバルとは異なった規則に従っている。

それゆえプラトンは解決案として、トリアーデ的な試みを展開している。それに従えば、言語は実際には感覚的事物についていかなる直接的な把握もしていない――この点でプラトンはソフィスト的・自然哲学的な批判に同意している。むしろ言語の本当の対象は思考内容なのであり、プラトンはそれに対して、それ自体として実在する真の存在を帰属させている。したがって、語が意味内容を有するのはそのうちに、イデアが表現される限りにおいてである。それゆえ、語にはディアレクティケー(対話法)の過程においてイデアの認識を助ける機能がある。語と事物の間にイデアが第三の審級として挿入されるのである。

プラトンは記号ないしは音声的に存立しているものと関連づけとを区別しながら、現代の言語哲学における「意味」(meaning) と「指示対象」(reference) についての、あの非常に重要な識別を先取りしている。それに加えて、道具モデルによって、そしてイデア・感覚的事物・語という三項関係によって、プラトンは現代の言語哲学では標準的である内包と外延や三項連関 (記号論的三項関係) に関する現代の諸概念を示唆している。このように現代的な概念を想起させる、一種の記号論的三項関係が構成されているのである（Kraus 1990, 242-281）。

プラトンが『クラテュロス』において主題として扱った言語に関する約定説的解釈と自然主義的解釈との間の論争はヘレニズム期の諸学派の議論に引き継がれ、そして中世の普遍論争における類比と変異《アノマリー》についての議論を経て、ソシュールに至るまでずっと意義を失っていない。語源についての問題もまた、『クラテュロス』において実演されたように、ストア（学）派、ラテン文法家、語源学者（セビーリャの聖イシドルス）の間で十八世紀に至るまで関心を持たれており、十九世紀には印欧語学によって学術的基礎のうえに据えられたのである。

## 3　文と存在——『ソフィスト』

### 『ソフィスト』の位置づけ

『クラテュロス』においてソクラテスが文ではなく、語というレヴェルで「真」と「偽」についての問いを議論させていることは（385b-d）、現代の読者を苛立たせるだろう。それでもプラトンは同時代の議論において一定の役割を果たした問題設定を取り上げ、それを重要かつ新しい観点のもとで考察しているのである（Coseriu 2003, 6 ff.）。後期の対話篇『ソフィスト』においては文が、そして虚偽の文の可能性についての問題が探究されている。

『ソフィスト』は対話篇『テアイテトス』の続編となっている。対話者はソクラテスと二人の数学者テオドロスとテアイテトスであり、そしてエレアからの客人が加わる。ソクラテスはこの作品においては対話を主導する人物ではない。『ソフィスト』は『政治家』と『哲学者』とで構成される対話篇三部作を開始する作品である。もっとも、プラトンは『哲学者』を書かなかったけれども。三対話篇では、それぞれソフィスト、政治家、哲学者の規定が問題とされるはずであった（『ソフィスト』217a）。『ソフィスト』や『政治家』と、それらに先行する対話篇『テアイテトス』に共通しているのは概念規定への関心と、諸規定を互いに別々のものとしておくことを可能とするような関わり方への関心、そしてそのような諸規定や言明がいかにして可能であるのかという問いへの関心である。まさにこの後者の点に『ソフィスト』は決定的な寄与をしている。

対話篇の主要部を方法に関する叙述（分割法、ディアイレシス）が占めている（218b-232a）。しかしながら、対話篇を導く論題はソフィストの規定およびソフィストと哲学者の間の区別についての問いである。この点で長い脱線があり（232b-264b）――しばしばプラトンには生じることであるが――、議論された問題の基礎となることをいわば付随的に話題にしている。探究の枠内でソフィストは偽なる見かけを呼び起こそうと努める「見かけだけを製作する者」（268c-d）という正体を現す。このことが、偽なる見かけとはそもそも何であるのかという問いを導く。

### 非在が存在することは可能なのか？

この問いは、何かを言ったり考えたりすることがその「何か」ということによって、いつでも一個の存在者（ein Seiendes）や真理に関わっているのだという考えから生じている（237d）。すなわち、何か偽なることを言ったり考えたりするならば、存在していない何かを言ったり考えたりしていることになる。パルメニデスによる存在（Sein）と思惟と真理の同一視を援用して、虚偽の言論は非存在者（Nicht-Seiendes）についての言論としてありうるということが否認される。つまり、存在（Existenz）もしくは非存在（Nicht-Existenz）が問題なのであって、偽なる事態が問題なのではない。とはいうものの、パルメニデスとその主張、すなわち非在（Nicht-Sein）は絶対的な意味で理解すべきであり、それゆえ認識されえない（DK 28B 7, 1 ff.）という主張と対決し、「ギガントマキア（神々と巨人族との戦い）」において次のような可能性に留意するように指示される（250e-251a）。すなわち、非在を絶対的な意味においてではなく異なった仕方であること（Anders-Sein）と理解し、それによって虚偽の言明の存在（Existenz）を説明する可能性にである。というのも、ソフィストを追跡することで明らかにされるのは、ソフィストは、現実のうわべだけ忠実な似像を差しだすことができるのだから、見かけだけの像という領域においてソフィストが見つかるはず、ということである（239c-240c）。

しかしそれとともに、偽なる言明の可能性および非在の存在についての問いが立てられる（236e, 241d; M. Frede 1996, 181-199）。この問いはソクラテス以前の哲学者パルメニデス（DK 28B 7;『ソフィスト』237a参照）への批判を以て応えられる（「父親殺し」）。非在の本質が何か他のものとの関わりにおいて、それゆえ差異として、つまり単なる否定としてではなく存立しうるという事実を洞察することによって、プラトンは非在を復権させるのである（『ソフィスト』258d-e）。

### 虚偽の言論の可能性

非在は、異なった仕方であるという意味でも理解されるという主張に基づけば、偽なる言明が可能であるという事実とともに、どのようにして可能であるかも明らかになる（260a-264b）。というのも、非存在者は異なるものという意味で文においても重要な役割を果たしているからである。つまり文は概念や複数の語の（259e）、すなわち名詞と動詞の結合によって（262a）生じる。言葉が表すはずの現実の状況の通りに、それぞれの語がそれぞれの語と結びつけられうるわけではない。この結びつきの正しさに文の真偽はかかっている。

このことをエレアの人は、「テアイテトスは坐っている」と「テアイテトスは飛んでいる」という例によって説明する（263a-b）。両方の文とも現実の背景をもった語からできている。「テアイテトス」も「飛ぶ」ということも存在している。しかるに、「テアイテトスは飛んでいる」という文では現実の主語が同様に現実的な述語と結びついてはいない。テアイテトスは飛んでいる何ものかではない。もちろん「ではない（ist nicht 非在）」という表現はこの場合、現に存在するものを表示しているのではなく、文の両要素の互いの連関を表示しているのである。「テアイテトスが飛んでいる」という文は、テアイテトスに当てはまる諸事物とは異なる何かを語っている（263b-d）。偽なる言明は現に存在していない何ものかをではなく、本当に認められるものとは異なるものだけにひたすら言及しているのだということが判明する。

かくして、「である（sein）」に関する連辞的な［語と語を結びつける働きについての］理解は同一性と分有とを区別するのに役立つ。文としてのロゴスは「である」についての了解を必要とし、その了解は否定という意味において「ではない」を「異なった仕方である（anders sein）」として了解させ、そうすることで述語づけという意味において主語と述語との関係づけを可能とする。それゆえ、この文の構造の分析は、非在とは語ることもできず、多くのまったくの仮象にすぎないというパルメニデスの主張との対決となる。純粋な存在と純粋な非在はロゴスにとっては近づき難いものであるということは争われていない（238c）。しかしながら、ロゴスは別の何かとは異なっている限りにおける、相対的な意味で「ない」あるものを扱うことができる。それによってロゴスは存在者と非存在者とを結びつけることができ、偽なる言論と思惟が可能となるのである。

## 言語の構造についての考察

プラトンが示しているのは、ロゴスは決してパラドクス（一と多、同一なるものと異なるもの）の領域の一つであってはならず（エレア派、ヘラクレイトス派）、様々な種の結びつきに余地を与え、そのことによって人間が理解することのための決定的な救済策となっているということである。プラトンは、言葉が有する音声という成分に目を向けることで真理という価値を否認してはいるが、それにもかかわらず言葉に一定の認識上の価値を付与しているからには、言語の自律性を洞察していたのである。とりわけ言語の構造についての考察に関して、道が開かれたのである。

『ソフィスト』の文モデルは、後の諸文法の発展の基礎となる。『ソフィスト』は、とりわけ二十世紀において分析哲学（言語学的転回）の関心を呼び起こした。その際『ソフィスト』はまた、その都度のコミュニケーションの状況の強調と言語についての対話的解釈のゆえに、ことのほか価値を認められたのである。

# 第七章　プラトンの人間学

# 1　人間、「天上の植物」（『ティマイオス』90a）

### 魂という人間の本質

「『ところで、どんな風に君を埋葬しようか』『どうでも好きなように』とあの方は言われました、『ただし、君たちが僕を摑まえて、僕が君たちを逃れ去らないとしての話だがね』」（『パイドン』115c）『パイドン』においてクリトンが発した問いは、ソクラテスのうちにクリトンが見ているのはまもなく埋葬しなければならない身体的な存在でしかないことを示している。ソクラテスの答えは、上述の対話において彼の議論の基礎が何であったかを明らかにしている。すなわち、人間とは肉体と魂からなる存在（本質）である（『パイドン』79b、『パイドロス』246c）ということである。とはいえその本質は、つまり「われわれの一人ひとりが現にこのとおりの者であるのは」（『法律』959a）、すなわち全人的な生の原理と精神的な中心は、身体ではなく、その魂なのである。

それとともにプラトンは、一方では古くからの考えを受け継いでいる。ホメロスは魂のうちに生の息吹を認めており、それは死に際して「煙」のように人間から離れ去っていく（『イリアス』23, 100）。初期のピュタゴラス主義は魂の輪廻について語っている（Riedweg 2002）。ヘラクレイトスやデモクリトスのようなソクラテス以前の自然哲学者たちは、魂の本質への問いを諸事物の始まりと原因についての熟慮と結び合わせ、死には単なる変容と帰還を見て、魂の不滅を出発点としている。六世紀の叙事詩やオルペウス教のなかにプラトンが目にしたのは、魂のうちに人間の個別的な自己を認めるという傾向である。それは身体に結びつけられており、死に際しては身体の滅した後も生き残り、かつての生に関しての責任を問われうるものである。プラトンはこのような伝統を再び取りあげ、しかし独自の重要な強調点を置き、そうすることで指標となる人間学を創りあげたのである。

なぜなら、ソクラテスによる対話相手の魂の世話が示しているように、人間の魂にはその身体に対する優位がふさわしいからである。この優位は、プラトンによれば、魂が人間の身体の最上の部分にすなわち頭部に宿っている（『ティマイオス』90a）ということだけで十分に明らかにされているのである。『第一アルキビアデス』は、真正さの点でもちろん異論の余地ある対話篇であるが、一つの論拠を差しだしてくれている（128d-133c; Kutschera 3, 2002, 258-264）。行為の原理はつねにその手段から区別され、そして行為している人間はその身体を手段として使用しているのだから、身体や身体との結合ではなく、ただ魂のみが行為の原理でありうるのである（130c）。

### ミクロコスモスとマクロコスモス

それとともに、人間は肉体と魂からなる実体として、ちょうどミクロコスモスがマクロコスモスに対応しているのと同様の仕方で宇宙に対応している。人間はコスモスという範型を眺め渡すことで形作られ、コスモスと類比的に構成されているが、やはり宇宙もまた身体と魂をそなえた生命体であり、感覚世界の構造と秩序に責任を負っている。人間はもちろんコスモスとは区別される。というのも、人間の身体は宇宙身体とは異なり過ぎゆくものであり、そして人間の魂はほんの束の間だけ特定の身体と結合しているからである（『ティマイオス』90e-92c）。

その際、そのときどきの魂が新たな身体に入る前にどれほど長く集中してイデアを観照したかに応じて、違いが生じる。その違いの幅は哲学者から僭主にまで広がっている（『パイドロス』248d-e）。人間はコスモスと類似して作り上げられることによって、かの万有へと広がる親縁性の本質的な一部なのである（『メノン』81c-d）。そしてプラトンによれば、その親縁性が全実在を特徴づけ、感覚的領域と精神的領域の、天と地の、神々と人間たちの、共同と友愛に配慮し、そして全体を一つのコスモスにしているのである（『ゴルギアス』507e-508a）。

宇宙霊魂――その複雑な構造の記述（『ティマイオス』34b-36d）はプラトンの著作において最も難解な箇所の一つに数えられ、古代以来、活発な議論の対象となってきた――は、神的な造り手であるデミウルゴスによって、つねに自己同一を保っている身体的に不可分なものとつねに変化している身体的に分割可能なものとの混合として、製作された（『ティマイオス』35a; Brisson 1974, 267-354）。宇宙霊魂は宇宙の知性的構造と宇宙の進行の合法則性とその目的論について責任を負っている。人間の内にある神的なものとしての人間の理性的な魂は、この宇宙霊魂に由来している。

宇宙霊魂と同じように、人間の理性的な魂は運動と認識とを管轄している。それゆえ、その神的な核が宇宙霊魂から生じているのだから、人間は「地上の、ではなく、天上の植物」（『ティマイオス』90a）なのであり、「天の縁者」（『ティマイオス』90a）のところへと高く上がることができる。そこにおいて人間は神的なるもの、不滅なるもの、そして恒常的なるものと交わりを有することになるのである（『パイドロス』250e-253c）。

## 2　魂の本質について

### プラトンにおける魂概念の異なり

対話篇の様々な箇所で、プラトンは魂についてその意義と存在を語ることになる。それらの箇所では実際に、魂についての記述とその評価についての様々な微妙なニュアンスの違いが見て取られる。とはいえ、そのようなニュアンスの違いをプラトンの思考における矛盾とするか、あるいはその心理学の発展の現れととるべきかは――すでに述べたように――問題である。魂の概念に関してしばしば文脈に制約されて生じる差異は、プラトンが一貫性のある魂の概念を認めていないと見ることを許すわけではない。状況にふさわしい描写を行うその才能はむしろ、著者プラトンが概念全体を意のままにしており、それを柔軟に対話の文脈に適合させることを心得ているということを証拠立てている。

『パイドン』はその第四の証明において、魂が生の担い手であるということを前提としており、『パイドロス』は魂が運動の源泉であることを示している。『法律』は魂を「自分で自分を動かすことのできる運動」（『法律』896a）と規定している。しばしば魂の本質についての問いは証明によってではなく、比較や（魂の）構造の分析を以て答えられている。もちろんそれらは暫定的なもの、あるいは「抜け道」と性格づけられており、いつも互いに合致するように見えるわけではない。魂はあるときは理性の座として、すなわち「魂の目」（『国家』533d）として、精神的な実在を認識し、現れの実在性について判断することができるものとして表象される。またあるときは、「内なる人間」とライオンと形の定まらぬ怪物から構成され人間の肉体で包まれているという(588c-592b)、奇妙な存在として叙述されている。

『国家』以前の対話篇は、魂のうちにとりわけ永遠なるものを認識できる理性の源を認めている(『パイドン』65a-66a)。『パイドン』は知的な機能を有する単一の形をした魂モデルから出発しており、情念を身体のために残しておいている。人間の内部に非合理な欲動の源もまたありうるということは、「われわれのうちなる子供」(77e; Erler 2004, 116 ff.)という比喩によって示唆されるに過ぎない。

**魂の三部分説**

この魂モデルに対して、『国家』では(435a-441c)複数の部分よりなる魂の構造が対置されている。それは人間の行為の非合理的な契機にふさわしく対応する試みであり、魂のうちにある葛藤を解き明かそうとするものである(441b-c)。魂のうちに互いに争う異なった動きがあることを見て、そして矛盾律を考慮して、魂の三つの能力のことが論じられる(435a ff.)。理性的な(ロギスティコン)、激しい気概的な(テュモエイデス)、欲求にかかわる(エピテュメーティコン)という魂の力——部署や部分という言葉が用いられることもある——は互いに区別され、魂には理性と意志と欲望が帰せられる。理性的な力は知を求め、人間にとっての善へと引っ張ってゆき、気概は名声および気概が善いと判断するものへと引っ張ってゆく。欲求はそれが善いと認めている身体的な善とあの快楽へと引っ張ってゆく。それゆえ、もし全体としての人間善であり幸福(エウダイモニア)をもたらすものを魂が獲得しようとするならば、後者の二つの力は理性に支配してもらうことを必要とするのである(『国家』580d-581c)。

はたして本当にプラトンが魂の内部での認知的な要素と欲望にかかわる要素とを厳密に分離することから出発しているかどうかは疑わしい。『国家』の魂モデルは、一見したところではそう示唆しているようではあるけれども。三部分からなる魂の構造は、『国家』においてはっきり暫定的なものと呼ばれている。

### 国家の三階層と魂の三部分との違い

しかしより詳しく見ると、もし人間の三つの能力あるいは魂の部分を、その都度ポリスの三つの階層に専有的に割り当てようとするならば、魂の諸部分あるいは魂の部署とポリスの諸階層との間の類比（感情または欲望―手工業者、気概または意志―守護者、理性―哲人統治者）が問題をはらんでいることは明白となる。というのも、明らかに手工業者は欲望に加えて（経済にかかわる）理性をも必要とし、守護者は理性の他に気概をも必要とするからである。最後に哲学者は身体を有する者として理性の他に感情と基礎的な諸欲求を――もちろん哲学者はそれらを支配するすべを知っているのだが――もっている。ところが、感情が理性によって制御可能なものであるべきならば、それは理性から影響を受けることができるという要素を備えていなくてはならない。かくして、魂の諸部分を完全に分離することは、単に人間の魂とポリスとの類比の有効性に疑念を抱かせるだけではなく（Williams 1973)、魂の諸部分が互いにより複雑な関係にあることをも証明するという帰結を有している。

プラトン自身が『国家』において示唆しているのは、魂の部分をポリスの階層に割り振ることが純粋に形式的にはなされえず、さらなる類比が求められるべきであり（『国家』434e)、また各人の内に同じ種類の魂の部分が見出されるということである（『国家』435e）。実際、もし互いに複雑な関係にある諸能力の担い手が魂の諸部分に見られていたのであれば、魂とポリスの階層の類比と魂の完全な三分割の挫折は回避されたことであろう。その見方に従えば、魂の諸部分は決して相互に排除するものではない。差異化が生じるのは、支配的な機能や従属的な機能のうちで、魂のそれぞれの部分が見出されるからであり、そのことが人間の仕事の違いをもたらすとともに、その違いを説明することになる。

すなわち、他の部分をその都度完全には排除しえなくとも、手工業者と商人においては欲望的な部分が、そして哲人統治者では理知的な部分が決定権を有するのである（Höffe 1997, 84-93）。そのとき追求するに値するのは理性の優越であるが、そのことは理性に対してのみ不滅であることが認められていることによっても表現されている（Szlezák 1976）。『国家』における明確な差異化への願いは、人間の魂と理想のポリスとの類比と関連しているかもしれない。理想国家は三階層を厳密に分離することで際立っているが、魂の力はそれらの階層にその都度割り当てられている（Blössner 1997, 220）。加えて『国家』において（611b-612a）示唆されているのは、理知的な魂のみが不死であることである（Szlezák 1976）。

変わらずに重要なのは、『国家』においてプラトンが非合理的な要素にも魂のうちに居場所を与えているということである。諸徳（アレタイ）は今や理知的な魂の部分の知の形であるだけではなく、魂の部署に属する卓越性――たとえば勇気すなわち意志の徳といったように――とされるか、あるいは正義のように、魂の複数の部分の間の関係性の卓越性となるのである。『パイドン』における魂モデルとのこの相違は、プラトンの魂概念の変化を表明していると捉えてはならない。むしろ『パイドン』の純粋に合理的なモデルのうちには、『パイドン』が示そうとしているように、ソクラテスという例外的な現象においてのみ実現された一種の規範が認められる。これに対して『国家』の、合理的な要素と非合理的な要素とが混じり合っている魂モデルは、普通の人間のありように合致しているのである（Kahn 1996, 243）。

## 翼のある二頭立ての馬車

最も有名なのはプラトンが『パイドロス』において披露した魂の描写である。そこでは魂の本質についての分析そのものは与えられず、いつか他の時のために保留されているにもかかわらずである（246a）。この「翼のある魂」のミュートスは、『パイドロス』においては哲学的分析のいわば代用品として提供されているのだが、それ以来、文学、芸術、哲学に繰り返しインスピレーションを与えてきた。そのミュートスによれば（246a-256e）、魂とは生成の世界から天の穹窿《きゅうりゅう》のきわまるところのさらに上へと向かう道を求める、馭者の乗った、翼をもった一組の馬車に相当する。というのも、この世の美は魂にその起源を想い起こさせ、魂に翼を生じさせて精神的な領域への帰還を熱望させるからである（『パイドロス』250e-253c）。

このミュートスは人間に固有な知の追求を説明している。人間の魂の馬車は立派な馬と性《たち》のよくない馬から成っており、この悪い方の馬はひねくれており、地上へと馬車を引きずり下ろそうとする。その馬車の馭者にとってはうまくいってせいぜいのところ、天の彼方の領域の縁越しに頭を持ち上げ、それぞれによって異なる間だけ「天の外なるもの」を眺めることでしかない。それでもなお、生成の時空の領域を乗り越え、天の縁の彼方にある対象を眺めるという願いとその能力があるということは、人間の魂に普遍的に見られる特徴なのである。どうして人間が違うと魂によって眺められる時間が違ってくるのか、その理由については、プラトンはどこでも説明していない。

それゆえ、『国家』や『パイドロス』においてとりわけ非合理的な魂の要素が関心を惹いているとすれば、『ティマイオス』においては――この対話篇の自然哲学的な主題設定に応じて――心身問題的な側面が前面に出てきている。『ティマイオス』においても魂の理知的な部分が魂の核をなしており、そこに身体化される際に二つの非合理的な部分が付け加えられる（69c-d）。とはいうものの、魂の身体に対する関係がとりわけ重要である。というのも、たとえば魂があまりに探究や教育に熱心になり過ぎる場合には（86b）、魂が身体に対する関係において力を持ち過ぎてしまいかねないと警告されているからである（87e-88a）。そうなると魂は身体の均衡を失わせ、病気にしてしまう。均衡のとれた心身の関係（88c）は人間の健康にとって不可欠なのである。

## プラトン的な人間学

プラトンは人間の真の自己としての魂に、なるほど優位を認めてはいるが、しかしそのことが身体の価値をまったく認めないことを意味するわけではないということは明らかである。身体的な健やかさは魂の健やかさのためにもなるのである。身体に病気があるように、魂にも病気があるのである。「『魂の病気』とは『理性を欠いていること（愚かさ）』であり、また、それには二つの種類があって、一つは『狂気』であり、一つは『無知』である」（『ティマイオス』86b。種山恭子訳、岩波書店、プラトン全集12。以下、『ティマイオス』からの引用は種山訳による）

しかしながら、配慮の主たる重みは魂の不死の部分に及んでいなければならない（90c-d）。それで、ソクラテス的倫理の中心的な課題――自己の世話――が取り上げられ、いわばプラトン的な人間学を基礎として構築される。というのも、人間における魂の優位からその魂との関わり方に関しての義務が生じ、それは哲学の本来の規範に加えられることになる。すなわち、肉体による妨げをわずかなものとしておき情念を制御するという義務である。「いかに生きるべきか」というソクラテスの問いへのプラトンの答えははっきりしている。真のそして不死の自己に集中し、哲学の助けによって身体的で可死的なものを海藻や貝殻のように振り払うのである（『国家』611b-d）。哲学的な生は肉体と魂の分離の準備に、すなわち死の「練習」に存している（『パイドン』67e）。なぜなら死は終わりを意味するのではなく、知を求めての（肉体による）妨げのない探究の旅の始まりだからである。

たしかに身体からの魂の分離は無理強いされるべきものではない。というのも、神は私たちが神によって配置された持ち場に留まることを求めており、それゆえ勝手に死ぬことは「不敬神」となるからである。とはいっても、ソクラテスはエウリピデスとともに次のように問うことができる、「誰が知ろう、この世の生は死であって　死こそまことの生ではないかを」（エウリピデス『ポリュイドス』断片638、『ゴルギアス』492e）。プラトンの魂についての教説によって、生を死とするピュタゴラス的な概念は合理的にあとづけられる根拠を得るのである（Baltes 1988, 97-128）。

## 3 魂の不死性

### 魂の不死性に対する懐疑

ソクラテスの生における揺るぎない態度と死に直面してのその勇気ある振る舞いの前提には、次のような確信がある（『パイドン』64b）。すなわち、魂は単なる「人間の内的な自己」に過ぎないのではなく、魂は身体が滅びた後も生きるとの確信である。この不死性の主張はプラトンと彼の同時代人たちにあっては宗教的・祭儀的な文脈からよく知られていたが、合理的な論証を行う哲学にはあまり見られるものではなかった。『国家』においてグラウコンはこの主張について奇異の念を抱いており（608d）、『パイドン』ではケベス（70b）やシミアスのような好意的な対話相手すら懐疑的である（69e-70a）。アリストテレスはなお、人間の魂の不死性についての問いがたいていの人間にとっては未解決であるという見解を有している。

しかしながら、プラトンとプラトン主義者にとって魂の不死性に関する教説はその哲学の中核に属しており、後になってもプラトンの教説の際立った特徴であると見なされた。『弁明』において、たとえばソクラテスは明らかに彼の無能な裁判官たちのことを思いやって、魂が滅びてしまうのかそれとも不死であるのかという問いを——ソクラテスはもちろん不死性の主張の方を好んでいることを窺わせてはいるが——、未決定のままにしておいている。どちらの場合であれ、なぜ自分が死を恐れないかをソクラテスは説明できる——そしてそのことだけがソクラテスには裁きの場で大事なことなのである。すなわち、死とともにすべて過ぎ去ってしまうのか。そうであるなら死は恐ろしさを失う――これはヘレニズム期にエピクロスによって好まれた解決である。それとも、死とはホメロスやヘシオドスのような非常に興味をそそられる人物たちに出会うことができるところへの、単なる引っ越しであるのか。そうであるなら死は幸運である（『弁明』40c-41c）。

## 魂の不死性の証明

他の文脈、『パイドロス』（245b-246a）や『国家』（610e-611a）や『法律』（894e-895c, 896a-b を参照）そしてとりわけ『パイドン』では、ソクラテスは宗教的な文脈から借用した魂の不死性の主張を、合理的に根拠を示して強化しようと試みている。『パイドン』には「魂について」という副題がついており、ソクラテスの友人たちとの間の、牢獄における処刑を前にした最後の数時間が描かれている。その対話篇の中でソクラテスは自らの生き方を弁護し、魂が不死であることを証明しようとする。というのも、「魂が不死であることを知らない者、もしくは証明できない者にとっては、死を恐れることは当然のことであるからだ」（95d-e）。それゆえソクラテスは『弁明』において裁判官を前にしては詳述しなかったことを、つまり自らの弁護の本当の最終弁論を、今度は十分な理解力がある友人たちを前にやり直そうとしているのである。ただしこの弁論には、魂が不死であることの立証が欠かせないものとなっている。

四つの証明を進めていくなかで（Ebert 2004, 163 ff.）――それらの証明力についてはソクラテス自身と彼の対話相手シミアスとケベスによって異なった判断が下されているが――、ソクラテスは魂の不死性を納得のゆくものにしようと試みている。

最初のいわゆる「円環的な議論」(70c-72d) は、魂がハデスに行きそこから帰還するという「大昔からの教説」を取り上げている。その証明は、反対のものが反対のものから生まれる (アンタポドシス、69e-72e) という観察から出発する。「生きている」と「死んでいる」は反対のものであり、互いから発している。それゆえ生者から死者が、したがってまた死者から生者が生ずる (72a)。もし死者から生者が生まれてくるのであれば、魂はハデスにあり、次の身体化を、すなわちこの世での新しい生を待っているということが受け入れられなければならない (70c-72e)。

そのことと、いわゆる「想起による議論」は緊密に結びついている。すなわち、私たちの知は経験に先立つものであり、学ぶということはイデアを知性的に眺めたことの想起 (アナムネーシス) を意味している。しかしもしそうであるならば、魂は身体に入る前にイデアを眺めてしまっており、それゆえすでに存在していなければならない (72e-77b)。このことはもちろん魂の先在を証明しているだけであり、人の死後に魂がさらに存在していることを証明しているわけではない。

そこでいわゆる「親近性の議論」(78b-80c) が救いの手を差し伸べることになる。根拠となるのは、認識の過程で「認識するもの」は「認識されるもの」と親縁的あるいは似ていなければならないという、古くからの考えである。つまり、等しいものは等しいものによって知られるのである。したがって、魂はイデアと同じく単一か、あるいは少なくともほぼ単一でなければならない。魂はなるほどイデアではないが、しかしイデアと同種であり (80b 参照)、非身体的で神的なのである (79e ff.)。ところで、もし魂が単一であるならば、魂はばらばらになることはありえず、不滅である (79b-84b)。それゆえ、魂が死後にいわば雲散霧消するという恐れはない (84b)。

## 不死性の存在論的証明

ソクラテスの第四のそして最も興味深い証明（102a-107a）は、カンタベリーのアンセルムスの神の存在論的証明に準じて「不死性の存在論的証明」と呼ばれてきた。その証明には二つの前提がある。

（a）それによってイデアを想起する「美」「善」「大」というようなものがある（100b）。

（b）反対のものは反対のものを受け入れず、もし反対関係にあるものが出会うなら、二つのうちのどちらかが滅びる。

これらの予め与えられた原則を以て、ソクラテスはまず事物には必然的な性質があること――「三」という数には失われることのない必然的な性質として「奇数」があるように――と述べ、そして魂と死と生の関係を解き明かそうとする。魂の本質的な特徴は生である。というのも、「魂は、なんであれなにかに宿ると（〔私見（エルラー）によれば〕魂が宿るところに）、そのものに常に生をもたらす」（105d）からである。しかし生が魂の失われることのない性質であるならば、魂は前提bに従って反対物である死（105d）を受け入れることはできない。その結果、魂には「死がない」（ア・タナトス［ギリシャ語の形容詞では語頭の「ア」はしばしば否定接頭辞である。またタナトスは「死」を意味する］）のであり、それゆえ――ソクラテスがアタナトスというギリシャ語の意味を「死がない」から「不死の」へとずらすことによって推論するように――不滅である（106e）。

これらの証明は厳格さにおいて異なっており、それらの証明力については論争されている。そのうえ、魂の別の諸側面が、たとえば生の原理としての、あるいは精神的な力としての、あるいは倫理的な責任を負う部署としての魂が、互いに交ざり合っている。ソクラテスの対話相手たちは納得させられることを望んではいるが、自分たちが懐疑的であることを再三再四、悟らせようとしている。ソクラテス自身はさらなる吟味が必要であると語っている（107a-b）。もちろん、この論証レヴェルでの不確かさは、死を前にしてのソクラテスの勇気ある振る舞いによって、すなわち魂が不死であり生は死ぬことの練習以外の何ものでもないというソクラテスの確信の声明によって、帳消しにされる。しかし諸論証は、魂の不死性に関する元々の宗教的な考えが議論を通じて基礎づけられ、そして合理的な世界像のうちに統合されうることを示そうとしており、またそうすべきなのである。

## 他の対話篇での不死性の証明

他の対話篇でのまた別の不死性の証明は、高等の戦略の一部である。『国家』では、それぞれのものは固有の原因によって消滅するということが論証される。固有の悪によって損なわれるが破壊されはしないものは、したがって破滅しないでいられる。魂の固有の悪とは不正、放縦、臆病、無知である。これらの悪は魂をなるほど損なうが、滅ぼしてしまうことはない。したがって魂は不死なるものと見なすことができる。この証明の問題点は、倫理的な邪悪さだけが本当に魂を損なう唯一の悪であるのかという問いにある（『国家』608b-612a; Kutschera 2, 2002, 90 f.）。

もっとも洗練されているのは、おそらく『パイドロス』における魂の証明である。その証明をソクラテスはエロースと神的な狂気への讃辞という文脈において披露している（245b-257b）。核心をなしているのは、運動の第一原因であるという魂の特質である。かくして、この証明は動的な魂概念——

運動の始原（アルケー・キネーセオース）としての魂――を基礎においている（245c-246a）。出発点は「自己運動」という概念である。まず複数の段階を踏んで、

（a）自分で自分を動かすものは不死である。

（b）始まりであるものは生成したものではなく、不滅である、――ということが提示される。

魂が常に自分で自分を動かしそして運動の第一原因であるからには、魂は不滅である――そうでないとすれば、魂なしにはいかなる運動もないのだから、世界は静止することになるであろう。古代以来、魂の不死性に関するプラトンの証明が普遍的であるのか、それとも個別の魂の不死性を意味しているのかは、議論のあるところである。しかしながら、前者には明らかに前提条件が付されている。もっともソクラテスが、死後にダイモーンが個々の人間たちを裁きの場へ導く（『パイドン』107d）と、あるいは魂の一つ一つに対して一つの星が割り当てられている（『ティマイオス』41d-42b）と語るときには、そして人間の死後の魂の裁きについて述べているときには、個人の魂の不死性も同様に意図されている。それゆえソクラテスは友人たちに、埋葬されるときにはすでに自分が――すなわち自分の魂が――友人たちから「逃れ去っている」（『パイドン』115c-d）と示唆することができるのである。

第八章

# 「この世からかの世へ」(『テアイテトス』176a-b)

## ——経験界とイデア

# 1　次善の航海――形而上学の父としてのプラトン

## イデアへの眼差し

「だが、神々に祈ることは許されているだろうし、また、しなければならないことだ。この世からあの世への移住が幸運なものであるように、とね」（『パイドン』117c）。ソクラテスが『パイドン』において語っている此岸から彼岸への旅は、魂を生成の世界から精神の領域へと導く。そこにおいてこそ、諸イデアがその場を有し、またその認識が本当の哲学者を際立たせるのである（『国家』502c-518c）。

プラトンのイデア論はプラトン哲学のよく知られた部分であるのみならず、その学説の中心に位置する。たとえ「形而上学」の概念が彼のもとではまだ登場しなかったとしても、プラトンが「西洋形而上学の父」と呼ばれるのは許される。イデア論はプラトンの哲学に、存在論、自然学、論理学や倫理学といった仕方で哲学を複数の部門に分割するのを困難にするようなある統一性を与える。というのも、イデアは魂の秩序とそれによる個人と共同体の幸福のための、実り豊かな「魂の世話」の、簡単に言えば倫理の基礎を形作るだけではないからである。イデアはプラトンによれば、真実の知識のための、真実在の合理的説明のための、また目的へと導く意思の疎通のための――すべてが絶えず変化のうちに見出されるならば、意思の疎通はほとんど不可能である――さらには恒常的に変化する世界における道徳的あるいは政治的行為のための、前提でもあるからである。イデアへの「眼差し」

が、初めて神々に神性を与えるとともに（『パイドロス』247a, 249c）、最終的には伝統的な宗教理解を新たな基盤の上に据えることになるのである。

イデア論によってプラトンは、価値概念の規定についてのソクラテスの問い――「徳とは何か、美とは何か、勇気とは何か？」――に答えを与えようとする。というのもこれらの問いは、ちょうどエウテュプロンが試みているように――「しからば申しましょう。敬虔とは、私が現在行っているまさにそのこと、すなわち、問題が殺人であれ、聖物窃取であれ、また別のなにかそういった類のことであれ、罪を犯し、不正を働く者を、それがたまたま父親であろうと母親であろうと、あるいは他の誰であろうとも、訴え出ることであり、これを訴え出ないことが不敬虔なのです」（『エウテュプロン』5d-e）――いくつかの例の単なる枚挙によってではなく、事柄そのものの規定を通じてのみ答えられるからである。「けれども、あなた、ひとつ考えてみてください。ともかく彼があなたに尋ねているのは、何が美しいかではなくて、美とは何かなのですから」（『ヒッピアス大』287d）

つまりあらゆる行為は、なんらか共通のもの――それによって行為が敬虔や勇敢や善いものとなるとともに、また行為からは区別されうるもの――を有している。たとえば、敬虔な振る舞いの例だけを挙げる人は、これらの例を、例がまさにそのためのものである事柄そのもの（敬虔）と取り違えている。重要なのは現象形態の多様性ではなくて、この多様性の基底にあり、またそのおかげで個々のものがそれとして決定されることになる原型なのである。ソクラテスは敬虔、正しさ、勇敢さについて、つまりエイドスやイデアについて語る。この関連において、勇気や正義や敬虔といった価値概念が、しかし時にはまた椅子や机といったものも語られるのである。

それゆえイデアは、経験的には把握されない一般概念（普遍）がどのようにして説明されるか、という問いに対するプラトンの答えである。プラトンによれば、イデアは現象がその都度そのようにある根拠である（『エウテュプロン』6d）。ある行為が勇敢なものであるか、敬虔なものであるか、節度あるものであるかを判断しようとする人は、あるいは机を作ろうとする人は、その魂の「知性の眼」を現象形態の多様さから引き離して、常に自己同一的で唯一の型を持つイデアに向けなければならないのである。

## 感覚を超えて

それゆえ、イデアは感覚によって知覚可能な現象界のうちにある現れに属してはいないのだから、感覚によって知覚可能ではない。たしかにイデア（idea）やエイドス（eidos）という語は、「見る」を意味する印欧語の語根 *vid［この＊は理論上、その存在が想定されていることを示す］に由来する。しかしこの「見る」は、とりわけ天分のある人々だけにある、精神的な、そして多くの前提を必要とする認識様態の単なるメタファーである（『第七書簡』342a-344d）。というのもイデアとは、プラトンにとっていうまでもなく特に卓越した存在を伴った、真に実在する対象だからである。ディオゲネス・ラエルティオス（『列伝』6, 53）にあるひとつの逸話がこのことを明らかにするだろう。ある聞き手がプラトンに対して批判的に述べた。「私は机を見るが、机性は見ない」。プラトンは答えた。「君はたしかに机を見る眼を持っている。しかし机性を見るための知性が君には欠けている」

イデアによってプラトンは何かあるものが何であり、またそれが何故にあるのかを説明しようとする。彼はそうすることでソクラテス以前の自然哲学者たちが始めたものをある仕方で進める。アリストテレスによれば、確実かつ明確に定義することができる真理に関してのみ認識が可能であるというソクラテスの確信と、現象界は絶えざる変化のうちに見出されるというヘラクレイトスを思い起こさせるテーゼとが、若きプラトンにイデアの存在を想定させた。プラトンはこの両方から、経験的領域の他に、真実の知識のための定点を伴ったより広い領域がなければならないと結論づけたのである。

哲学史的にみれば、存在の神的領域を生成の領域から区別するプラトンの二世界論は、パルメニデスが絶対的永遠的な存在を多様性と変化の領域から区別したことに対する反応であり、また進化であると理解することができる。プラトンの時代に栄えていた数学と幾何学的命題の存在は（2+3=5、ピュタゴラスの命題）、感覚界には本来的に合致する対応物を一つも持たないので、倫理的領域にも不変の精神的構造物を構築するというプラトンの確信を強めることができた（Mittelstraß 1985, 399-418）。

プラトン自身がソクラテスに報告させているところによれば、ソクラテスは彼以前の哲学者、とりわけアナクサゴラスとの対決を通じて、イデアの実在をきわめて強力な仮設として、また困難ではあるが大いなる確実性を提供する一種の「第二の航海」（『パイドン』99d）として立てるように導かれた。イデアの助けによって、人は悠然と「筏《いかだ》に乗っているように」人生をわたることができる。というのも、イデアは客観的で、その都度の歴史社会的状況から独立しており、またあらゆる倫理的相対主義から解放されている目印として役立つからである。

ソクラテスのこの自伝的な言及を、ある固有の経験がその主要登場人物に投影されたものとして評価することもおそらくは許されるだろう。いずれにしろ、ソクラテス以前の思考との関連は、プラトンがイデアの措定に結びつける倫理的意図においてもまた明らかになるだろう。イデアは方向づけに、またそれによって善き生を送る助けとしても役立つはずなのである。

もしプラトンが客観的に存在する価値基準としてイデアについて語るのであれば、このことはグローバル化と増大する紛争との関連で、紛争解決の成功の見込みを得るために、文化の境界を越えて知的に受け入れられる基準を構築しようとする近代の努力を思い起こさせるかもしれない。とはいえ、プラトンのイデアでは、物事に内在的な概念や、われわれが自分たち自身で作る構想が重要になることは決してなく、真に実在する対象が重要である。その対象に人間の認識は努力をもって、わずかずつにではあるが、最後にはかなり近づくことができるのである。

## 2　イデアの本質と在処

### 美のイデア

このようなイデアについて何が思い描かれるべきなのか、またどのようにすれば近づくことができるのだろうか？　その点について『饗宴』で女性神官のディオティマが美のイデアのイメージを与えている。――もちろん、「イデア」という概念は欠けていない。それによれば、

美は「第一に、その美は永遠であり、生じたり消えたりすることもなければ、増えたり減ったりすることもない。第二に、それはある面では美しいが別の面では醜いとか、あるときには美しいが別のときには醜いとか、あるものと比較すると美しいが別のものと比較すると醜いといったものではない。また、この地では美しいが、かの地では醜い――すなわち、ある人々にとっては美しいが、別の

人々にとっては醜い――といったものでもない。（中略）その美は、他のなにものにも依存することなく独立しており、常にただ一つの姿で存在しているものなのだ。これに対して、それ以外の美しいものはみな、この美をなんらかのしかたで分かち持つことによって美しい」（『饗宴』210e-211b。中澤務訳を一部改変）。

美のイデアは――そしてイデア全般は――非物体性、不変性、一性によって際立つ。それはさながら「自体性の刻印」（『パイドン』75d）を帯びている。というのも、それぞれのイデアはそれ自体と同一であり、いかなる属性も持たず、まさにそれがそのイデアであるところのものであるだけだからである。「ボール」のイデアは丸くも赤くもなく、重くも軽くもなく、ただ「ボール」なのだ。これに対して、ボールが生成界において現象する個々の形態は、形、大きさ、色や材質において異なる。

というのも、ちょうど『国家』（476a）で言われているように、「正と不正、善と悪、およびすべての実相（エイドス）についても、同じことが言える（私見によればたしかにそうなのだ）。すなわち、それぞれは、それ自体としては一つのものであるけれども、いろいろの行為と結びつき、物体と結びつき、相互に結びつき合って、いたるところにその姿を現すために、それぞれが多くのものとして現れる」からである。

## 何についてイデアが存在するのか

何についてイデアが存在するのか、という問いには大いに意味がある。たしかにイデアの実在というテーゼは、さしあたり、普遍妥当的な基準を探究する際の解決案として提出されている。しかしイデア界はより広大である。いずれにせよイデアの特質は、一つの包括的概念で表示される物事のあらゆる集合に対してイデアが措定される、という思いを抱かせる。「われわれは、われわれが同じ名前を適用するような多くのものをひとまとめにして、その一組ごとにそれぞれ一つの実相（エイドス）というものを立てることにしている」（『国家』596a）。この案でどこまで行けるのかについては、明らかにアカデメイアで活発に議論されていた。このことはプラトンの弟子たちによって証言されており、またすでにプラトンの『パルメニデス』（130a-e）が示唆している。

つまり、そこでは等と不等、一と多、静と動のような一組の概念のイデアや、正しいや美しいといった価値概念のイデアは、問題なく認められている。しかし、火や水、あるいは人間に、あるいは泥や汚物といった価値のないものにもイデアがあるかどうかという疑問が、より困難なものとして示されているのである。ソクラテスは最後のものは認めないが、しかしその立場が彼の若さと経験不足に関連していることを、パルメニデスによって教えられなければならない。

ある概説の示すところによれば（Balte 1999, 219 ff.）、プラトンは生きていないものにも生きているものにも、質にも大小にも（『パイドン』65d-e）、動にも静にも（『ソフィスト』254d-e）、関係（『饗宴』199e、『パルメニデス』133d）や抽象概念にも（同、異、類似、非類似、等しさ。『ソフィスト』254d-e）、徳にも、幾何学的図形や数にも（『国家』524e）、そしてつまらないものにも病気にも、イデアがあると想定している。

## イデアの場所

それゆえイデアの場所は知性界（ノエートス・トポス）である。諸イデアは知性的世界を構築し、その頂点には「善のイデア」（『国家』508e, 505a）が位置する。プラトンはイデアを、一つの固有な、感覚的個物の領域から引き離された、時間を超越した天の彼方の（『パイドロス』247c）、知性によってのみ把握可能な場に据える（『国家』517b）。現代の解釈者たちは二世界論について語る。知性的な場（ノエートス・トポス）には諸イデアが時空を超えて現前し、頂点には王のように（『国家』509d）「善のイデア」がそびえる秩序を構築している（Szlezák 2003）。イデアの領域と現象の領域は、類似性（「像」エイコーン）に基づいた分有（メテクシス）の関係にあるか、あるいは――後期対話篇に属する『パルメニデス』篇（132c-133a）における批判的コメントに従っていえば――模倣（ミーメーシス）の関係にあるかのどちらかである。

もちろん、イデアとその都度の具体的なものとの関係は「非対称」である。というのもイデアの存在は、そのイデアによって導出されるイデアの像というそのような存在とは同一ではなく、また同価値でもない。「ベッド」のイデアはベッドの真の存在なのであるから、具体的な像は本当はベッドではない（『国家』597d、『政治家』293d 参照）。

ここからプラトンにとって、根本的な存在階層が帰結することになる。つまり像は原像なしには存在しえないのだから、プラトンによれば存在論的優先性はイデアに帰せられるのである。影が影を投げかけるものなしには存在しえないように、像は原像なしに認識されえないのだから、認識の過程に関してもイデアに優先順位が与えられるのである。というのも、イデアは常にそれがそれであるところのものであるが、これに対して感覚的世界の諸事物はある時はこれ、またある時はそれ、というものだからである。

## 3 プラトンの「言論への逃走」——イデアについての知と感覚

### 「もの」と「こと」の区別

プラトンの根本的確信は、多様な対象領域が認識の多様なあり方に対応しているということである。真実の認識は、疑いの余地のないもので、存在の最高の種類に割り当てられるべきである。非—知は非—存在の領域に関係づけられる（『国家』477a）。存在と非—存在の間の領域には、単なる思いなし（ドクサ）が対応する。というのも、すべてが常に変化するところでは、プラトンによれば一義的な判断はありえないからである。いつわれわれが生まれたのか、あるいはソクラテスが前三九九年に処刑されたということをたしかに知っているとわれわれが信じているならば、後者の主張には驚くことだろう。われわれは、「もの」の言明と「こと」の言明とを区別するので、経験界のうちに一義的な言明に対する障害を何一つ見ないのであるが、プラトンはこの区別をとらない。

このことは、ギリシャ語の言語使用の特性によるのかもしれない。というのも、ギリシャ語では認識するという語（エイデナイやギグノースケイン）は「事実はこうであると知る」（Graeser 1975, 116 f.;『パルメニデス』132b-c参照）ことも、対象を認識することも意味しうるからである。またある言明の主語が言明の動詞の目的語になる可能性もある（『メノン』94a-bを参照）。「君はペリクレス（＝「も与したかもしれない。

の」）を知っているし、また彼には二人の息子があること（＝「こと」）も知っている」（Heitsch 1992, 135)。このことは、われわれが命題の思想とみなすものをプラトンが一つの対象としてみることに寄与したかもしれない。

## 現象と知

現象についての知識を得るためには、人は、たとえば、今日は雨だというような、その都度の事態へと導いた条件を知らねばならない。しかしながら経験界は永続的に変化し、それゆえあらゆる観点において真である言明は何一つ許されない。というのも、プラトンによれば認識は真実を目指すからである。だがこのことが保証されているのは、必然的にそうでありかつそのようにある他にはないものについてのみだとプラトンは見る。それぞれの知識には、不変的なものの領域に関係づけられなければならない根拠が必須である。さもなければ、真ではありうるがしかし固有の根拠を欠いている単なる思いなしが信じられるだけである。根拠が与えられて初めて、思いなしは確実になり、なにか価値に満ちたもの、つまり知識（『メノン』97a-e）となる。

したがってプラトンによれば、必然的な真理は現象についてはなく、まずは数学的領域において、次にイデアについてあるのである。たとえば三角形は、三つの辺を必然的に持つ幾何学的図形である。したがってここでは、単なる思いなしを持つだけではなくて、知識を得ることが可能になる。これに対して生成の領域にある事物が認識されるのは、不死なる魂がアプリオリなイデアの知識を再活性化することができるという理由だけだからである（想起）。

現象がその変化と矛盾を孕む性質のゆえにいかなる認識も可能にはしないとしても、現象が精神的世界に向かう衝動を与える場合のように（『メノン』81c-d, 85b-e、『パイドン』72e ff.）、それは認識に寄与することができる。たとえば、一本の指が他の指と比べて大きいが、それとは別の指と比べて小さいとき、このことは人を苛立たせるかもしれない。しかし現象の領域を踏み越えて、知性で把握される大という関係を探究し、これをイデアのうちに見出すように促しもするだろう（『国家』523a-524d）。一般的に言って、生成の領域は存在の模像として、原像に対するそれぞれの像のように、欠如しているものである。とはいえ、生成の領域はそれぞれの像のように、人間の精神的な目をその精神的な原像へと向けることが可能なのである。

**言葉へ**

にもかかわらず、現象に向かわず議論のみを信頼する人だけが、最終的には知を獲得することができるといえる――ソクラテスが「言論への逃走」について語るのは、そこでこそ真理が明らかになるからである（『パイドン』99e）。この認識の（補助）手段は、問いかつ答える（ディアレゲスタイ）術である対話法である。これは「いかなる感覚にも頼ることなく、ただ言論（理）を用いて、まさにそれぞれであるところのもの」（『国家』532a）へと向かう。

対話法はそれゆえ――「線分の比喩」もまた示しているように――知性的領域における知識とイデアへの接近とに対する権限を有しているのである。対話法という「神の贈り物」は――ソクラテスが『ピレボス』で名づけているように（『ピレボス』16c-18e）――真実の哲学者を際立たせるが、長い準備期間と、才能あるわずかな人々によってのみ、実践されることができるものなのである（Szlezák 2004, 35-39）。「それぞれの事物にはなにか類となるものがあり、自体的な実在があることを学び知ることのできる、特に優れた生まれつきの人がいなければならない。しかし、それを見出し、かつそのすべてを十分に区別した上で他人にも教えることのできる人は、よりずっと卓越した人である」(『パルメニデス』135a-b。田中美知太郎訳、岩波書店、プラトン全集4)

## 4 イデア論の問題――『パルメニデス』

### イデア論の不備? 『パルメニデス』

固有の、また存在論的に際立ったイデアの領域を確立しようとするプラトンの試みは、プラトンの同時代人たちに多くの問いを投げかけ、批判を巻き起こした。アリストテレスはイデアの仮設に世界の不要な二重化を見てとり、アカデメイアでも討議されていた一連の議論をイデア論に対して提出する(Flashar 1965, 223-246)。プラトン自身、アカデメイアでの議論を垣間見させる。『パルメニデス』篇では対話篇の第一部において、プラトンのイデア論についての明らかな誤解にもとづいた、そしておそらくはアカデメイア内部の論争を反映している異論が定式化されている。

『パルメニデス』篇はソクラテスとパルメニデスの対話を描く。この対話篇は古代においてすでに、特別に難解ではあるがプラトン哲学を理解するのに基本的なものであるとみなされていた。対話篇の構成がそれだけで注目に値する(Cornford 1939)。というのも、これは二つの部分から成るのだが、その内的連関が一目で見えるようなものではなく、それに応じて議論の的となっているからである。第一部は、上に述べられたように、まだ若いソクラテスと、ソクラテス前の重要な哲学者のパルメニデスと、その弟子ゼノンとの間の対話を示す（127d-136e）。若くまだ経験の浅いソクラテスは、ゼノンがある本で示したパラドクスは経験的対象からイデアを分離すれば解決されると主張する。

第二部では直接的な語りで、パルメニデスとアリストテレスという若者の間で、問答法の練習としての対話が遂行される（137c-166c）。一が存在する、あるいは存在しないという仮定から、一連の帰結が導き出され、矛盾が指摘される。ここで問題になっているのは単なる論理をめぐる問いだけではなく、存在論的問題である。解釈者たちの間では、新プラトン主義者たちの意味での（Halfwassen 1992）、なんらかの形而上学的な考察が基礎にあるのか（Migliori 1990）、またどの程度あるのかが、議論されている。いずれにしろ人はこの練習のうちに、アカデメイアでの存在論を視野に入れれば、目標に導くのに十分な特徴——おそらくは、書かれた文字へのプラトンの批判（『パイドロス』277e-278a）の意味での、読者にとって想起のよすがとしての——を認めることが許されるだろう。

その形態がアポリアで終わる初期の対話篇を思い起こさせる、若きソクラテスとパルメニデスの議論の中で、パルメニデスはソクラテスによるイデアの想定に対して、とりわけイデア界と現象界との区別に関わる疑念を提出する。この議論は、おそらくはイデア論に関するアカデメイアでの議論を反映しており、誤解として示されるべき見解と取り組んでいる。そこではイデアが存在する事物の範囲について議論がなされている（130b-e）。

イデアに関しては魂における純然たる思考が扱われているのであり、イデアは可視的な事物からは完全に分離されるべきであるというテーゼが論じられる（133a-b）。範型（パラディグマ）として理解されるイデアと可感的事物との間にある類似性(ホモイオテーテス)についての誤った見解が取り上げられる。イデアと事物の関係が分有(メテクシス)として論じられるが、その際、人は表象によって物質的領域から出ていく。この関連でパルメニデスは、多くの人間の上に広げられた帆布を思い出させ、イデアの部分のみがそれらの写像のうちに存在することができると推論する(131b-c; Baltes 1999, 281)。

**「第三人間論」**

とりわけ一つの異議(『パルメニデス』131e-132b)——アリストテレスは「第三人間論」と呼ぶ(『形而上学』第一巻九章 990b 18、第七巻十三章 1039a 4)——が、この議論においてある種スタンダードな議論であったようである。もしあるイデアが——たとえば「机」——それぞれの「机」の性質を伴った経験的個物から分離されて存在するならば、「机」のイデアとそれに属する複数の個物の「机」に対して、複数の個物とイデアにその特性を付与する何か第三のもの——それゆえもう一つのイデア——が存在しなければならない。というのも「机」のイデアは、その個々の具体化されたもの(机)と同じ類に属することになるからである。

こうして、無限後退が生じることになる。それはイデアと経験的個物の分離と——諸対話篇のいくつかの箇所で推定されるように(『プロタゴラス』330c-d、『パイドン』74d、『饗宴』210e ff. 参照)——、事物の特性が或るイデアの特性でもある(たとえば、「敬虔」のイデアはそれ自体「敬虔」である)という仮定とに起因する。

この問題は、事物について言われる特性がそのイデアについても言われうるという仮定、つまり美のイデアはそれ自体美しいという仮定に基づいている。この問題を既に早くから指摘し、解決に大きな寄与をなしたG・ヴラストスは、この仮定を「イデアの自己述定」と名づけ、イデアのこの自己述定を「パウロ的述語づけ」として理解するべきだと提唱した（Vlastos 1954, 1969 いっそうの議論については Meinwald 1992 を参照）。「美は美しい」は美のイデアそれ自体が美しいということではなくて、あらゆる美しいものが美しいということを意味しているのであって、それは『コリントの信徒への手紙 一』十三章四〜八節「愛は自分の利益を求めない、愛は情け深い、愛はねたまない」の意味で、そうなのである。ここでパウロは愛する人について何事かを語ろうとしているのであって、愛の概念についてではないのである。

別の人々は「敬虔は敬虔である」の文は同一性の意味で把握されるべきだと考えた。もちろん、あらゆる提案はなんらかの意味で困難を作り出すし、プラトンが本当に、特性がそれに与《あずか》るべき当のイデアにその特性を帰しているかどうかが問われなければならない（『パイドン』100c 参照；Kutschera 2, 2002, 175）。

## 『パルメニデス』の意図とその後の対話篇

『パルメニデス』における批判的異議のうちに、イデアの仮設から自分を引き離そうとするプラトンの自己批判の文書を見出す解釈者たちも少なくない。もちろん、プラトンは『パルメニデス』におけるイデア批判の部分を、文字通り初期のアポリアで終わる対話篇のように構築した。そこにおけるように『パルメニデス』には否定的結果の暫定性、なお一層の議論の必要についての示唆、解決可能性の暗示、様々な問題を乗り越えることのできるような、とりわけ天分のあるイデア説の主張者に対する希望がある。そして以下のような推察が可能である。すなわち、アポリアに終わる対話篇と全く同じように、若いソクラテスのここでの困惑は、議論されている問題に対する最後の言葉であるとはプラトンによって全く見られていないという推察である。

最後にプラトンのパルメニデスは、イデアの想定がなければ彼が経験界について語ることができないと認めることになる（『パルメニデス』134e-135c）。プラトンは自分でその問題点を指摘しているにもかかわらず、イデア論は重要であると判断しているのである。それゆえ『パルメニデス』の議論は、著者の精神史における心変わりの記録ではなくて、諸問題に注意を促すと同時に、誤解に対して自らを守ろうとするプラトンの試みなのである。

イデアはその後も後期の対話篇（『ティマイオス』『ピレボス』）において、重要な役割を果たす。このことは、根本的な連続性があることを物語っている。しかし、特定の事柄にアクセントを置き、ニュアンスをつけることはもちろん排除しない。『ピレボス』ではたとえば、イデアの領域の内的構造が解明され（D. Frede 1997, 336）、価値的一性と現象的所与の多数性との関係という問題をよりよく理解するのに助けとなる、実在の理論が提供される。

『パルメニデス』の後に書かれた——これとは別の執筆年代の想定（Cherniss 1956, Owen 1953）もあるが——『ティマイオス』では、宇宙論的文脈においてイデアの領域と現象の領域とのある近似が起きる。そこでは可視的な世界秩序は消尽点ではなくて、人間の認識のために必須の出発点として理解されている（『ティマイオス』52a）。

『ソフィスト』篇ではパルメニデスの把握に対して、「あらぬ」という表現は絶対的な否定を意味しなければならないのではなくて、「異なる」を指すことができると最終的に示される（『ソフィスト』

255c-e)。それゆえプラトンは「動、生、洞察」のトリアーデとならんで「同」と「異」をも、相互に結びつきうる五つの「最大の類」(メギスタ・ゲネー 254b-259b)と名づけることができ、イデアの組み合わせと共同について語ることができるのである(『ソフィスト』259e)。イデア界のこの構造を研究し解明することが、対話法に携わる者の課題である。これは実のところ、初期対話篇において既に鳴り響いていたものを深めるための新たな強調を意味しているのである。

## 5　善のイデア、あるいは——なぜプラトンは事実と価値判断とを混合するのか?

### 善のイデアとそれにまつわる諸問題

ソクラテスが対話篇において、一般に通用している価値概念の意味について尋ねるとき、二重の事柄が期待されている。つまり、その概念が何を意味するのか、そしてなぜ当該の価値は善いのか、である。対話篇における議論は、ほとんど概念の内容規定に関わる。というのも、探究されている「敬虔」「勇気」や「正義」といった概念は、なにか「善い」もの、美しいものや有益なものを意味していることを、ソクラテスの対話相手はほとんどの場合自明だとしているからである。しかし『国家』

では、正義とはなんらか善きものであるという前提が疑われている（第十二章を見よ）。ソクラテスとトラシュマコスとの間では正義とは何であるかについてだけではなくて、正しくあることが善く、美しく、また有益であるかどうかについても、見解の不一致がある。

それと同時に正義についての問いの他に、個人であろうと国家であろうと、個々のものにとって本当に善いものは何であるかという、より根本的な問いが立てられている。そのためにソクラテスによって、いわゆる「最大の学ぶべきもの」、つまり「善のイデア」が基準として導入される。この「善のイデア」はすべてが有益になるように働く（『国家』505a-b）。それゆえ、どのような仕方で道徳がよいかを知らない人は、誰一人として道徳の信頼できる番人にはなりえないのである（『国家』506a）。というのも、この基準を視野に入れる人のみが、物事と知識とを彼にとって本当に有益な仕方で扱うことができるからである。

この「善のイデア」の内容的規定は、もちろん重要であることが明らかである。善を快や知と同一視する提案は、ソクラテスにとって支持しがたいものであることが明らかにされる（『国家』505b-d）。自身の考えについて問われると、ソクラテスは答えを回避する。たしかにソクラテスは、来るべき支配者たちが、追究されている最高の学の対象、つまり善のイデアについて、本来的には何が問題なのかを知らなければならないと仄《ほの》めかしている。そのとき初めて、国家は善く秩序づけられるだろうからである。

しかしソクラテスは、対話相手のアデイマントスやグラウコンの要求にもかかわらず、必要な探究の範囲を考慮し、また同じく対話相手の（『国家』533a参照）「当座の」（506e）能力を考慮に入れて、善そのものについてではなくて、もちろん、父である善と非常に似てはいるその「子供」（エクゴノス）である太陽について話そうとする。それゆえ彼は太陽の比喩を語る。「いや、幸福なる諸君よ、さしあたっていまのところは、「善」とはそれ自体としてそもそもなんであるかということは、わきへのけておくことにしよう。なぜなら、それをとにかくぼくが何であると思うかということだけでも、そこまでいま到達するのは、現在の調子ではぼくの力に余ることのように思えるからだ。そのかわり、「善」の子供にあたると思われるもの（中略）を語ることにしたいのだ」（506d-e）

また次のことも論争の的になっている。すなわち、善のイデアの規定が原理的にないか、あるいは思いなしを披露することしかできないので、ソクラテスは自制と間接的な物言いを選び取っているのか（Ferber 2005, 149-173）、それともソクラテスの自制は、話しかけている相手に合わせて制限された仕方でなされる伝達の別の例なのか（Szlezák 2003, 109ff.）という問題である。「最大の学ぶべきもの」としての善のイデアが問題になっており、ソクラテスの自制が対話相手の能力を理由にしていて（504b, 506d, 435d を参照）、さらにどう見てもアカデメイア内部での議論において、善のイデアを規定しようとする試みがあったことは確かなので――善のイデアが一と同一視されていたのは明白である（第十一章を見よ）――次のような解釈に賛成の意見が多くある。

つまり、プラトンは善のイデアを規定することが原則として可能であると考えており、文脈による制約と、また書かれた対話篇という媒体を考慮して、ソクラテスに自制を働かせたに過ぎないという解釈である。最上位の善の一との同一視は――アカデメイア内部の教説についての証言を通じて伝えられている――なぜ善のイデアが事物に（イデアに）存在と認識可能性を付与するのかを、実際、よりよく理解するのに役立つだろう。というのも、存在する個々のものはそれが一であるからこそ存在し、したがって認識可能だからである。

## a　太陽の比喩

### 「太陽の比喩」とは

『国家』においてソクラテスは、善のイデアを太陽に譬える(507a-509c)。この「太陽の比喩」は、事物の規定において、なぜ事実の認識のみならず価値の認識もまた必要であるのかを説明するものである。

太陽とそこから放出される光の様々な側面が強調される。太陽は以下のことの原因である。すなわち、われわれが何かを見ることができること(オプシス)、太陽それ自体は生成に属さないのに、事物の成長と繁栄とを現実化すること、である。このことに応じて、善のイデアは思考の領域において事物の知性的な認識を可能にし、思考——知性(ヌース)——を現実化し、そして最後には事物が世界に存在するように配慮する。太陽は視覚と生成とを凌駕する。それと同様に、ソクラテスの対話相手であるグラウコンが喜んだ表現を使えば、善は力と価値において存在の彼方にそびえ立つ(エペケイナ・テース・ウーシアース 509b)。

古代以来、この比喩は解釈者の間では、とくに新プラトン主義的伝統において理解されたように、善のイデアはその場所をイデアと存在の彼方に位置づけられているのか(Halfwassen 1992, 34 ff.)、それとも、多くの人々が賛成しているように、善のイデアはたしかに特別ではあるが、存在論的には他の諸々のイデアと同じ位階の存在であるのかについて、議論を引き起こしてきた。というのも、善のイデアは学ばれるべき知の最大の対象（メギストン・マテーマ504d）と名づけられるからであり、そしてそれによってまた「実在の規定」（ロゴス・テース・ウーシアース534b）を与えることができるからである。

善のイデアは徳に対して、そして他の事物に対しても、存在と価値を授ける（509b）――これは徳の説明に有効な基準だが、他の事物の規定には問題があるように見える。というのも、それは事物や客観的事実――たとえば自然科学におけるそれ――が価値の表象と結びつけられている、いやそれどころか善の知識を通じて可能になると前提しているからである。

しかしながら、プラトンが事物の実在を規定する際、常に「何のために」についての、つまり有益さについての問いを立てていることを思い起こさなければならない。ナイフとは何かは、それが何のために有益かが知られる時に初めて理解される。ナイフがよいかどうかは、それがその機能を満たしている時に初めて知られる。医者が何かに役立つのは、彼がその職務をよく果たすことができる時である。

人が善いのは、その人が率直で、正しく、節度があり、交際するのに気持ちのよい場合である。プラトンは個々のものは全体への眼差しを伴った責務を有するという、全体としては目的論的な世界像を主張する。このことは既に『パイドン』で示唆されている。つまり、プラトンはそこで（97d-98b）地球にとっては丸いことが善いことであり、このことは宇宙論の根本なのだと、『ティマイオス』で展開される考え（第十三章を見よ）を示しているのである。それゆえ、事物の機能と有用性――その有益さあるいは価値――は、人が事物を理解しようとするならば、考慮されるべきものなのである（Kutschera 2, 2002, 111）。

## b　経験と認識——線分の比喩

### 「線分の比喩」とは

太陽の比喩が存在と認識に関する善の役割を説明したので、プラトンは「線分の比喩」(509c-511e, 533a-534a) では、彼の根本テーゼから始める。すなわち、異なった領域の対象は異なった認識のあり方に対応しており、数学的認識は経験的身体的認識とは異なった種類のものであるということである。存在論的に高い位置を占めるものには高次の価値が対応するので、線分の比喩はイデアと数学的対象が現実の事物やその映像に対して存在論的優先権をもつことを示している。それゆえ、線分の比喩は認識のあり方とその対象領域の区分を提示しているのである。

実在はそれぞれ異なった内容、認識方法、範囲によって特徴づけられる四つの領域に区分される。存在の位階は、それぞれに属する認識のあり方の確実性の尺度に一致する (511e)。四つの存在領域に四つの認識のあり方が割り当てられ、線分の四つの部分に譬えられる。一つの垂直な線分がA対Bになるように分けられ、その双方の部分が同じ比でもう一度分けられる (509d)。これらの諸部分は四つの認識のあり方とそれぞれに割り当てられた認識対象を表していて、それぞれの断片は上下の断片に結びつけられている (511d-e)。断片はさらに、短い部分が長い部分に対して原像に対する模像であるという関係を示している。

上の二つの部分の組は思考可能な領域を示し、下の二つの部分の組は生成と可視的事物の領域を示している。それらに知と信念が対応する。知性的領域においては、諸々のイデアが対話法の対象

(510b) となり、理性（ヌース）がこれを扱う。その下の断片には、プラトンのいわゆる「明白な根本的仮設」つまり数学の対象（ヒュポテシス 510c-d）が見出され、悟性（ディアノイア）がこれに割り当てられる。根本的仮設のもとに、ソクラテスは奇数と偶数、図形、三種類の角、さらにそれらと類縁なものを含めて理解している。

この「根本的仮設」は数学者たちによってはさらにその前提を問われることがなく、彼らのその都度の証明の仮定において、「彼らが完全に理解しているものとして」前提されている。数学的な「対象」が問題なのであって、それはイデアと同じではなくて、イデアの模像である。たとえば演算可能な数があるが、それに対して「一」のイデアやあるいは「二」のイデアは加えられることも引かれることもありえないのである。

しかしながら、数学者によってさらにその前提が問われることのないこれらの根本的仮設は、諸原理とイデアの領域への上昇の出発点である。この上昇は、もちろん哲学者たちだけに可能である。そのために必要な方法が対話法（ディアレクティケー・テクネー）である。というのも、対話法は諸々の仮設を問いに晒し（『国家』511b）、それらを跳躍台として用い、あらゆるものの始原（アルケー・アニュポテトス）にまで登りつめるからである。そこへ対話法は感覚的に知覚可能なものに遡及することなく到達し、イデアによってのみ支えられ、休止するに至る。

対話法は概念の明確化と「実在規定」（ロゴス・テース・ウーシアース『国家』511b-c）に役立ち、確固とした知に寄与する（『ティマイオス』29b-c）。対話法はあらゆる事物の本質を説明することができ（『国家』534b-c）、すべてを善へ引き戻す（『国家』511b-d; Krämer 1966, 35-70）。対話法の課題は、諸現象の中のある対象領域の中で、諸現象の多様性を結びつける一性を探究することである。それゆえ対話法の本質的特徴は、多様なものを綜観する能力である（537c; Gaiser 1986, 89-124）。対話法は補完しあう二つの方法からなる（Graeser 1975, 143）。すなわち、個々のものから上昇して統一へともたらすこと（シュナゴーゲー）と、普遍から個物へと下降する分割（ディアイレシス）である。このような実在の認識を有している人は、自己と他者に説明し、論駁の試みに対して防御するとともに、吟味されることもできる（534b-c）。

可感的事物に割り当てられる線分の下の部分（A～C）では、その上位の部分に実際の対象、すなわち「われわれの周囲にいる動物や、すべての植物や、人工物の類いの全体」（510a）が属しており、これにには確信（ピスティス）が相当する。その下の部分には実際の事物の模像が属する。これらはただ憶測（エイカシア）、あるいは推測によってのみ捉えることができる（509e）。ここで注目すべきは、線分の比喩においては、数学とその対象は、数学者が非数学的イデアについて説明を与えることができない（『国家』510c）がゆえに、それらの下位に位置づけられていることである。要求されている説明は、なぜ、ある事柄がしかじかのようなものであるかという問いではなくて、その事物（たとえば円）が何であるかという問いに関わっている。

説明で重要なのは、たとえばタレスの命題が妥当する数学的対象の本質である（『国家』534b）。というのも数学者が証明の際に、たとえ眼に見える円や点や線に言及するとはいえ、そのとき重要なのは、本来的には、理想的な対象だからである。その時にだけ、証明はたしかに普遍的な妥当性を有する（『国家』510d）。それゆえプラトンは、数学に対して理論的対象を要求することによって（Mittelstraß 1997, 236 ff.）、いつ、またなにゆえに、数学が人間の思考を感覚的現象の領域からイデアへと導くことができるかを明らかにしているのである。

このように線分の比喩は、実在的な、根拠づけられた知識がイデアと数学的対象についてのみ可能であることを示している。というのもプラトンによれば、確実な認識はより卓越した、無時間的に確固とした認識対象の想定によってのみ可能だからである。したがって、対象の不安定性は認識の不安定性を引き起こすのである（Kutschera 2, 2002, 100）。

## c　新たな方向づけと認識――洞窟の比喩再び

**「洞窟の比喩」とは**

洞窟の比喩（514a-521b, 539d-541b）は、『国家』の中心巻の三つの比喩の最後のものとして、プラトンの教育観を明らかにしている。この比喩は、人が知識を得ようとするならば、なぜ全体としての人間がものの見方と生き方を変えなければならないかを示している。というのも、人間たちは洞窟内部で縛られた状態にあって、認識の源泉とその由来とから遠くはなれており、自分の前方の洞窟の壁に動く影、動物、人間、用具を見て、それら模像を真実だと思いなしているからである。洞窟の比喩はさらに、強制的な「向け変え」（ペリアゴーゲー『国家』518d, 521c）の後、洞窟からの労苦の多い上昇という形をとる認識のプロセスがいかにして可能なのか、を活写する。

暗い洞窟としての知覚される世界から明るい世界への上昇をそのように描くことにより、プラトンはソクラテス前の哲学者たち（たとえばエンペドクレス）の想念と、さらにはオルペウス教徒とピュタゴラス学派の人々の思い描いた世界からの想念を掬い上げる。人間はただその影だけを見ていた事物を認識し、上り道のより高いところにある洞窟内部の火そのものを見る（515e-516a）。

次いで、彼は野外への険しい上り道を越えて太陽の光まで連れて行かれる（515e-516a）。ここで彼はまず眼が眩み、影と水に映る映像のみを認識する。しかし次に彼は眼差しを上げ、原物を見て、さらに天にあるものを夜に、最後に彼は太陽そのものとその光を見る。彼は太陽があらゆるものを秩序づける原理であり源泉であることを認識する。しかしながら、洞窟の囚人は太陽のもと、上方に留まることなく、洞窟の暗闇へと再び帰らなければならない。それは、命の危険を冒しても、洞窟の中でなお縛られ幻影にとらわれている人々を助けるためである（515e-517a）。

洞窟の比喩はプラトンの教育観を描くのみならず、プラトン哲学の最も重要な相を明確にしている。まず、その都度より高い実在性において存在する（515d）真なる諸対象から善のイデア（518c）に至るまでの異なった類いのものが存在階層として存するかぎりで、存在論的な側面を明確にしている。次に、認識対象および認識のあり方と、明白に前もって与えられている目的——認識と存在の太陽——への眼差しとの関連づけがあらかじめ与えられているので、認識論的な側面を明確にしている。最後に、向け変えと誤った想念からの解放の必要性、善のイデアを見る必要性、洞窟への帰還と同胞の陶冶の必然性が描かれているがゆえに、倫理的な側面を、それぞれ明確にしているのである（519d ff.）。

これらの比喩は、互いに関連づけて読まれなければならない。プラトンのソクラテスは、このような比較を促し（『国家』517b）、自ら指示を与える（517a-518b, 532a-535a）。それによれば洞窟は太陽の比喩の視覚の領域に、そして線分の比喩の下位部分に相当する。洞窟からの上昇は、線分の比喩において様々な存在階梯にあるものの認識の可能性に関して与えられているものを行為へと置き移す。その際、対話法は諸々のイデアと善のイデアを把握しうる（ノエーシス）かの認識様態として示される。

それでもなお、あらゆる細部にわたってプラトンの指示に従う試みに、問題があることは否定できない（Szlezák 1997, 205 ff.）。しかし、四つの認識段階のうちに生じ、存在論的に異なった種類の対象に向けられ、真理の認識に向かう一つの道が三つの比喩すべてにおいて指し示されているのは、明らかになるだろう。

洞窟の比喩はこの文脈で、上昇の局面と並んで下降の局面もまた強調する。哲学者たちは洞窟に帰り、なお縛られている人々を助けなければならない。このことは過酷で、不正に見えるかもしれない。というのも、帰還した人々には命の危険があるからである（『国家』517a）。しかし哲学者たちの「政治的」態度に対するプラトンの要求は、認識は常に実践へと移されなければならないという彼の見解からの帰結である。その上、哲学者たちの帰還は国家全体が幸福になるために必要である（519e-520a）。

これによって当然ながらプラトンは、彼にとっては個人の幸福ではなくて全体の幸福のみが重要なのだという疑念にさらされている。しかしながら、この非難は条件つきで正当であるに過ぎない。つまり、哲学者たちがポリスの秩序と幸福に配慮しなければならないとするならば、彼らは人間たち自身を教育し、彼らの幸福がそこから生じる一つの秩序へともたらさねばならない。しかしこのための前提は、個人の洞窟の壁の影からの解放、誤った判断と欺瞞からの解放である。この解放と向け変えに、哲学者たちは役立つに違いない。

### 幸福の可能性と哲学

原則的には、洞窟の比喩が示しているように、あらゆる人間が真理の認識と幸福に導かれうる。しかしながら、実際にはこれはわずかな人々にしか確保されていない（『国家』503b）。洞窟の比喩はプラトン哲学の悲観的な特徴を強調する。というのも、「君や僕みたいな」人間に対する他人の援助が不可欠であることが明らかになるからである。プラトンの対話篇がそのことについて何度も示しているように、この援助は常に受け入れられているわけではない。それゆえ、真正の認識と真正の幸福は哲学者に取り置かれているのである。とはいえ、平凡な人間には幸福への機会がないと認めるのは的を外しているだろう。元祖哲学者としてのソクラテスは、有望な援助が用意されていることを示している。人はそれを受け入れさえすればよい。これは比喩の楽観的な側面である。

太陽の比喩と線分の比喩の存在論的かつ認識論的な含意を背景として、洞窟の比喩において人間に課された制約（conditio humana, 514a）への眼差しが、すなわち人間が自分の状況を教育（パイデイア）によってよりよいものにしようとする探究の際に予期せねばならない可能性と危険に対する眼差しが広がっている。揺るがぬ基準としての諸々のイデアと善のイデアに人が向かっているときにのみ、泥土に埋められた「魂の目」（『国家』533c）を解放することが可能になる。わずかな者――ソクラテスのような――のみがこのことを自力で成し遂げることができる。ほぼ大部分の人々は助けを必要とする。この助けをソクラテスが提供し、この助けをプラトンは彼の哲学と、一定の仕方では対話篇によっても提供するのである。

第九章

# プラトンの主要教説

## 1 書かれた対話篇と語られた主要な思想

### 対話篇が暗示するもの

書かれたテクストとそれが知の伝達において果たす役割に対するプラトンの批判的態度は、対話篇における議論が開かれているように意識して組み立てられていることと同様、対話篇において投げかけられた問題について、プラトンの周囲でさらに論じられていたことを予想させる。このことはイデア論とそれに結びついた疑問にもあてはまる。

イデア論が示しているのは、プラトンが事物と現象の多性を、それらがそこから発し、かつそれによって説明可能になるその起源にまで引き戻したがっているということである。さらに対話篇の中には、プラトンが起源の数を減らし、いくつかの根本原理に還元しようとさらに努力していたことを示唆するものがある。『国家』では、ソクラテスは他の諸々のイデアをはるかに超える善のイデアについて語る。『ソフィスト』と『政治家』では諸イデア間のヒエラルキー的秩序が見出される。『ピレボス』では、あらゆる存在者が四つの類——無限、限、無限と限とから混合されたもの、限定するもの——に区分され(23b-27c)、限定するもの、すなわち理性は、混合の原因かつ「天と地の王」としての務めを果たす(28e; Frede 1997, 211 ff.)。最後に『ティマイオス』では、無限と限の混合の原因について反省され、より上位の原理としてデミウルゴスが導入される(『ティマイオス』28a ff.)。

プラトン前の自然哲学者たちが普遍的原理を求め、それをタレスは水、アナクシメネスは無限、アナクサゴラスは理性（ヌース）のうちに見出したように、またプラトンより後のプロティノスやプロクロスのような新プラトン主義者たちが一者を起源とするプラトン的哲学を主張したように、プラトンもまたいくつかのより上位の原理を知性界に探究し、それによってソクラテス前の伝統をある仕方で継続したことは明らかである。この印象はより広範囲の観察によって強められ、さらに確かめられる。目につくのは、『国家』(506d-e)、『政治家』(284c-d)、『ティマイオス』(48c, 53d) の関連する部分のうちで、少数の、あるいは「善のイデア」のような一つの原理への立ち戻りについて、尺度の意味について、万物の原理あるいは諸々の次元の原理について、読者が決して完全にでもなければ、いまだ決して必要にしてかつ十分なほどにも知らされていないことである。たしかに認識の「最上位のもの」あるいは「より上位の対象」について語られてはいるが、しかしそれは暗示に留まっている。その理由は、少なくとも今は踏み込んで述べる能力が自分にないと考えているからか、あるいは対話相手に対する配慮を優先しているからである（たとえば『国家』506d-e）。

解明する対話は後に延ばされ、それでいて個々の対話篇でこれ以上果たされることはない。これらすべては、初期対話篇のアポリア的対話における似たような進行を思い起こさせる。そこでは同じように暗示がなされ、またそういった暗示に対する指示が与えられ、それらはたしかに一つの解決を提供するのだが、しかしすべては後に延ばされるのである (Erler 1987, 78 f.)。ここかしこで多くのことが未決のままになっている。だが、ここかしこで読者は、プラトンが読者にもっと多く言うべきことがあるのに、読者に対して意識的に抑制的に振る舞っているという印象も得るのである。

## 語られた教説？

仮のものというこの印象は、プラトンの弟子たちの、とりわけアリストテレスの報告と一致する。つまり、実際にはプラトンが多様なイデアを、知的事物や可感的事物の多様な存在を説明しうるような少数の原理に還元することについて熟考したという報告である。アリストテレスは、「いわゆる書かれざる教説」と言われるプラトンの教説について語る（アリストテレス『自然学』第四巻二章 209b 15）——もっともそれはおそらくプラトン自身のものではなくて、彼の聴講者の一人によるものだが（Szlezák 1993, 161）——。アリストテレスはこの教説をある伝えられていない著作において扱った。さらにまたプラトンの別の弟子たちによる記録もある（Test. 8 Gaiser）。知られている異なる報告によるかぎり、——その証言の価値はもちろん議論されている（Brisson 2000, 43 ff.）——いわゆる「書かれざる教説」の枠組みの中でさまざまなテーマが取り上げられ、対話篇の多くの箇所を思い起こさせるが論じ尽くされることはない問いが扱われた。

それゆえ、対話篇におけるフィクションとしての出来事に対応する暗示は一定の現実を背景として持ち、いくつかの証言を通じて聞くアカデメイア内部の議論へとわれわれの眼差しを向けることができる。プラトンが実際に彼の弟子の集団の中で、書かれた議論の中で未解決のままにしていたことを再び取り上げ、継続し、深めようとしたのは明らかである。プラトンがアカデメイアの中で弟子たちと哲学的諸問題について議論したことは、驚くようなことではない。

しかしながら注意すべきことは、「書かれざる教説」の証言が、対話篇と比べると、術語のみならず、諸対話篇の中で仄《ほの》めかされているだけの根本原理の探究にも関わる内容的な「過剰」を裏書きしていることである。対話篇の中で諸々のイデアが最高の実在――プラトンの思考世界の中心――であるならば、プラトンにとって口頭による講義では、それ以上にこれらのイデアの正当化の地平が重要だと示されることになるであろう（Halfwassen 1998, 29-42）。

見たところ弟子の集団の中では、イデアという仮設の最終的な正当化について――イデア論の「第二の航海」（『パイドン』99c）について――、より広範囲にわたるイデアを基礎づける地平について議論されていた（Reale 2000, 364-368）。プラトンがこういった考察を弟子たちの集団の中での口頭による議論のために残していたとしても、この制限はいわば秘密の教えとしての秘儀であると誤解されてはならない（Szlezák 1985, 400 ff.）。プラトンによるこの制限の理由は、対話篇という開かれた形式の場合と同様である。どちらの場合も、相手の能力と理解力が考慮されず、――本の場合と同じく――直接の対話の中で訂正の可能性がない場合には、知識の伝達には必然的に誤解と説明の不足という事態が生じざるをえないという彼の根本的な確信の結果である。

「実際少なくともわたしの著書というものは、それらの事柄に関しては、存在しないし、またいつになってもけっして生じることはないでしょう。そもそもそれは、他の学問のようには、言葉で語りえないものであって、むしろ、（教える者と学ぶ者とが）生活を共にしながら、その問題の事柄を直接に取り上げて、数多く話し合いを重ねてゆくうちに、そこから、突如として、いわば飛び火によって点ぜられた灯火のように、（学ぶ者の）魂のうちに生じるのです」（『第七書簡』341c-d）

プラトンは知を限定的に扱い、また公衆の準備不足のゆえに、曖昧あるいは全く些細なものとしか彼らには見えないにちがいないもののすべてを公衆に開陳することはしないようにしたが、その理由は秘密主義ではなくて、学的交流の可能性と教育的配慮についての反省にあった。

## 無理解と秘教性

さらにプラトンの態度は個人的な体験によって強められた。つまりプラトンは、アリストテレスの弟子の一人であったアリストクセノスの報告を通じてわれわれが聞くところによれば、自分の原理に対して不誠実になったのである。それによれば、彼はある時公開で、多くの聴衆の前で「善について」という講演をした (Gaiser 1980)。しかし彼はこの講演で、通常このテーマで期待されるような善の具体的なイメージについては語らなかった。むしろ数学的問題と数の理論がテーマだったのである。この公の場への登場は、哲学的に未熟な聴衆の間では失敗となった。

このことはアリストテレスにとっては、失望を避けるために聴衆は講演の主題に関して準備され、内容を知らされているべきだという警告の実例となった。「彼ら (つまり聴衆) は、プラトンが通常人間的善と見なされている個々のものについて、つまり富、健康、強さ、そして一般に素晴らしい幸福について語るのだろうと考えてやってきた。しかしプラトンが諸学問について、数学、幾何学、天文学について語り、そして最後に善は一であると語るのが明らかになった時、これは彼らには全く馬鹿げたことに見えた。その結果、そのことをある者は嘲笑し、ある者は罵倒したのである」(アリストクセノス『ハルモニア原論』第二巻 30 Macran; H. S. Macran 1902, 122 7-14)

それゆえ自分の哲学が、何一つ、あるいはせいぜい半分しか理解していない人々の嘲笑の的になるのではないかという『第七書簡』で危惧していたことが、プラトン自身に起こってしまったのである (『第七書簡』339a, 341a)。そもそもなぜプラトンが公衆一般に向けて問題を語ったのか、について述べるのは難しい。おそらくプラトンは、自分の限定的な知識伝達によって育まれる一定の偏見に先手を打っておきたかったのだろう。アレクシスの喜劇の断片にこうある（fr. 180 K.-A.）。「無意味だ、プラトンと私的な交わりで語ることは」。プラトンのアカデメイアはエリートのもので、「プラトンの善」はなにか奇妙で秘密に満ちたものと見なされていたようである（Gaiser 1980, 22 f.）。

## 2　一性と多性――再構成の試み

### アリストテレスの報告

「書かれざる教説」についての証言は、プラトンからの引用ではなく弟子や後の時代の資料からの暗示や叙述を扱っているために、重要性には違いがあり、ときに評価が困難である。当然、アリストテレスの報告がより特別の意義を有する。比較的明白なのは、このプラトンの原理論（Prinzipienlehre）では、ある種の「原初論（Protologie）」（Reale 2000）が、つまり存在の第一の礎石が問題になっていることである。プラトンにとって重要だったのが、イデアの存在や知性界の階層、および現象界の事物（アリストテレス『形而上学』第一巻六章 987a 29 ff. = Test. 22A Gaiser）を、さらにおそらくは「自然全体の類縁性」を説明できるようなある種の要素論の輪郭を描くことだったことは明らかである。この類縁性については複数の対話篇において違った仕方で論じられており（『メノン』81c-d、『饗宴』202e、テオフラストス『形而上学』6a-b = Test. 30 Gaiser 参照）、この類縁性こそがプラトン的自然理解の本質的基盤を形成しているのである。あらゆる事物の多数と多性と本質を説明できる原理を見出そうと、プラトンは努力した。

ここでは二つの動きが特徴的である。一つは還元の動きで、現象の多性からイデアを超えて原理へと導く。もう一つは演繹の動きで、原理からさまざまな段階を通って現象へと至る。そこから現実の総体が導かれ、また説明される究極的始原（アルカイ）の探究から、プラトンは二つの原理に到達する。「一（ト・ヘン）」と「不定の二（アオリストス・デュアス）」である。この「一」は事物の規定性、一義性、恒常性の根拠である。

アリストテレスの証言によると、プラトンは口頭による講義で万物の目的因としての一を、『国家』の比喩で示されてはいたが、内容的にはほとんど規定されなかった、かの「善のイデア」と同一視した（アリストテレス『エウデモス倫理学』第一巻八章 1218 a24-31、アリストクセノス『ハルモニア原論』第二巻 30-31 = Test. 7 Gaiser）。おそらくこの連関で、『政治家』が話題にしている「精確さそのもの」(284d-e; Krämer 1959, 492) が想起されるだろうし、あるいは『法律』(716c) が扱っている「最も精確な尺度」を考えることも許されるだろう。両方ともアカデメイア内部で議論されていた、かの最上位の原理への暗示と理解できるのである。

プラトンは第二の原理を「大と小（メガ・カイ・ミクロン）」や「不定の二（アオリストス・デュアス）」とも名づけている。二という概念が示しているのは、この二番目の不定の原理が両側に対して開かれている、つまり減ることも増えることも可能なことである（『形而上学』第一巻六章 987b 25）。この原理は、事物に関して二義的で不定であるものを、つまり、どうして多くの事物があり、またどうして事物はいわば勝手気ままに増大しうるのかを説明し、基礎づけるに違いない。「形と限定」の原因としての一が善と同一視されるのだから、未限定の原因としての「不定の二」という原理は悪の根拠となるだろう。二つの原理はそれぞれ、イデア、さらには他の事物と数をも構成する要素である（アリストテレス『形而上学』第一巻六章 987b 18-988a 17）。

「不定の多性」という形のない質料原理が、一性という形を与える原理によってその都度異なった強度をもちつつ限定される。というのも、質料原理に対する一の優位（アリストテレス『形而上学』第一巻六章 987b 28-988a 17 = Test. 22A Gaiser）は諸々の現象に至るまでずっと減り続けるのに対して、形のない質料原理の現存とそれに伴う不定性は、存在階層の最下位に至るまでずっと、つまり質料の完全な不定性に至るまで、増え続けるからである（アリストテレス『形而上学』第一巻六章 987b 28-988a 17 = Test. 22A Gaiser を参照）。

こういった仕方で存在者のヒエラルキーが生じ、三つの領域が区別されることになる。つまり、一性と多性という二つの原理の結合の産物としての、一性や二性から十性に至るまでのいわゆるイデア数が生じる。これらはそれ自体計算不可能だが、つまり加えられることも引かれることもできないが、にもかかわらず同時にイデアと数の原像である。イデア数はその後、可知的な不定の多性と一緒になってイデアと数とを構成し、イデアは今度は質料的な不定の二――つまり質料――と一緒になって感覚物を構成する。

## 二世界論の克服の数学

とはいえ、この存在のピラミッドがイデア界と現象界とのあの境界を掘り崩そうとしているのは明らかである。このことについては諸対話篇で――たとえば『国家』で――話題になっており、その対立は対話相手に対してきわめて多くの問題を提示している。同じような取り組みは、『ティマイオス』や『ピレボス』といった後期の対話篇で一般的に見ることができる。このように、存在と生成の二世界の区別が見てとれる対話篇とは別のところで、プラトンは存在の三段階説を根本原理として主張した。根本原理はそれゆえ、互いに異なった存在階層の依存の図式を提供する。しかしこの系譜において、たとえば数がどのようにして成立したのか、といったような最上位の原理からの成立があるのか、あるとしたらどのようにか、については理解するのがいっそう難しいままである。

また存在構造のこの叙述において、数学に重要な役割が帰せられていることも明らかである。このことについてアリストテレスは、プラトンとその弟子たちには「哲学は数学になった」と言うことができた（『形而上学』第一巻九章 992a 32-b 1 = Test. Plat. 26a）。加えて、存在論のこういった「数学化」は、プラトンが線分の比喩で、数学の対象をイデアと現象の間の固有の存在領域によって示した時に暗示していたことと合致する。しかし、数学化はとりわけプラトンの後期対話篇のうちに観察されることと一致するのである。

アカデメイア内部で試みられていたような、一と善のイデアとの同一視は、事物の質のみならず、事物の存在と認識可能性にも配慮するという、『国家』の中で「善のイデア」を太陽に譬えたことをよりよく理解させてくれる（Szlezák 2003）。善のイデアが一性と秩序の原理としての一と同一視されると、それはプラトンが価値あるものと考える、魂と国家における秩序に責任があることになる。

善のイデアとしての一は、不定で無規定のものすべてに対して、一性の原理として、限定と規定を、それとともにまた存在と認識可能性を付与する。というのも、限定されているものだけが存在を有し、知られうるからである。善のイデアと一との同一視によって、太陽と善のイデアとの、存在論的、認識論的、原因論的な類比がより明らかになるだろう。

プラトンを一元論者と見なすべきか、それとも――かりに彼が「一」と並んで多性の原理としての「不定の二」というもう一つの原理を受け入れるとするならば――二元論者と見なすべきかは、問題であり論争されている。語られた教説の証言と対話篇の与える像は一義的ではない。とはいえ、プラトンは第二の原理をある仕方で第一の原理の下位に位置づけられるものと見なしたと思われるので、プラトンにおける一性の哲学について語ることができるのである（Halfwassen 2004, 263-278）。

## 3　書かれた対話篇の補完としての語られた教説

**語られた教説の意義**

後期対話篇に見られる文学的様式（問題に手をつけずにおくこと、暫定性、専門的知識のある他の対話相手への言及、対話篇では与えられることのない別の事柄の予告）と開放性は、対話篇で投げかけられた問題について、口頭による対話でさらに議論されるであろうという著者の期待の徴《しるし》である。これを背景にして見れば、対話篇で言及され論じられたことをさらに先に進める議論についての証言が実際にわれわれに伝えられているのは、それほど驚くことではない。初期の、アポリアで終わる対話篇においても似たようなことが観察され、それはまた「書き言葉への批判」――さらなる思考を呼び起こすものとしての対話篇――の意味で理解される。

対話篇とは別の教説が存在するということは、古代においては、とりわけ帝政時代のローマの新プラトン主義においては問題だとは見られていなかった。プラトンの対話篇が彼の哲学の証言としていわば絶対視され(シュライエルマッハー)、「公開の」対話篇形式が彼の哲学の唯一可能な表現形式と見なされて初めて、アカデメイア内部での語られた教説についての証言は背景へ退いた。

次第にそういった証言に再び興味がもたれるようになると、その意味を再構成する試みが企てられ(Robin 1908; Stenzel 1933)、とりわけクレーマー(1959)、ガイザー(1963/1965)、レアーレ(2000)、そしてシュレザック(2004)らの仕事によって、「書かれざる教説」が関心の中心に据えられ、プラトンの本当の哲学として見られるようになった。それにともなって著作は決して価値を引き下げられたわけではないが、その意義は相対化されたのである。このことはたくさんの反対意見を呼び起こした(Cherniss 1966; Vlastos 1963)。ここから大きくなった論争は今日でも意見の一致を見ず、多くの領域で刺激的かつ実りをもたらすものとして作用している。

いずれにしろ異論がないのは、プラトンが語った、アカデメイア内部の教説についての証言を、対話篇の補完物として真剣に受けとめ、時に見られる対話篇との一致の可能性を顧慮し追究すること、プラトン哲学を理解するために証言を実り多いものとすることである。もちろん、このことは極めて慎重かつ用心深くなされなければならない。というのも多くのことに関して論争の余地があり、確かではないからである。すなわち、伝承の状況、証言の理解、「書かれざる教説」の哲学的意義、その教説がプラトンが対話篇で伝えている哲学の像とどのような関係にあるのかという問い、がそうである。

「書かれざる教説」では、世界を哲学的に理解するというむしろ体系的な試みが問題となっているように見えるとするならば、対話篇の方は対話法によって実行された哲学を開陳し、真理という目的に到達することよりもむしろその探究を強調する。だとすれば、われわれは原理論の中に、文字による作品の背後に初めからあるプラトン固有の哲学を見て取るべきなのであろうか、それとも、後期対話篇においても観察される哲学の数学化というプラトンの試みへの洞察を議論を通じて獲得するのであろうか。

初期対話篇も後期対話篇も開かれていて、熟慮を促すはずのものだとするならば、すべての――既に初期でも――背後に同じ哲学的・体系的解決が存立しているということから、対話篇を通じて促される熟考は根本的に完結していないに違いないか、あるいは対話篇は本質的なものを何一つ含んでいないということが帰結しはしないだろうか。

いずれにしろ保持すべきなのは、プラトン哲学の全体像を描くためには、アカデメイア内部における口頭による議論についての証言が重要な補完をなすということである。このことは対話篇の価値を貶めることではない。プラトンの書かれた著作のうちには、彼がその都度の文脈で伝えるべきだったことのすべてが常に表現されているわけではない可能性もあるということは、プラトンが対話篇の中で描いた、対話相手に向けられたソクラテスの議論の仕方によって規定されている。したがって、一致を予想させる対話篇の位置づけについての議論に関する証言を、万全の注意を払って実り多きものにすることが望ましい。他方、対話篇の背後にある近代的意味での哲学体系について語ることは、ほとんど必要のないことである。

むしろ原理論のうちに、「方向づけのモデル」を見ることには、多くの理由がある（Gaiser 1968,

591)。そのモデルは、アカデメイアの口頭による議論のなかで、おそらくはイデア論を存在論的に確証することとの関連において検討されていたものである。この関連では、口頭による意思疎通に対するプラトンの批判が思い起こされるべきである。その批判においては、実質的な教導は問題と解決の提案を繰り返し思考し抜くことによってのみ生じ、諸々の結果と認識とに導くことができることが暗示されている。そうだとすると、我々が所有しているのは、文献学的・哲学的分析で解凍されなければならない、より一層難解な伝承におけるこの生き生きとした討論の、いわば「凍った言葉」(プルタルコス de prof. virt. 79a) なのかもしれない (Gaiser 1963, 34 f.)。

現象のあらゆる多性のうちに、基底に存する一性への問いを視野から失わないようにするプラトンの試みは重要であり、また重要であり続けている。いずれにしろ証言は、哲学者プラトンの像を作り、また、それを真剣に受け止めて、プラトンの対話篇におけるより多くの重要な箇所の解釈に役立てようとする試みに役立つ。このことに益がありうるということは、すでに古代において受け入れられていた (シンプリキオス『「自然学」註解』454, 18＝ポルピュリオス 174)。

# 第十章　プラトンの実践哲学

# 1　倫理学と政治学

## 倫理学と政治学の合致

「この問題はつまらぬことではなく、人生をいかに生きるべきかということにかかわっているのだ」（『国家』352d）。「人生いかに生くべきか」（『ゴルギアス』500c）という問いは、プラトンの思索の中心的テーマであり、プラトンのほとんどの対話篇の共鳴板であり続ける。この「べし」は定言命法の意味で考えられてはいない。むしろ、何が生にとって善くかつ有益であるかを見出すことが問題なのである。プラトンは対話篇で、哲学者仲間とどう関わることができ、かつ関わるべきか、あるいは一般的に、人は人生の一定の状況でどうふさわしく振る舞うことができるか、また振る舞うべきかを、同胞市民に対してソクラテスという実例において提示する。

『弁明』や『クリトン』、さらにまたその他の対話篇のような著作は、正しい――しかしまた誤った――振る舞いの事例研究を端的に提供する。公正でない裁判への召喚に直面しての毅然とした態度（『弁明』）。たとえ不当にも有罪判決をうけ、逃亡することができるとしても、不正に対して不正をもって報いないという、ひとたび正しいと認められた結論を勇敢に固持すること（『クリトン』）。誤りを指摘し、幻想から解放することによって行う、哲学の仲間や市民の魂への世話。プラトンが特殊な事例を叙述しているにしても、彼は常に魂一般と「人はいかにあるべきか」という問いとを視野に入れていた（Görgemanns 1994, 122）。

もちろん、プラトン哲学の他の領域と同じように、倫理学もまた――これに対してプラトンはアリストテレスとは違って固有の概念を与えない――存在論的な、認識論的な、そして宇宙論的な問題と緊密に結びつけられている。とりわけ政治学は――これはアリストテレスによって初めて固有の学として考察された――プラトンの場合、倫理学とほとんど同一である。このことが明らかになるのは、初期対話篇において正しい生き方の諸問題がソクラテスの方法によって個々に探究され、この方法が真の政治として、そしてそれゆえソクラテスが真の政治家として描かれるときである。

これが明らかになるのはまた、『国家』において正義の探究がまず個人のうちで始まり、魂に集中するが（442d-443a）、しかし続けて共同体における人間の役割についての問い、また人間と共同体の幸福についての問いへと拡張するときである。正しい生についてのプラトンの問いは、正しい行為に関する客観的な基準と、いかにして正しく行為するかを認識する可能性が問題になっている以上、伝統的倫理を遥かに超え、心理学と政治学とを、さらには認識論と存在論を引き入れるのである。

## 2　エウダイモニア（幸福）は「実現可能」である

### 実現可能な幸福の客観的基準

生の選択の尺度としての、自身の幸福にとっての有用性。こういった立場は、倫理的態度についての近代的な考え方に直面して苛立つことだろう。プラトンは行為を、カント以来普通になっているように、目的をそれ自体のうちに含んでいる義務を引き合いに出して評価することはない。むしろ行為は、その結果と行為者の幸福（エウダイモニア）にとっての有用性とにしたがって評価される。

今日、我々には奇妙に見えるかもしれないものが、プラトンの時代には正しい行為や誤った行為の判断基準として一般に受け入れられていた。つまり、「幸福になるには、私はどのように生きたらよいか？」というこの問いは、プラトンの『国家』ではトラシュマコスが提起し、『ゴルギアス』ではカリクレスがこの問いによって導かれるのである（『ゴルギアス』491e）。プロタゴラスはその同名の対話篇の中で、道徳規範は人間にとっての有益さに定位すべきであること、まさにそれゆえ教育と訓練を通して与えられるべきであることという見解を示している。というのも、これらの規範は合理的な有益性への考慮に基づかなければならないからである（『国家』358e）。

ソクラテスもまた、個々の行為の目的をある人自身にとって善いことのうちに見る（『メノン』77b-78b; Stemmer 1989, 541）。というのも、ディオティマが『饗宴』（205a）で詳述するように、価値があり有益であると見なされるものが善いものと思われているからである。それゆえ、追求するに値すると考えているものを獲得する人が幸福なのだ。この目的が追求するに値するのみならず、到達可能だと見られていたことを、またドイツ語の《Mach's gut（お元気で）》のように「善く（gut）行為せよ」と「うまく（gut）いくように」という意味を同時に持つ、プラトンが好んで用いるエウ・プラッテインという挨拶の定型句がすでに示している。

幸福は実現可能である――これが挨拶に込められたメッセージであり、プラトンの理解にも合致する。なぜなら、幸福はプラトンおよび同時代の人々にとって、近代的な考え方に対応するような、瞬間的な高揚した気分という主観的感情ではないからである。エウダイモニアとは、その前提が一般的に伝達可能な、意義深い人生の構想を成就することである（Horn 1998, 62 ff.）。

もちろん、プラトンは幸福を外的状況が持続的に肯定的であることとは見なさない。むしろ正しい生の報酬としての内的調和が重要な役割を果たす。というのも、有徳の人のみが快適な生を送るからである。客観的必然性の認識、理性的な計画、人生がうまくいくことが緊密な関連のうちに見て取れている（『エウテュデモス』278e ff.）。幸福が与えられるのは、――幸福を意味するギリシャ語のエウダイモニアが容易に推測させるように――人が善いダイモーン（エウ・ダイモーン）に付き添われている場合なのである（『ティマイオス』90c）。

幸福であると見なされるのは、善く生き、満たされた生を送る人である。「してみると、正しい魂や正しい人間は善く生き（エウ・ビオーセタイ）、不正な人間は劣悪に生きる。（中略）しかるに、善く生きる人は祝福に値する幸せな（エウダイモーン）人間ではないか」（『国家』353e）。このことは、古い、プラトン以前の文学においてしばしば定式化されている見解によれば、だれもその最期を迎える前に幸福であると褒め称えられるべきではないということを背景として理解されなければならない。

もちろん、人間にとって何が有益であり、有益さは何によってはかられるべきであるかは問題である。多くの人々は慣習を参照する（『国家』359c）。別の人々は『ゴルギアス』のカリクレスのように、自然によって予め定められた基準を引き合いに出し、徳への呼びかけのうちに自然本来の意味での強者に対する弱者の陰謀を嗅ぎつける。さらに『国家』におけるトラシュマコスのように、別の人々は人生経験を引き合いに出して、正義は人を不幸にするが不正は幸福にすると主張する。

様々な色合いを持つソフィストたちは、それゆえ、個人がその人生をわがものとなすよう提案し、個人の異なった幸福を個々に視野に入れるべきだと主張する。個人の求めに合わせてなされた提案は、各人にその流儀にしたがって幸福になることを約束するので、現代の読者には共感されるだろう。しかしプラトンは、このうちに当時の概念の混乱（『国家』557b-e）の結果としての、放任と恣意のみを認める。

それゆえ彼の問いは「私はどのように生きるべきか」ではなくて「人はどのように生きるべきか」なのである（Stemmer 1989, 535）。つまりプラトンにとっては、幸福を定め、その幸福に到達するための道を見出すことができるような客観的な基準を見つけることが大切なのである。

正しい生き方とそのための決定的な基準に関する意見の不一致は、『ゴルギアス』で、とりわけ『国家』で印象深い仕方で論じられている。『ゴルギアス』では「政治家」の生き方と「哲学者」の生き方が吟味の俎上に上り、『国家』では正しい人と不正な人の幸福が問題になっている。二つの対話篇とも、善くかつ幸福な生の新しい基盤を探究しているのである。

## 3 「真の政治家」ソクラテス――『ゴルギアス』

### カリクレスとの対決

表面的に見ると、『ゴルギアス』という対話篇は多彩なテーマの花束を扱っているように見える。

ソクラテスは異なった対話相手と、弁論術の意義や、不正を為すよりも為される方が悪いかとか快楽は適切な行為の意味ある基準となりうるかといった問いのような、さまざまな主題を論じている。弁論術がこの対話篇の重要な主題であることは確かである（第六章を見よ）。しかしこの著作においては、幸福な生についての問いが主導的テーマであることが明らかになる（『ゴルギアス』472c）。とりわけ対話篇のカリクレスとの最後の対話ラウンドで、正しい生き方についての問いが前面に出てくる。「なぜなら君も見ている通り」とソクラテスはカリクレスに言う、

「いまぼくたちが論じ合っている事柄というのは、ほんの少しでも分別のある人間なら、誰であろうと、そのこと以上にもっと真剣になれることが、ほかにいったい何があろうか、といってもよいほどの事柄なのだからね。その事柄とはつまり、人生いかに生くべきか、ということなのだ。すなわち、君がぼくに勧めているような、それこそ立派な大の男のすることだという、弁論術を修めて民衆の前で話をするとか、また、君たちが現在やっているような仕方で政治活動をするとかして、そういうふうにして生きるべきか、それとも、このぼくが行っているような、知恵を愛し求める哲学の中での生活を送るべきか……」（500c）

カリクレスとの対決において、正しい生についての問いは「政治家か哲学者か」という二者択一となって先鋭化する。エウリピデスの悲劇『アンピオン』で主役のアンピオンとゼトスが観想的生と実践的・政治的生という二つの生き方をめぐって争うように、『ゴルギアス』（484e f.）のソクラテスとカリクレスはエウリピデスの断片にはっきりと言及しながら（エウリピデス断片 184 Kannicht を参照）、カリクレスがその立場を取る政治的生の利害と、ソクラテスが代表する哲学的生の利害を論じるのである。

「政治的生」はその際、一般常識（common sense）と、もっぱら固有の利益を貫徹することのみに沿った一つの生き方を代表する。それは、その根本原理が通常の考え方には逆説的に映じるに違いない一つの哲学的生き方と対峙させられている。幾重にも賛嘆され追求される強大な権力は、無力なものとして現れる。不正を被ることは恥ではなく、功績として判断される。罰は不運ではなくて、恩恵である。多くの人々が徳と見なすもの――勇気と節度――は、時として快楽計算に基づくがゆえに、正しく理解された哲学的徳に対置される「平凡な徳」となる（『ゴルギアス』491d、『パイドン』68c参照）。

逆に、多くの読者にとっては非道徳的な権力者の典型であるカリクレスは、自然における観察から人間の行動様式のための結論を引き出す。自然においては強者の正義が妥当するので、カリクレスは弱者の保護のうちにではなく、強者の正義のうちにこそ人間の共同生活の自然的規範を見出すのである。彼にとって不正を被ることは弱者の印であり、それゆえ恥ずべきことである。

にもかかわらず、規範に対して考慮がなされるならば、それは自然によって他者の前で際立つ、かの人々の不利益になる。というのは――カリクレスの確信によれば――道徳規範の領域としての自然が因襲と道徳によっていわば手なずけられてしまったからなのである。伝統的な徳の基準は、カリクレスにとっては強者に対する弱者の陰謀であって、強者がその能力を展開し個人的な幸福を現実化するのを妨げるものなのである。

### 秩序の重要性

カリクレスの立場に対抗するために、ソクラテスもまた行動基準の参照領域としての自然に拠り所を求める（『ゴルギアス』507c-508a）。もっともソクラテスは、カリクレスのそれとは別の自然概念と別の人間観に基礎を置いている。というのもソクラテスは、各人にふさわしいものを各人に割り当てる正しい秩序の働きを自然のうちに認識しているからである。幸福と有益さは、ソクラテスにとってもまた正しい行為の基準であるのだ（第十二章を見よ）。

しかし、彼は行為者の魂を中心に据え、またそうすることで幸福の概念をいわば内面化することによって、この伝統的な基準を変形している。徳は行為の性質から行為者の魂の質になる。幸福は外的状況から生じるのではなくて、人間の魂の内に存する。幸福と不幸は魂に与える利害によって測られるのである。

この連関では、秩序の概念（504b-d）が中心的な意味を持っている。なぜならソクラテスのいう魂の世話にあっては、常にその内的な秩序が重要だからである。つまり魂のうちで理性が欲望を支配しているとき魂は秩序づけられており、道徳に適った仕方で振る舞い、人々と友好的である能力を持つ（507a-508a）。これに対して不正は無秩序のうちに現れ、人間の衰弱を意味する害を魂に与える。というのも、その場合人は自分自身と一致せず、共同体にふさわしくないからである。

このことは、力に溢れている見かけにもかかわらず、僭主にも妥当する。僭主が力を行使する際に示す多くの人々によって驚嘆される恣意性は、彼の弱さの源泉になる可能性がある。それは彼がすべての人に対して、そして自分自身に対してさえ、力を弱めるのではなく強めようとするのが当然だからである。しかし不正な力の行使は、彼自身の意志に反して彼自身の魂に害を与え弱めるのであり、何が本当に彼にとって有益であるかを彼が知らないことを示すのである。

これに対して真正の力は、固有の魂に有益なものについての知によって際立ち、この知を変換する能力を有する。とはいえ、前提は魂における秩序である。この秩序を作り上げることがソクラテスの魂の世話の目的であって、これには罰も属するのである。なぜなら罰は、正しく理解されるならば、威嚇することではなくて――プロタゴラスはそう考えるのだが(『プロタゴラス』324a-c)――、人間の魂のうちに秩序を回復するのを助けることだからである。それゆえ罰は、魂の治療とその幸福を生じさせるので、悪を行った者にとって不幸ではなく、恵みなのである。

したがって哲学と正しく理解された政治にとっては、人々を錯覚から解放することが重要である。そのことのために、ソクラテスの問いと答えの遂行は、それが人々を困惑(アポリア)へと追い込み、しかしそれによって彼らが単なる錯覚を奉じていることに気づかせる限り、役立つのである。哲学と政治はともに、正義と、それゆえ個人と国家の幸福の源泉としての、魂と共同体の秩序のための配慮である。人間の転換、魂と国家における秩序の復元、――これを促進することこそが、哲学と政治が決して対立することのない、そしてその傑出した代表がソクラテスであるような、生の様式の目的である。

「ぼくの考えでは、アテナイ人の中で、真の意味での政治の技術に手をつけているのは、ぼく一人だけだとはあえて言わないとしても、その数少ない人たちの中の一人であり、しかも現代の人たちの中では、ぼくだけが一人、ほんとうの政治の仕事を行っているのだと思っている」(『ゴルギアス』521d)

ソクラテスのような真の政治家にとっては、権力や組織が重要なのではなくて、権力や組織、そして他の人々と正しく関わるための前提を人々の許で作り上げることが重要なのである。そのための前提とは国家における秩序のための基礎としての、魂における秩序のことである。秩序で意味されていることは、『ゴルギアス』では明らかではないままだが、『国家』で中心的なテーマになる。

## 4　アテネから理想国へ――『国家』

### a　人間の内なる正義と秩序

**正義それ自体への問い**

『国家』、つまり「国家の秩序について」という意味の題を持つプラトンの主著においては、一見したところ、以前からの伝統的意味での政治が問題になっているように見える。対話のある重要な部分で理想的な国家の構想が描かれる――ソクラテスはそれを理想国（美しい国）と呼ぶ（『国家』527c）――この共同体の市民もしくはエリートたちの教育と、どのような時に国家は正しいのか、したがってまたどのような時に幸福な共同体になるのかという問いが議論される。

それゆえ、プラトンの『国家』はプラトンの政治哲学のマニフェストとして読まれ、註釈が書かれ、ソクラテスの詳細な説明によるユートピア的性格が指摘されてきた。とはいえ、その説明にとっては熟慮への促しのみが問題であって、実際にそれに倣って作ることが問題ではない（第十五章を参照）。事実、ソクラテスは正しい人間と正しい国家の理想像のうちに、それに照らして人が自らの方向を定めることができるとともに（472c-d）、「天に建てられた」（592b）モデル（パラデイグマ）を見てとっている。同時にソクラテスは、理想の実現は可能だとしている（499b-d）。

とはいえ、国家に関する理論的な吟味は、『国家』においてどのような仕方で善い生き方と悪い生き方が区別され、またどのようにして最善の生き方を選ぶことができるかという問いの議論のうちに埋め込まれた一つの観点にすぎない（『国家』618b）。考察の出発点は、個人の正義についての個別倫理的な問いである。「正義について」という副題を持つ『国家』において具体的に問題となっているのは、人を幸福へと導く個人の生き方の基礎としての正義である（『国家』357a-b; Höffe 1997, 1-17）。それゆえシュライエルマッハー以来、『国家』がプラトンの倫理的著作の中心と見なされているのには十分な根拠があるのである。

そしてまたプラトンの他の著作におけるのと同様に、著作のテーマ、すなわち正義ならびに正義の人間の幸福に対する寄与についての問いが、見たところさりげない形で生活世界の状況から展開されている。ソクラテスは、それほど詳しくは説明されていないある聴衆に対して、アテネでその前日に行われたとある対話を物語る。ピレウスからの帰り道、ソクラテスはポレマルコスによって彼の家に招かれ、そこでプラトンの兄弟であるグラウコンとアデイマントスや、ポレマルコスの既に高齢の父親ケパロスと会う。ケパロスとの老年の苦労についての対話から、正義と正義が個人と共同体の幸福に対して持つ意義についての問いが生起する。

この主題は対話相手を代えながら（ケパロス、ポレマルコス、トラシュマコス、グラウコン、アデイマントス）異なった観点から、異なった水準で、多かれ少なかれ実り豊かに詳しく論じられる。その目的は、正しくある方が不正であるよりも善い、という確信を得ることである（367e）。正義の諸規定が提供され、なぜ正義が有益であるかの根拠が探究される。冥府で待ち受けている報酬が示唆されることもあれば（330d ff.）、正義から生じうる良い評判や力が示唆されることもある（358a）。それに対してグラウコンとアデイマントスは、正義をそれ自体として評価することを望む。それゆえソクラテスは、正義はその結果とそれ自体のために追求されるべきであるという証明に着手する（358d）。

## 『国家』の構造と問題設定

『国家』の均整のとれた構造全体は、究極的には正しくあることが人間にとって善いという証明に役立つ。第二巻から第四巻までの理想的な国家のモデル。第八巻から第九巻までの国家体制の変遷可能性（優秀者支配制から名誉支配制と寡頭制を通って僭主制まで）の描写とそれに対応する人間の類型。男性と女性の平等についての逆説的な諸要求。最上層階級における婚姻と家族の廃止と哲学者による支配――ソクラテスは三つの波について語り、笑いの渦を予想している。中心に位置する第五巻から第七巻までのエリートの教育プログラムと、イデアと善のイデアを援用してなされる構想の形而上学的基礎づけ。最後に第十巻は、詩作をめぐる重要な考察を伴ったエピローグを与える。

「正義とは何か」という最初の問い、探究の方法は――『国家』第一巻では正義の定義が様々に提案され拒絶される――なるほど徳とその定義が問題となっているプラトン初期の定義を求める対話篇を思い起こさせる。しかしより仔細に観察してみれば、この文脈では初期のアポリアに終わる対話篇に比して新しく、かつ『国家』の残りの諸巻における対話の進行にとって中心的な意味を持つある側面が重要になることがわかる。

他の対話篇におけるソクラテスの対話相手のように、トラシュマコスは第一巻で正義が徳であることを認める。しかし彼は正義が有益で善いことを否認する。人生が示すのはむしろ、正しくあることが個人の成功にとっては不利であることが珍しくないということである。

「それというのもほかではない、人々が不正を非難するのは、不正を人に加えることでなく自分が不正を受けることがこわいからこそ、それを非難するのだからである。このように、ソクラテス、不正をひとたび大規模な仕方で実行するときは、それは正義よりも強力で、自由で、権勢をもつものなのだ」(344c)

まさに正しい人々がしばしば苦難を受け、不正に振る舞う人々が利益を得る(348c-349a)。トラシュマコスによれば本当の有益さが与えられるのは、諸個人がその要求を妨げられず、首尾よく押し通すことができるときである(338c)。羊飼いのギュゲスのように(『国家』359c)、姿を見えなくさせる指輪を意のままに使える人は、自分の利益を押し通すために遠慮会釈なくその機会を利用するだろう。グラウコンは悪魔の代理人として、各人が信じている一般的な見解を定式化する。

「すべての人間は、不正のほうが自分自身には正義よりもずっと得になると考えているからにほかならないが、この考えは正しいのだと、この説の賛同者は主張するわけです」(360d)

これに対してソクラテスは論ずる。真の哲学者は、たとえ彼にギュゲスの魔法の指輪が力を貸し、いかなる不正をなそうとも見つからずに罰せられないとしても、正しく振る舞うであろう(『国家』612b)。正しい人の生は、不正な人の生よりも「七二九倍」快適であると(587e)。

## 正義は魂の秩序

ソクラテスは『ゴルギアス』では暗示にとどめていたことを、『国家』でははっきりと言明する。正義は魂における秩序の問題である。魂に健やかさと美しさを与えるのは秩序であり(『国家』444d)、人間が堪え難い境遇にあっても——罪がないのに拷問にかけられ磔《はりつけ》にされるとき(361b-362a)——幸福であるようにするのである(358b-367e)。この魂の秩序は、理性の他に非合理的な要素、つまり欲望、不安、希望が魂に属しているために危険にさらされている。正しく行為する人はその魂が理性によってコントロールされているので、魂の個々の部分がよく秩序づけられている。

それに対して不正な人々は、魂の理性的な部分にではなくて、魂の衝動に従う。不正な魂は、その振る舞いによってそれ自身の内の衝動の「多様な姿をした怪物」を促す（『国家』588d-e)。理性に対する内的騒乱が生じ（『国家』441b-c)、そのさい理性は屈服し、人間は彼に役立つことの反対を為すが、しかしこういった行動様式のせいでその人は外面的な利益を手に入れることになる。

このようにして、正義と徳の探究は魂の構造における秩序についての問いとなる。行動と成功の観点は背後に退く。内的な害は外的な利益よりも悪く、また不正を為すことは不正を被ることより悪いというソクラテスの議論の基盤は、人間の真の核としての理性的魂を優遇することから生じる内的なものと外的なものとの不均衡である。

正義が個人の内的魂の秩序に存し、倫理的行為がこの秩序の確立ないし育成を狙っているとするならば、利己主義と個人主義の非難は当然である。とはいえ、社会的＝間人間的観点はプラトンにあっては決して考慮の外に留まりはしない。ここでもまた、秩序（コスモス）の概念が重要な結合的な役割を果たす。というのも、正しい人たちだけが信頼関係のうちで互いに生き、国家における秩序を保ち、共同体の幸福を生じさせることができるからである（575c-576a)。

国家の場合も、その諸部分の秩序から幸福が生じる。自分の魂の世話としての倫理と他者の魂への気遣いと保護としての政治との緊密な結びつきは、まさに『国家』の構造の特徴となる。魂における正義と国家における正義は、類比的に見られるのである。

## b　理想国における正義とエウダイモニア

**三階層からなる「理想国」**

プラトンは、プラトン哲学の受容史において大きな影響を持った国家概念を展開したが、それはそれ自体を目的としたものではなくて、魂における正義の概念を描写するためであった。というのも、国家体制は、魂の場合にも妥当するが、しかし認識がいっそう困難であるあの理想的な秩序を、より大きな枠組みの中で考察することを可能にするからである。「だからおそらくはより大きなものの正義の方が、よりよくまたより容易に認識される」(368e, 462c 参照、Clay 2000, 248 f.)。それゆえ、プラトンが「カリポリス」――美しい国家――と名づける(527c)この理想国の分析は、魂の分析に役立つのであり、そして両者は正義とは何かという問いの解答に役立つのである。

この理想国の中心的な特徴は、分業とグループの階層化である。どちらも、人間が本性的に自足していない存在であるという事情から生じる。それゆえ人間の共同体の課題は、仲間の基礎的な欲求の不足と充足の均衡に配慮するものでなければならない。このことが生じるのは、共同体の各成員が自分のことを行い、それによって自らの能力に最も善く適合する貢献を為すときである。共同体のために関与する能力は、もちろん様々であり、共同体に対して異なった重要性を持つ。そこから構成員の間の位階が生じるのである。

このことをソクラテスは、いわゆる金属の比喩(414c-415a)を用いて解説する。それによれば人々はなるほど血縁的に結ばれてはいるが、しかし神はある人々には金を、また別の人々には銀を、さらに別の人々には銅を混入したので、共同体にとって別の課題領域と別の価値を持つ三つのグループないし階層が存在することになった。神によって金を恵まれた者は、支配するべく定められている。銀を恵まれた者は、守護者もしくは支援部隊の一員になることになる。銅を混入された者は、生業に従事する者、手職人や農夫になる（369d）。

このグループのそれぞれが固有の課題を果たし、共同体に適合するとき、善き生の基礎としての正義が支配する。むろん正義と並んで、枢要徳の四つのそれぞれに結びつけられる他の諸徳も必要である。つまり、知恵、勇気、節度（『パイドン』69b f.）――ときにはさらに敬虔も挙げられる。プラトンはこの伝統的な四つの徳を個々の階層の標識として、あるいはその相互の関係の記述のために、彼の国家構想に組み込む（『国家』427d-434d）。支配者は知恵（ソフィア）を、番人は勇気を有していなければならない。節度（ソーフロシュネー）は下層階級のその都度の上層階級に対する適切な関係を表す。最後に正義は、共同体の各グループと各成員がそれぞれ本質にかなった自分のことを為し、他者の管轄領域に介入しないならば（タ・ヘアウトゥ・プラッテイン・カイ・メー・ポリュプラグモネイン）与えられる。この場合、共同体は本当の統一を形作り、正しいと名づけられうる（423c-d）。

## 魂の三部分

理想国の例によって展開されたこの国家概念をソクラテスが人間における正義の探究に役立てることができるのは、彼がまずその構造が文脈に適合する魂のモデルの輪郭を描く限りにおいてである。

共同体における三つのグループに魂の三つの部分が対応する（435 ff.）。理性（ロギスティコン）、気概（テュモエイデス）、そして欲望（エピテュメーティコン）である。国家において諸部分に固有の徳が割り当てられるように、魂の理性的部分には何が本当に有益であるかを判断することのできる知恵が、魂の気概的部分には恐ろしいものと恐ろしくないものとを区別することを知る勇気が、欲望的部分には快楽と欲望とを支配することを知る節度が、割り当てられる。

国家においてと同じように、魂が節度を有するのは、魂の部分が互いに衝突することなく秩序づけられていて、それぞれ固有の課題に集中している場合である。そのとき、魂においては人間と共同体の平和のための、また個人と共同体の幸福のための基礎としての秩序と一性が支配している。

魂の三つの部分はすべて自然的衝動の傾向を有しているので——魂の理性的部分にはすでに子供のときから認められる学びへの愛が属する（ト・フィロマテス 374e-376c）——段階を追った教育プログラムが生じる。まず若い人の魂の素質と衝動が調和のとれた関係にもたらされ、かつその人自身がそれを通して理性（ロゴス）を受け入れる準備を整えていなければならない。このことは体育と音楽教育によって起こる。こうして教育者によって魂に正しい見解が植えつけられる。最後の段階では、哲学にふさわしい者として自らを示したわずかな者たちのみが、イデアの観想と、そして最後にはプラトンが善のイデアをそう名づけている（509a）かの「最大の学業」（メギストン・マテーマ）に至るのである。これらのおかげで、彼らは正義とは何なのかと、正しくあることがどのような意味で善いのかを認識する（『国家』506a）。

もちろん、善のイデアと人間の実践的政治的行為との関係は完全には明らかでない（517b-c）。善のイデアを最上位の「一性」と同一視するという善のイデアについてのアカデメイア内部での意味づけ（第十一章参照）に基づけば、善のイデアと人間の正しい行為との関連はおそらくはより理解可能になるだろう。つまり善のイデアが最上位の一性と同一視されるならば、この最上位のイデアの認識は、「魂の世話」によって同胞の魂とポリスのうちにおける一性と秩序に配慮し、そうすることで幸福と正しい行為に寄与することを哲学者に可能にさせる（502d-505b）。

## 哲人王の理想——どのように解すべきか

それゆえ、プラトンにとっては哲学者が支配しなければならないといういわゆる哲人王の命題は、国家が善く秩序づけられ、幸福であらねばならないのであれば、正しいのである。「哲学者たちが国々において王となって統治するのでないかぎり、あるいは現在王と呼ばれ、権力者と呼ばれている人たちが、真実にかつじゅうぶんに哲学するのでないかぎり、すなわち、政治的権力と哲学的精神とが一体化されないかぎり、国々にとって不幸の止むことはない」（473d。藤沢訳を一部改変）。というのも、ただ哲学者たちだけがイデアの知識を援用することで生成の世界のうちに秩序を認識し、秩序に配慮し、法律を用いて同胞をこの秩序へと説得することができるからである（『国家』519a-520a）。

だからこそ、その知のゆえに世間一般の目には世事に疎いと見えることもある（521a-522c）哲学者たちは、真理の認識の後、「無知なる者たちの洞窟へと」帰還するように、また「真の政治家」としての責務を果たすように（473c-e）、強制されなければならない。哲人統治者としての（471c ff.）彼らは、理想国の実現とそれによる個人と共同体の幸福に決定的な仕方で寄与することができるのである。

ソクラテスは、人がそちらへと方向づけられるような（472c-d）、かつ「天に建てられた」（592b）彼の国家の輪郭のモデルを様々な仕方で指し示す。プラトンの『国家』は、省察を促すことこそ重要であり、その模倣を現実化することが重要なのではない、彼の政治哲学のユートピア的マニフェストとして読まれてきた。

たしかにこの共同体の実現は困難であることが認められる。しかしソクラテスは、正しい国家と正しい人間についての彼の理想の実現を決して排除してはいない（499b-d）。それゆえ、プラトンの『国家』が彼の政治哲学のマニフェストとして読まれ、註釈が書かれ、とりわけ二十世紀に出現した全体主義の影響のもと否定的に評価されたことは、驚くべきことではない。

カール・ポパー卿はその著『開かれた社会とその敵』（初版1945、独語版1957、D. Frede 1996, 74-107）においてプラトンの『国家』を——とりわけドイツによるオーストリア併合の影響下で——全体主義的な綱領書として批判する。実際、プラトンの「国家—概念」は、政治の手段としての「高貴な嘘」（389b）、一定の年齢集団の追放（540 ff.）や詩人の検閲のような、問うべき要素を含んでいるのであって、それらは「われわれのうちの誰が」プラトンが最善の国家として素描した「その国家の中で生き、教育される（「ことを望む」私見によれば）のか」という問いを許容する（Gaiser 1979, 40）。

ソクラテスによって喧伝される女性と子供と財産の共有も——これによってソクラテスは同時代の、また喜劇（アリストパネス『女の議会』）によってパロディー化されたユートピア概念を取り上げているのだが——一般の同意をほとんど見出さなかったし、見出すことはないだろう。

それゆえ、『国家』やプラトンの政治的倫理学全般においては、制度やその改良よりもむしろ、国家構想の問題的な特徴を否定することなく、ソクラテスの「真の政治」としてのあの魂の世話や善い生き方の可能性への問い（618b）が重要であることに留意する必要がある。

もちろん、ここでの国家と魂に対する厳密な一性の要求のようなプラトンの要請は、多元的共同体についての現代的な見方からは批判的に見られるだろうが、しかしまた一性を完全に失った状態を匡《きょう》正《せい》するものとして考慮に入れることも許されよう。その上、プラトンのテーゼの基礎は、事柄に即した認識が有する権威に対する帰依である。事柄についての専門知が権威を基礎づけうることは、今日でもほとんど争われることがないが、しかしプラトンによって前提されている絶対的な専門知の可能性は論争の的になっている。

それゆえ、プラトンの理想の共同体は決して単なる思考上の範型に留まるものではなくて、正しい振る舞いのための方向づけの助けとなるという意味において、現実への影響を持つ可能性がある。それは、フィクショナルなどこにもない場所（ウートピア）としてのユートピアの現代的表象という意味で、対比の対象として、あるいは好ましくない状況を正すための刺激を与えるものとして、見なされることができるだろう。いずれにしろプラトンの『国家』は、政治的・倫理的ユートピアの伝統の基礎となった（たとえば、トーマス・モアの『ユートピア』1516）。正義と幸福な生の関連についてのその倫理的政治的考察は、古代における、そしてそれを超えて現代に至るまでの考察に大きな意味を持っているのである。

## 5　理想国からマグネシアへ——『政治家』と『法律』

### 後期対話篇で哲人王は捨てられたのか

『国家』においては、幸福な生を可能にする理想的な国家体制の実現可能性についての問いが、困難であるが同時に決定的ではないものとして示されている（『国家』472e）。しかしながら後期の対話篇では、政治的・哲学的な構想をどのようにして現実に適用するかに関する問いが強調されて前面に出てきており（『政治家』）、どの哲学的概念が、またどれほど実現されうるかに関する問いが政治的課題となっている（『法律』）。『国家』において「理想国」の理想的概念が問題になっているように、『法律』では——いずれにしても虚構なのではあるが——クレタ島にマグネシアという新しい都市国家を建設することについて具体的に論じられている。

この考察に際して、プラトンは以前よりもいっそう多く生活世界の政治的現実を考慮している。このことは、決してプラトンの立場における根本的な変化を語っているはずがない。むしろこれによって、対話篇におけるその都度の文脈と新しい問いの立て方に応じて、プラトンの中のほかの箇所でもまた観察されうる特別の強調がおかれていることを考慮に入れるべきである（Görgemanns 1960）。

たとえば初期対話篇では、プラトンは道徳的な不全はただ知的誤りだけに帰せられるべきであると強調しているのに対して（アクラシア、『プロタゴラス』352a-357e）、後期対話篇（たとえば『ティマイオス』）ではたとえば身体を通じての外部の影響の可能性をいっそう多く考慮しているが、その時にも以前の対話篇で少なくとも暗示されていた（『パイドン』）ことが前面に出ているのである。このような強調点の変化は、もちろん、新しい条件の枠組みを前面に押し出す。

かりに何が善いものであるかの知が、それだけでは正しいとして認識された事柄の適切な配置転換をもはや保証しないならば、権利と法の貫徹可能性についての問いが新たに立てられる。というのも、知と行為の無条件的な連関に対して信用を寄せることこそが、『国家』においては哲人王たちに規則と法に対する、かの至高の位置を与えるからである。それゆえ『国家』においては、法の編纂ならびに書かれた法律とが全く役割を持たないのである。

これは、よりいっそう現実に即した見方が選ばれるならば変化する。今や哲人王という理想は放棄されたわけではないが、背景へと退く。共同の生を別の仕方で制御する可能性についての問いが重要となる。したがってプラトンが『国家』においてとは違い、『政治家』や『法律』のような後期対話篇において、善き生を組織化する際に補完し補助するものとして、法律や規則にますます意義を与えるのは決して偶然ではない。哲人王の理想は放棄されたのではない。もちろん、探究の視角は変化した。その知のゆえに書かれた法に縛られない哲人王を「見出しがたい」時代において、何がなされるべきかが論じられているのである。このことからプラトンの根本的な立場の変化を結論づけるのは、性急に過ぎるだろう。

## a　哲学的機織《はたお》り術としての政治──『政治家』

対話篇『政治家』は、対話篇『ソフィスト』と、予告されたが書かれることのなかった対話篇『哲学者』とともに三部作をなしており、そこでは人間の生の組織化に関わる実際の、あるいは想定上の専門家の規律と権能が扱われている。『政治家』は、真正の政治家を一定の職務から独立して特徴づける特別の知に関して問う。それによれば真正の政治家は特定の知識（ポリティケー・エピステーメー）によって特徴づけられる、共同の生の基準のための専門家である。彼は市民とその幸福に配慮しなければならない。

**『政治家』──政治家と法の関係**

彼の責務は、共同体がその成員の特性を保持することができるように、共同体の人間の異なった性格を織り合わせることのうちにある（『政治家』305c-311a）。そこで彼は、まさに絶対的な知を要求される（286a）。確立している規則を超えた自由が医者に認められているように、真の政治家が市民たちにとって本当に有益であるものを目指して振る舞うならば、法律を超えた至上権が彼らには認められている（293a-293e）。

『政治家』が『国家』に内容的に合致している限り、『政治家』においてはこのような真の政治家が、実際にはほとんど、あるいは全く見出されないという可能性が考慮されている。哲人王は、──『政治家』の宇宙の古い神話が描写しているように──クロノスの支配する「太古」ではたしかに存在していたかもしれない例外的な場合と見なされている。しかしわれわれの時代は、「人間と行為の非類似性」と、そしてそれゆえに「人間の関わる事柄にはいわゆる休息は決して一度もない」ということによって際立っている（294b）。なるほど「一人の王、洞察力に恵まれた男」によって支配されるならば、国家は優れたものとなるだろう。

しかしながら、先の場合と同じくこの場合も、そのような政治的な例外の出現を見出すことは、ありそうもない。対話者たちは、善き生を保証するはずの国家を形成する際、代わりの解決、つまり「第二の航海」（300c）で満足しようとする。

そして『国家』では暗示的に話題にされていたに過ぎない（427a-c）、書かれた固定した法律が、支配を規制するものとして、この代わりの解決に重要な役割を果たす。法律は国家体制の評価の基準として受け取られる（300c ff.）。単独支配制、寡頭制、民主制は、法律に則しているかどうかによって（300e-303d）善くも悪くもなる。もちろん、規則に縛られていない哲人王の支配は、『政治家』においてもその妥当性を保持している。さらに、どんなに磨き上げられた法の体制も、何が善いかを知っている哲学者の支配には及びえないことも、依然として正しい（283b-287a）。

とはいえ、『国家』におけるプラトンの理想国を特徴づける立場が変容させられていることは、プラトンの根本的な観点の変化を決して意味してはいない。むしろプラトンの思索の中心的な問い――共同的生のどのような形が、人間の幸福を生じさせるか――は、現実により近い別の観点から照らし出されている。事実この文脈では、すべての書かれたものに対するプラトンの留保にもかかわらず、書かれた法律の制定は国家の舵取りの確実な手段である（294a-b）。というのも、書かれた法律よりも、無法状態と支配者の恣意がまかり通ることの方がいっそう劣悪だからである。

## b　マグネシアにおける法律──『法律』

### 『法律』とはどのような対話篇か

『政治家』においてと同様に、プラトンの最後の──古代の伝承によれば未完の──オプスのフィリッポスによって死後、刊行された最も大部の著作──同時にプラトンの「政治的遺言」(Schöpsdau 1994, 131)──においても、次善の解決策としての法律による支配が受け入れられている(『法律』713c ff.)。たしかに『法律』においてもプラトンは、正しい人は──およそそういう人が見出されるとして──善に関する彼の知のゆえに法律には縛られないだろうと確信している(875c-d)。しかし『法律』においては、『国家』におけるように哲人王が問題となっているのではなくて、クレタ島に建設中であるマグネシアにおける共同生活を規制する法律が問題になっている。

それゆえ法律による国家という「第二の航海」は、再び哲人王の代わりとして役立っている(713c ff.)。法律がこの大部の著作の主題であるが、それは文学作品として文学の授業の読み物としても推薦される(Görgemanns 1960, 7 ff.)。この書では、法律制定の目的が反省され、国家の起源と存続と崩壊が論じられる。また共同の生のために、具体的な規則と刑罰による威嚇を伴った詳細な法律制定の見本が、教育にとってのワインの意義に至るまで素描されている。

『法律』においては、法律の「前文」の導入が文学的に重要であり、伝統を形作るものとなっている。前文は披露される法律を正当化するべきものであり、その中ではたとえば道徳的な基準が堅持され、法律が神的なものとして、また神が尺度として賞賛される(715c, 762e)。法律は理性を具体化したものとされ、強制によってではなく、自由な受容を通してはたらく（690c）。それゆえ『法律』のプラトンの国家は、ある程度、神法的である。

『法律』は西洋の伝統の中での、最初の政治哲学的著作として記されることができる（Laks 2000, 258）。というのも、『国家』とは異なってこの著作においては、国家、権利や法律についての政治学的考察が、それ自体のゆえに提供されているからである。『法律』は立法の基礎を分析し、この考察を現実への応用のための具体的な基準と結びつける。アテネからの客人によって、長い散歩の途上、クレタ人クレイニアスとスパルタ人メギロスとともに、建設中のマグネシアのための立法の草案が展開される。したがって――少なくとも文書上の虚構によれば――国家を秩序づけるという具体的な企図が問題となっているのであり、歴史的、地理的特徴が考慮に入れられている。

プラトンのマグネシアは時空の内にあるクレタの都市国家であり、『国家』の理想国のように天上にある哲学的範型ではない。経験的、歴史的材料が引き入れられ、クレタとスパルタの現存する国家体制が議論され、それらの善き生に対する意義が考察される。その際プラトンは、もちろん、スパルタの国家モデルよりもむしろ自分の故郷アテネの体制からインスピレーションを得ている。それゆえ理想化されたアテネ、ないしアテネとプラトンの理想国との中間物について語られている（Morrow 1993, 592）。『国家』においてと同じく『法律』においても、プラトンは市民を善くすることとともに、彼らの善き生を重視する国家を描いている。『法律』もまた、魂と国家の秩序もしくは無秩序を扱っており、プラトンのこの最後の著作においても、快楽と苦痛が心理的無秩序と道徳的欠損の原因として確認されている。

## 「マグネシア」の体制

マグネシアの体制は、対話の進行とともに、最善の国家が修正された形として示される。混合的体制という理想が初めて定式化される。『国家』の挑発的な三つの要求、つまり女性への平等な権利の付与、妻子と財産の共有、哲人支配は正当なものとして残るが、しかしここでは単なる理想に過ぎない目標という観念に引き下げられている。

たしかに教育は依然として中心的な関心事であり続け、さらに女性は――修正を施されてはいるが――平等とされている。法律の改良と管轄に権限をもち、問答によって哲学的に教育されたエリートたちによって構成される国家の中心的機構としてのいわゆる「夜明け前の会議」（『法律』962c）では、哲人支配というプラトンの要求の変種が認められる（『国家』497c-d）。

しかし『法律』では、生を制御するという課題は書かれた法律に委ねられる。この法律を成立させるためには、説得と基礎づけが必要である。役所の管理、教育と宗教的生、罰則と市民の安寧を心がける国家における管理運営、こういったものに関わる統御が重要である。「マグネシア」というモデルの試みにあたって、プラトンは哲学に基礎をおいた立法の具体化を前面に出し、「立法家の手引き」を提供しようとしているのである（Schöpsdau 1994, 132）。

このとき倫理的政治的側面と宗教的側面が、完全に一致していることは明らかである。つまりこの著作の本質的関心は、当時のソフィストによる自然の世俗化に対抗することなのである。それゆえ神々の存在、人間への配慮、神々が影響を被りえないことが詳細に取り扱われるのである（『法律』第十巻）。『政治家』で正しい尺度・適度の意義が哲学的に考察されるように、『法律』ではそれがいわば宗教的に意義を高められている。

というのも、人間は万物の尺度であるというプロタゴラスのよく知られた命題の明らかな拒否のうちに、『法律』では万物の尺度としての神が説明されているからである。プラトンの法律国家においては、人間が魂の情動を制御し、魂の諸部分を調和させる限り、人間こそ神に合わせなければならない（733a）。これに関連していえば、聖なる行為にあっては、とりわけ魂の正しい根本的あり方が重要であるという要請が打ち立てられたのである（888b参照）。

『国家』『政治家』『法律』を振り返って比較してみれば、三つの著作すべてにおいて、正しい生、それをおくることのできる条件の枠組みに関する問いが扱われている。部分的側面の差異やニュアンスの違いは、プラトンの根本的な変節の証拠というよりはむしろ、異なった観点の帰結である。『国家』が個人と共同体にとっての本当の幸福の探求という基準を扱っているように、『政治家』と『法律』は、理想的な構想が荒々しい現実にどのように移し替えられるかの提案をしている。

次のように言うこともできるだろう。『国家』は、この世界の洞窟から出て上方の真理の認識へ到達しようとする者のすべてが、注意を払わなければいけないのは何かを描いている。これに対して『政治家』や『法律』は、価値ある行為のための永遠の基準を、洞窟の中で可能な限り実現しようとする人が覚悟しなければならない可能性と困難を扱っているのであると。

# 第十一章

# 魂のセラピーとしての自然についての考察

# 1　自然と倫理——『ティマイオス』

## 『ティマイオス』とはどのような対話篇か

現代的思考には奇異に見えるだろうが、プラトンの場合、政治と同じく宇宙論もまたある仕方で、諸々の倫理的な問いと結びついている。というのもプラトンの見解では、自然の考察と分析は人間にとっての適切な生、つまり人間に可能な限りでの「神に似ること」という目的に寄与することができるからである（『ティマイオス』90a-d）。他方でプラトンは、人間の劣悪な行為の責任を自然に帰す。「誰にしても、好んで悪くなっているわけではなく、悪い人が悪くなるのは、身体が、ある有害なあり方をしているということと、無知蒙昧に育てられているということによる」（『ティマイオス』86d-e）。それゆえ自然の考察は善き生と幸福の補助手段ではあるが、しかし同時に自然は善をなすことを妨げるものでもある。宇宙論的問いと倫理的問いとの緊密な結合は、プラトンの自然理解から由来するのであり、彼の自然哲学の重要な側面である。

プラトンの自然哲学の中心的テクストは、対話篇『ティマイオス』である。『ティマイオス』は——ヨーロッパ精神史におけるプラトンの教説の受容の原因がしばしばそれだけに、あるいは優先的に帰せられるのだが——、プラトンの後期作品、それも彼の晩年の時期（前三五七～前三四七年）に属する。ソクラテスと対話するのは、クリティアス、ロクリスの人でピュタゴラス派のティマイオス、シュラクサイの人ヘルモクラテスである。

『ティマイオス』は、古代においてすでに「自然について」という副題を有していた。しかしプラトンは、宇宙と人間の出現に関するティマイオスのモノローグが、より大きな、むしろ倫理的志向をもった文脈の中で見られるべきであると、対話篇の構成を通じて示唆している。つまり『ティマイオス』は政治・共同体的な、また倫理的な問いで始まるのである。理想的な国家構想に関する対話の概要――重要な省略を伴った『国家』の要約――の後、ソクラテスはこのような国家の市民たちを危機的な厳しい試練のうちに観察し、判断することを望む。クリティアスは、ある情報源によって裏づけられた、アトランティスに対する原アテネの戦闘についての「真実の歴史」を提供する。

この歴史は理想的国家構想の要素と一致しており、それ以来、無数の探検家の空想を誘発してきた。それは断片的な形で、『ティマイオス』の続編である『クリティアス』の一部となっている。だからまず宇宙誕生譚と人間誕生譚があり、次に理想的な共同体とその行動についての報告が続く。これが対話、つまり「言論によるおもてなし」(『ティマイオス』27b)の予定されたプログラムである。宇宙生成と人間の誕生に関するティマイオスのモノローグは、より大きなプログラムの一部である。なぜならそのモノローグもまた、アテネとアトランティスの戦争に関する歴史と同じように、人間の行為に対する教育の影響を示すのに貢献しなければならないからである。対話篇の構造は、自然哲学と倫理学が緊密な関連のうちにあることを示唆しているのである。

# 2　宇宙誕生譚と人間誕生譚

## 宇宙・人間の誕生とイデア

ティマイオスの宇宙誕生譚と人間誕生譚は、人間のいる場所としての宇宙と、地球やさらにまた人間の身体と魂の様態を形成するあの規則の総体とを扱う。というのも、宇宙と人間はプラトンによれば、同一の基本構造を有しているからである。どちらも生き物であり、魂と身体からなる。プラトンは「宇宙」という生き物と人間において、精神的なものと身体的なものとが互いにどのように関わり合っているのかを示そうとする。たとえば、古代から論争になってきたのは、宇宙生成の叙述で扱われているのが、真実の宇宙誕生譚――プラトンからすれば実際にそのように生じた宇宙の生成の展開――なのか、それともまさにプラトンが語ったように、教育的理由と説明技法上の規則によって制約されて語られた宇宙論なのか、ということである。内容的な観察からしても（Baltes 1999）、言語的な観察からしても（Erler 2002b）、後者がきわめてもっともらしいと思われる。

核となる問いは、事物は神的働きの産物であり、よい目的に役立つのか、それとも理性を欠いた原因によって生じるのかという問いである。『ティマイオス』はその目的論的自然観察によって、『パイドン』の末尾の神話ですでに鳴り響いていたものを説明している。というのも『ティマイオス』は、なにゆえに或るものは一定の仕方であるのであり、またそれがそのようにあるのはどのような点で善いからなのかを説明しようとするからである。

この目的論的観点の下で、プラトンは自然観察を少なくとも永遠的事物の探究の際の息抜きとして、後悔のない楽しみとして、また気晴らしとして（59c-d）、受け取っている。多くの発言が皮肉に彩られているように見える――とりわけ、人は以下のことを学ぶだろう。すなわち、人間の腸がきわめて長いのは、人間が絶えず栄養を摂取する必要がなくて、より多くの時間を哲学と音楽芸術に費やすためであるということを（73a）。しかしながら、『ティマイオス』はある意味でプラトンの時代の自然学的探究の総体であり、天文学、生理学、解剖学、病理学、化学、知覚論と元素論の要約である。説明の基礎はイデアと感覚的現象の区別であり、それは――重要な認識論的脱線においてまず詳説されるように（27c-29d）――自然哲学が確実な真理を保証しないことの原因である。それゆえ提供されるのは、もっともらしい語りであり、神話であり、それゆえその内容は偽でもなければ単なる虚構でもないような、経験と知的概念を結びつけたものなのである。

プラトンの宇宙論は、感覚には知覚不可能な世界、つまりイデア界が真の現実であるにもかかわらず、あるいはそれゆえにこそ、絶えざる動きの中にある感覚世界がいかにして分析可能であるとともに叙述可能なのかを説明しようとする。イデアと感覚世界の関連を納得のゆくものにすることが、問題なのである。『ティマイオス』の宇宙論的文脈では、イデアは倫理的行為のための確固とした基準とみなされる（90b）。たしかに「存在界―生成界」の二世界像は存続している。しかし、善に方向づけられた宇宙の構想の一部として、生成はある意味では復権しているのである。

『ティマイオス』は、全体としての宇宙がどのように生じたか、宇宙霊魂は宇宙という身体にどのように埋め込まれたのか、永遠の動く模像としての時間はどのように生じるのか、天体、惑星の運行や生き物はどのように生じるに至ったのかを説明し、最後にはその説明は、身体、器官、魂をもつ人間の誕生に到達する。なぜなら、宇宙霊魂のように構成されている魂に対して、また宇宙を構成しているのと同じ四つの元素で構成されている身体に対して、人間は宇宙に類比的に働きかけるからである。理性の領域（29d-47e）、必然性の領域（47e-69a）、両者が共同に作用する領域（69a-92c）が、三つの段落で叙述され分析される。

## デミウルゴスの働き

宇宙の存立の原因は神の善意である（29d-30b）。神は善く、それゆえ妬みを持たないので、すべてができる限り善くあるように欲する。それゆえ技術的能力は、万物が技術的に産出可能である善い目的を持つようにという望みと並行して出現する。ここから、自然哲学の二重の課題が生じる。現象がどのように生じるかを認識すること、なにゆえに、つまり何のためにそれらが生じたのか、すなわち何のためにそれらは善いのかを認識することである。

コスモスは、宇宙身体と宇宙霊魂からなる一つの大きな生き物として表象される（30b-31a）。創造神は、個々の生き物すべてのイデアをそのうちに含む生き物のイデアという範型にしたがって、手職人（デミウルゴス）のように宇宙を創る（31b）。もちろんこの神的手職人は、キリスト教的な意味での全能の神ではない。聖書の創造神話とは異なって、プラトンの創造神話では無からの絶対的創造は問題になっていない。プラトンのデミウルゴスは、手もとにある材料から何かを作り出す手職人である。もっともこの材料は、プラトンが「必然性」と名づけるある種の抵抗を神に対して示す。デミウルゴスは「可視的な生成物の母であり受容者であるもの」のうちにある秩序づけられていない動きを、感覚領域において明白な秩序のうちにもたらすことを目指すのである。

手職人としてデミウルゴスは、範型を見ながら、世界ができる限りそれに似たものとなるように創る。それゆえ宇宙はプラトンにとっては、原子論者たちにとってとは違って、範型に類似した唯一の生き物であり（31c ff., 34b）、それ自体で自分の周りを円運動する完全な球である。宇宙は宇宙霊魂によって満たされ、包まれている（34b）。

宇宙霊魂は、宇宙の秩序と目的論的側面を説明する。それは知的領域と感覚により知覚可能なものとの間に鎮座し、永遠の存在と生成するもの（27d）との間の中間の位置を占める。天の秩序によってデミウルゴスは、永遠の数にしたがって変化する像、つまり時間を創造した。出来事の順序は、なるほど天体の創造の前にあるが、しかし時間的形式のうちにはなかった。あらゆる宇宙のうちで最も美しい宇宙を作り出そうとする努力によって、かのデミウルゴスは範型としてのイデアだけではなく、所与の質料とかかわり合う。

この質料は「あらゆる生成の養い親のような受容者」（49a）といわれ、四つの元素の痕跡を有するが、創造過程である種の抵抗を示すのである。デミウルゴスは、元素を比例に応じて形成することで、この所与の無秩序を秩序づける（31a-33b）。正三角形と正方形からなる四つの規則的な多面体に対応する（正四面体は火、正八面体は空気、正二十面体は水、立方体は土）四つの元素から、感覚世界のあらゆる事物が合成された（61c）。それゆえプラトンも現代の自然哲学者のように、質料的な現象を非質料的根拠によって説明しようとしているのである。

人間の創造を委託された神々はデミウルゴスから神的な魂の原理を借り受け、そして人間を創造する（44d ff.）。精神のために頭を、死すべき魂の部分のために胴体と肢体を創造する。その際、ある器官に関して人間の精神的活動への貢献が際立たせられるとき、目的論的説明原理が倫理的構成要素に劣らず明確になる（たとえば76d-e）。魂は宇宙霊魂を模倣し、再び宇宙霊魂に入り込むように努め、再生のサイクルの下にある。要約すれば、人間はミクロコスモスであり、多くの点で宇宙というマクロコスモスの構造に対応している。人間と同じように、宇宙は生き物であり、それへの賞賛の言葉でティマイオスの宇宙論的語りと対話篇『ティマイオス』は終わる。

「何故なら、死すべきもの、不死なるもの、どちらの生きものをも取り入れて、この宇宙はこうして満たされ、目に見える、もろもろの生きものを包括する、目に見える生きものとして、理性の対象の似像《にすがた》たる、感覚される神として、最大なるもの、最善なるもの、最完全なるものとして、それは誕生したからです。そして、これこそ、ただ一つあるだけの、類なき、この宇宙にほかならないのです」（92c）

## 3　セラピーとしての宇宙論——二つの生のモデル

### 病の治療

宇宙において理性が他のすべてを支配するように、人間においては魂が身体を、また魂の内では魂の不死なる理性的部分が魂の気概的部分と欲望的部分とを支配しなければならない（『ティマイオス』42d, 71d）。秩序あるいは均斉が肉体と魂の間に、あるいは魂の諸部分の間にあるとき、肉体と魂は健康である（87c）。そうでない場合は、身体にも魂にも病が生じる。というのも、魂における無秩序と知性の欠如が病気と同様に見なされるべきだからである（86b）。

もちろん、魂と身体のこの病気は治療可能である。ティマイオスは、身体の病気と魂の病気をどのように避けるか、あるいは取り除くべきかの指示を与える。人間の身体の、とりわけ魂の元々の本性の回復が必要である。なぜなら、魂は感覚的世界との接触で無秩序に落ち込むからである。それゆえ魂の固有の性質を取り戻そうとする人は、認識を求めなければならない。この認識は、ティマイオスが描写するかの宇宙の精神的構造に関わる。

「しかし、これに反して、学への愛と、真の知に真剣に励んできた人、自分のうちの何ものにもまして、これらのものを鍛錬してきた人が、もしも真実なるものに触れるなら、その思考の対象が、不死なるもの、神的なるものになるということは、おそらくはまったくの必然事なのでしょう。さらにまた、こうした人が、およそ人間の分際に許される限りの、最大限の不死性にあずかることになり、その点で欠けるところは少しも残さないということも、そしてまた、そのような人は、なにぶんにも、常に神的なるものの世話を欠かさず、自ら、自分の同居者なる神霊を、よく整えられた状態で宿しているのだから、彼が特別に幸福（エウダイモーン、よき神霊（ダイモーン）を持てるもの）であるということも、おそらくは必然でしょう」（90b-c）

したがって固有の性質に再び到達しようとする者は、かの神的秩序を模倣し、現象の背後に知性的な構造として差し込まれているその秩序に同化しなければならない。彼は魂の理性的―不死的部分に集中し、感覚的本性を超えなければならない。そのときにのみある方向づけが、まさに神に似ることが起こりうるのである。それゆえ神に似ることは、プラトンにあっても次のことを意味する。つまり魂の理性的部分によって自然の非物体的構造的秩序を認識し、模倣し、似たものになることである(68e, 88e, 90a, 90d)。魂がこのような仕方でその元々の状態を回復することによって、魂はデミウルゴスが望む宇宙のあの善い状態に本質的に貢献する。

### 治療可能性の根拠

この治癒過程が可能なのは、人間が――ティマイオスがある美しい形象で定式化したように――その根が天に固定されている「天の植物」であるからである(90a)。われわれのうちにある神的要素としての思考する魂は、人間を天との親縁性に引き上げる(90a)。人間の課題は、人間のうちにある不死的な要素の運動を万物における類縁の運動に同化させ、そうすることによって魂が身体のうちに入る以前に有していた、かつての秩序づけられた状態を再び獲得することである(90b-d、『国家』500b-c)。それゆえ世界とその構造の考察は、人間に援助を提供する。

自然学的認識はそれ自体のためではなく、人間の魂をある一定の状態に、つまり――『ティマイオス』にいわれているように――導き手としての善き霊をもたらし(エウダイモーン 90c)、最善の生へと導く秩序のある状態に置くという目的をもって追求されるべきなのである。それゆえ自然哲学は人間を宇宙の神的構造に同等化するのに役立ち、これは幸福(エウダイモニア)と善き生を意味する。自然哲学は魂の世話に役立ち、倫理学の一部なのである。

ただし世話が機能するのは、自然に照準を定めることが自然現象の背後にある構造へ向かい、また魂の不死的な部分だけを目指すときに限られる。もし人が魂の死すべき要素の世話に集中し、現象に定位するならば、真実の認識と幸福は可能ではない。

「そこで、欲情や野心の満足にのみ汲々として、そのようなことのためにのみ労すること甚だしい人にとって、その思いのすべてが、死すべきものになってしまうこと、そしてまた、およそ可能な限り、まったくの死すべきものになり、その点で少しの不足も残さないことは、――なにぶんにも、かれが、そのような性質のものを増大させてきたのであってみれば――これはどうにも避けられないことなのです」(90b)

二通りの自然観察の間での決定は、こうして目的の表象と方法によって異なる生の選択となる。一方では不死的な自己への配慮と、「できる限り不死に」かつ本当に幸福になることが問題となってぃる。二つ目の場合では、死すべき自己への配慮と、死すべきものとしてできる限り完全になることが問題となっている。最初の選択肢がプラトン的倫理学に必須だったように、第二の選択肢はヘレニズム学派のエピクロスやストア派といった物質主義的哲学者たちによって採用された。

## 4　自然の一部としての人間

### 物質主義的自然観

それゆえプラトンにとって自然哲学は、魂に生成の世界を超越することができるようにさせる、それぞれの魂と自己の配慮にとって重要な部分である。自然哲学は、人間が次のような自然、すなわち、自己への配慮の助けとして推奨され、また宇宙霊魂と人間の魂の構造的合致とともに人間に与えられているような自然の一部であるという前提を有している。したがって自然の秩序についての考察は、生活の中でまた共同体に対して正しく振る舞うことの前提となるような、魂の秩序に配慮することができる（『国家』500c）。プラトンの理解は、感覚的に知覚可能な質料的自然と形相イデア的自然とを彼が分離した結果なのである。

この分離は事物の成長した実在の性質を意味し、それゆえにまた規範的側面を持つギリシャ語のピュシスという語のうちにその基礎を持っている。また「ピュシス」は、宇宙内の事物の排他的断片を意味することは決してなく——たとえば全ての非生命的なものと対立する全ての生命的なものといった——、自然と人間、自然学と倫理学の統一（『ゴルギアス』508a）を意味する。もちろん、かの統一は前五世紀の経過のうちに問題となった。レウキッポスやデモクリトスのような原子論者は「ピュシス」を質料的機械的自然概念に還元した。アナクサゴラスはたしかに理性が働くのを認めたが、それにもかかわらず自然には質料的物体的領域だけを見た。こうして自然と倫理的態度の基準の関係は、前五世紀における同時代の哲学的議論の問題と検討の対象となった。

プラトンは、この議論に彼の著作のさまざまな場面で割って入る。『ゴルギアス』ではカリクレスとソクラテスに、それぞれ異なった自然理解に基づいて幸福について議論させている（482c-484c）。カリクレスは、自分の物質主義的自然概念から強者の正義を引き出す（483e）。それに対してソクラテスは、自然のいわば知性化された理解を対置させ、自然の中にあるいは背後にある構造としての幾何学的平等性を示して、正義の原理を展開する（507c-508a）。それゆえ彼はここですでに、倫理的要求と結びつけられるような秩序ある構造（コスモス）として、自然を見ているのである。

## 目的論的自然概念

対話篇『パイドン』の自伝的脱線の箇所でソクラテスは、ティマイオスによって物語られた宇宙論の基礎にもなっている目的論的自然概念に、彼がどのようにして行き着いたのかを説明している。その理由は、ソクラテスがソクラテス前の哲学者たちの物質主義的自然概念に納得せず、知性（ヌース）こそがあらゆる事物の原因であるというアナクサゴラスのテーゼにも従いたくなかったからである（96a-101e）。『ゴルギアス』で示唆され、『パイドン』で要請されたものが、『ティマイオス』の宇宙誕生譚で詳しく述べられる。というのも、ここで基礎になっている自然概念は、「なにゆえに」の問いを可能にし、そうすることでプラトンの時代に失われる危険のあった人間と自然のあの統一を回復するからである。さらに次のように論ずることもできよう。すなわち、プラトンはその目的論的自然理解によって、自然の描写からはいかなる規定も得られないがゆえに、自然の分析からは道徳的に正しい生のための規則は何一つ得られないとの自然主義的な誤謬推理を避けているのである、と。

まさに善き生を送るためには、人間は自然の構造に根底から取り組まねばならない自然の部分であるというプラトンのテーゼは、古代の自然概念を放棄し、人間を自然から最終的に引き離した近代の思考にはなじまない。この近代的な疎隔は認識の進歩に行き着いたが、この認識とどのように折り合いをつけるべきかの問いを答えられないままに残した。しかし忘れてならないのは、プラトンが現象世界の基礎としての知性的構造という彼の主張によって、近代の理論的自然科学の前提を作り上げているということである。なぜなら、この分離は現実の所与への適用を含む問いの抽象的な取り扱いを可能にするからである。だからプラトンの『ティマイオス』があらゆる批判にもかかわらず、二十世紀の著名な自然科学者（ヴェルナー・ハイゼンベルク、カール・フリードリッヒ・フォン・ヴァイツゼッカー）にも代弁者を見出したというのは、事柄としてはむしろ整合的である。というのも、「現象の背後」には知性的な構造があるはずであり、質料の原子的構造と万有の構造は数学的・知性的手段によって把握可能であるとのプラトンの想定のうちに、自らの学問的思索にとって重要な刺激が認められたからである（たとえば「場の理論」）。

# 第十二章　プラトンと善き生

# 1　快楽と理性の昔からの争い

## 善き生の選択

プラトンは「善い生き方と劣悪な生き方を区別し、どんな状況にあっても常にいたるところで最善を選択する」（『国家』618c）ように力を貸そうと欲している。絶えざる吟味、魂への世話、死の練習というプラトンの要求は、彼の哲学にある生きる術の特徴を与えている。その術とはもちろん、この世の生の維持よりもむしろ彼岸の準備と、人間に可能な限り「神に似ること」（ホモイオーシス・トーイ・テオーイ）（『テアイテトス』176b）がより重要であるとする。

これを追求する際には有益という観点が意義をもつので（『リュシス』222b-c）——自分の利益を考慮せずに道徳的善を要求することをプラトンはまだ知らなかった——、ある人に有益である（アガトン）と思われるものと道徳的に善いもの（カロン）との間での衝突が生じうる（『ゴルギアス』494c ff.; Kutschera 3, 2002, 222 f.）。

それゆえ本当に有益なものを認識し、単に善く見えるだけのものを避けるとともに、善と悪が混ざり合っているならばそれらを区別することが肝要である。その際、人は理性によって導かれなければならないし、たとえ不愉快なことや不利益が結果するとしても、首尾一貫した行動をとらなければならない。ところが多くの人々は、彼らにとって「快いことが善く、不快なことが悪い」（『プロタゴラス』358a）ので、愉快なことや快楽を彼らの行為と生における決定の基準にしている。この一般の人々の態度にプラトンは、諸対話篇で異なった仕方で対決し、正しい生き方の基準をめぐる古くからの争い――快楽か理性か――に割り込むのである。

すでにヘシオドスが彼の兄弟ペルセスをこの選択肢の前に立たせ、有徳の労多き生に一等賞を与えている。「不死なる神々は利得の前に汗を置きたもう」（『仕事と日』287-292）。最も有名なのは、正しい生の道行きについての疑念に悩む若きヘラクレスについての、ソフィストであるプロディコスの寓話であろう（クセノポン『ソクラテスの思い出』第二巻一章一五節）。「徳」と「悪徳」はそれぞれの生き方にヘラクレスを振り向かせようとして、「悪徳」は限りのない快楽を約束し、擬人化された「徳」は労苦と徳を予告する。

## 快は善き生の基準にならない

プラトンの諸対話篇においても、成功した生（エウダイモニア）の基準としての理性と快楽が吟味の俎上に載せられる。『プロタゴラス』『ゴルギアス』『パイドン』『国家』では、異なった仕方で強調されつつ、快を目指す快楽主義的生き方が理性の理想で測られ、あまりにも弱いと判定されている(Manuwald 1999, 393 ff.)。

一般的には諸対話篇における基準としての快に対するソクラテスの態度は批判的であり、拒絶にまで至る。快楽主義的立場は実際、自分の不利益があっても法律を尊重し（『クリトン』）、不正を犯すよりも不正を被る方がより善いと考えるソクラテス（とプラトン）にはほとんど合致しない。あらゆる情念は――快もまた――身体に帰せられるが、それらから自らを解放することが肝要である。彼はあらゆる決定の際、理性的な認識に方向づけられ、快楽計算（『パイドン』69a-c）ではなくて、快と不快の外部にある尺度に従って徳を査定するのである。

後者は、『プロタゴラス』で明らかになる。そこでは徳の一性が論じられる。この文脈においてソクラテスは快楽原理を支持する代弁者として登場し、生の目的は快適かつ苦しみなく生きることにあると主張する。その基礎にあるのは快適なものが善く、不快なものが悪いという前提である（『プロタゴラス』358a）。ソクラテスは、この基礎に基づいてさえも、快楽という理想の擁護者が得ようとしている善き生に本当に到達しようとするならば、理性と知――したがって快とは別の基準として――が決定的でなければならないことを示そうとする。というのも、快獲得のいかなる追求も悪のいかなる回避も、快と不快の測定を要求するからである。その際、瞬間的に快適なものと将来快適なあるいは不快なものとの区別に注意することが肝要である。

「ところで実際には、われわれにとって生活を安全に保つ途は、快楽と苦痛を正しく選ぶこと、その多少、大小、遠近を過たずに評価して選ぶことにあることが明らかになったのであるから、そこに要求されるものは、まず第一に、計量の技術であることは明らかではないだろうか。それは、相互のあいだの超過と不足と等しさとをしらべるものなのだから」（『プロタゴラス』357a-b）

それゆえ、それ自体快と不快の領域に属さない尺度と知（356d, 359b-360e）が要求される。快はそれゆえ尺度として有用ではない（Manuwald 1999, 379）。測定術について『プロタゴラス』では、ソクラテスはそれ以上述べようとしない（357b）。しかしながら、この測定術が大衆の快についての考えを解消することは明らかとなる。後期対話篇『政治家』においては、その尺度は倫理的態度にとって意義あるものとして印象的に説明される（Krämer 1959, 490-493）。

『ゴルギアス』（491e-500c）においても、ソクラテスは道徳的態度にとっての尺度としての快と善との同一視を拒絶する。たしかにカリクレスは（491e-492a）、自己抑制も他者への考慮もなしに自分の欲求を追求する人だけが強くて、力があると論ずる。しかし善き快楽と劣悪な快楽とがあり、疥癬（かいせん）の場合、人が搔くと大いに快が生じるのだから（499e）、ここでも考量することが肝要であり、快ではなくて理性が快適な生の本来の基準であることが示される（『ゴルギアス』499d ff.）。

『国家』では、ソクラテスは最終的に快と知に最高善の位置を与えることを拒絶する（505b-d）。しかし彼はまた、『国家』において快の内的規定を初めて追求することで、競争の新たな側面を持ち込んでもいる（580d-588a）。快は一種の運動として（585e）、混合あるいは、充足の過程あるいは回復として理解される（585a）。そこでは快の性質は、あるものがそれで満たされるその対象の性質から生じることになる。たとえば知で満たされることで哲学者に生じる快は、身体的感覚的領域での快より価値が高い（585e-586b）。

議論を概観すれば、真実に善い生と幸福は常に知と認識とに結びつけられていることが明らかである。諸々の行為の結果は、洞察と徳とに依存している（『エウテュデモス』279d）。というのも、イデアに達する人はその探究が休息に至るからである。知によって導かれた生だけが、幸福なものとして認められうる（『カルミデス』173d ff.）。なぜなら、その報いはイデアを見ることのうちにあるからである（『国家』500c）。

認識の喜びは、生のあらゆる他の喜びを凌駕する（『国家』580c-581a）。この関連のうちにおいて幾度も、「尺度」「知」「精確」といったキーワードが現れる（『プロタゴラス』357b、『政治家』283c ff. を参照）。こういったすべての観点は、どのような基準が成功した生にとって決定的であるか、という問いの基礎的な議論のうちに収斂する。すなわち対話篇『ピレボス』のうちにである。

# 2 『ピレボス』あるいは快楽の復権

### 『ピレボス』における快

プラトン自身によって完全に仕上げられた最後の対話篇『ピレボス』で――『法律』は死後刊行された――善き生についての問いが問題となっている。具体的に論じられているのは、洞察あるいは快のどちらが善き生にとって指導的でなければならないかである。『ピレボス』は、生の形成にとって快と理性のどちらが優先されるべきかについての古くからの問いを取り上げ、その問いをより大きな存在論的連関のうちに置く。古くからの争いのキーワードが束ねられ、深められ、重要な、新しい、将来を指し示す観点が付け加えられているのである。というのも、ソクラテスは『ピレボス』では正しい生き方についての問いのために、快から徹底的に肯定的な側面を勝ち取るからである。

この新しい強調の仕方は多くの点で、たとえば『パルメニデス』『政治家』『ティマイオス』『法律』といった他の後期対話篇にも認められる、より現実的な見方に適合する。『パルメニデス』は、一定の形のイデア論の弱点を暴く。『政治家』と『法律』は、純粋に絶対的な、事に当たる能力をもつ哲人王になるのを義務づけられた人々はおそらく存在しないか、稀にしか存在しないことを考慮し、それゆえ『国家』におけるよりも法律に対していっそう大きな意味を認めることである。『ティマイオス』は――『ソフィスト』における考察を通じて準備された――生成界から肯定的な側面を勝ち取る。『ピレボス』では理性が引き続き正しい生の基礎であり続ける（『ピレボス』22c, 33b）

が、しかしソクラテスは人間の理性と認識の弱さのゆえに、真実の喜びと快も追求されるべき善き生に貢献できることを勘定に入れる。このような修正は、かつての立場の取り消しを意味するのでは決してない。こういった修正は、当時の議論や新しい問いの立て方、とりわけ諸々の対話篇であらかじめ与えられているその都度の文脈を考慮しているのである。

『ピレボス』の読者は途中、方法論的存在論的問いに関する脱線を通じて、経験的な生の現実に公正であろうと努める、中断した対話の中へと置き移される（D. Frede 1992, 433）。ピレボスの、そしてソクラテスの対話相手となるプロタルコスが引き継ぐ、あらゆる生物にとって快が善であるという主張に対して、ソクラテスは――予想されるように――洞察、認識、理性が人間にとって最高善であるという自分の確信を対置する。

「われわれ二人がめいめいでしようとしているのは、すべての人間にとって生活を幸福にしてくれることのできるものといえば、それは心のなんらかの状態（持ち方、くばり方）であるということをあらわにする試みとなるということさ。（中略）きみたちの方は心が愉快にしている状態をそうだとし、ぼくたちの方はまた別に、それは心のはたらいている思慮の状態だとする」（『ピレボス』11d。田中美知太郎訳、岩波書店、プラトン全集4。以下、『ピレボス』からの引用は田中訳による）

## 混合の生

ソクラテスは自分の見方を押し通すが、それによって快と洞察の間の古くからの争いが新たな地平に引き上げられ、快の本質についての問いが決定的に深められる。というのも、ソクラテスは夢に霊感を受けて（20b）、より広い可能性として、快でも理性でもなく、両者の混合（22a）が最高度の善であるということを議論に持ち込むからである。質の「より多く、あるいはより少なく」の領域としての現実は限定と無限定からなり、それは理性によって引き起こされる混合の領域として示される。それゆえ、快と知はただ混合した形でのみ善き生にとって意味があるのだから――つまり理性のない生はその快について全く知らないだろうし、純粋に理性的な生は全く無感動であろう――、本性上限定されていない快よりも、理性に優先順位が与えられることが示される。

快と理性のどちらが善に続く二等賞を割り当てられるのかという問いは（23b）、あらゆる存在者の四つの類（第九章一節を見よ）への基本的、存在論的分割に至る。無限（アペイロン 24a-25a）、限定（ペラス 25a-b）、混合（メイクシス 25b-26d）、そして原因（アイティオン 26e-27c）である。それによれば、快は常により少なくとより多くを許容するので無限に属する。「快に善を分与している」（28a）、あらゆる混合の原因としての理性は、原因のカテゴリーに数え入れられ、先の混合に責任を持つ。生は結局、混合の集合に属する。

さらに快は内的に規定され（31b-36c）、その後、『国家』で始まっていた議論が取り上げられる。不快は、不足と生きものにおける力の自然的調和の攪乱と並行してやってくる知覚として現れ、快はもとの状態を回復することと結びつけられる知覚として現れる。「生命（たましい）をもっているものの自然のあり方にかなった仕方で無限の種族と限度の種族から生まれて来た種族（中略）これが崩壊する場合、その崩壊が苦痛となり、それ自身の本来のあり方にもどる行程をとるとき、この復帰がまた逆に快楽となる」（32b）

## 偽なる快と情念

内的規定に基づいて、対話篇の中心部分で真なる快と偽なる快との間の区別がなされる。快が偽であるのは、それと結びついている期待が偽である場合（36c-41a）、快と不快が誤って評定される場合（41a-42c）――ここでは尺度の側面が重要となる――、あるいは快が不快と混ぜ合わされ、不純になっている場合である（44d-50e）。この連関でプラトンは、怒り、恐怖、嫉妬などのような魂における混合された感情を分析する（47e）。その際、プラトンは『ピレボス』においては、怒りのような情念を理性によって抑制する必要を強調するのではなくて（D. Frede 1997, 282 ff.）、その都度の情念の内実に集中する。

人が何を喜び、何に怒るかを認識することが重要である。ある事情は喜ぶことを禁じ、別の事情は喜び、悲しみ、あるいは怒りを正当化する。たとえば喜劇は、プラトンによれば嫉妬の感情に訴えることがあり（48a）、良くない状態を引き起こす。プラトンによれば、評価が肯定的になるか否定的になるかは、情念を呼び起こす対象の性質による。

真なる快のみが善き生に貢献できる。これには、すでに『国家』でのように（『国家』584b）、たとえば数学的図形に感ずる美的な快、さらにまた認識や学びのような精神的な喜び、そして「不足は気づかれず、苦痛を伴うこともないが、充足は感覚され、快を感じさせるもの」（51b）すべてが入る。

情念のこの内実に関する評定は、たとえばヘレニズムの哲学的諸派における情念についてのより広範囲にわたる議論にとって大きな意味を持つ。しかしそれは、情念を表す人の状態についての言明を許す。この連関で注意に値するのは、対話篇の真ん中に位置する魂の状態についての、たとえば悲劇や喜劇における笑うことと泣くこと、満足と不満足の混合のような多様な経験に基づく観察である。

『ピレボス』は、たとえば滑稽さについての理論の最初の試みを提供しているのである。

## 善と尺度

それゆえ『ピレボス』における快と理性の優先順位をめぐる争いは、どちらか一方だけのためにはならないように決定される。ソクラテスの立場もプロタルコスの立場も、最後まで貫き通されることはない。むしろ善が尺度である限り、理性と快の上位に立つ。善の次に、もちろんより上位の順位にくるのは快ではなく理性であり、「たとい牛の全員、馬の全員、あるいはその他の獣類の全員が、愉快を追求するという実際行動によって、それを主張するとしても許されはしないのだ」(67b)。

こうして尺度は——すでに『プロタゴラス』の快についての議論で暗示されているように——正しい生き方にとって中心的な概念として現れる。というのも、快と不快との相互相殺ではなくて、尺度こそがプラトンにとって善き、かつ幸福の生の基礎だからである。人間の生にとっての善きものの順位としては、かくして次のようになる。尺度(メトロン)の次に理性(ヌース)と思慮(プロネーシス)、そしてより下位の専門知の形態、最後に純粋な(不快から解放された)形の快である。

他の後期対話篇においても尺度は、人はどのように正しく生き、また幸福になれるかという問いに決定的な役割を果たす。『ティマイオス』では宇宙、魂と人間の身体の考察と分析において、『政治家』では異なった気質の結び合わせにおいて、『法律』では正しい共同生活についての問いにおいてである。『プロタゴラス』のような初期対話篇で暗示されていることを、『ピレボス』が存在論的に基礎づけ、さらにプラトンは『法律』でそれに宗教的な基盤を与える。というのも、『法律』でプラトンは、神と尺度を同一視し、人間に可能な限り神に似ること(ホモイオーシス・トーイ・テオーイ)の内に存する成功した生のための方向づけとして尺度を立てることによって、尺度をまさに宗教的領域に置いているからである。

「われわれ人間にとっては、万物の尺度は、なににもまして神であり、その方が、人びとの言うように、誰か人間が尺度であるとするよりも、はるかに妥当なことなのである。したがって、そうした尺度となる存在（神）に愛されんとする者は、みずからもまた力のかぎりをつくし、そうした神に似た者とならなくてはならない。それゆえこの原則によれば、我々の中の節度ある者は神に愛されるのである。というのも、彼は神に似ているからである」（『法律』716c-d）

対話篇『ピレボス』の最後で、その対話篇の中でもはや話されない「一つの小さなことが残っている」（67b）とすれば、善き生と善と尺度についてのいっそうの議論の必要性が予告されていることになる。そしてこれらすべてが生と幸福にとって意味するもの、すなわち、「私はどのように生きるべきか？」という問いが、主題としてプラトンの著作を最後まで貫きとおしているのである。

それゆえプラトンは、その著作の中でこれらの問いに対する最後の答えを与えていないままである。とはいえ、『ピレボス』ならびに他の対話篇が明示しているのは、プラトンの確信によれば、成功し、それゆえに幸福であると記すことのできる生の状態に、個人も共同体も原則的に到達しうるということである。その際、理性と知が主導的でなければならないということは、常にソクラテス＝プラトンの確信であり続けた（『エウテュデモス』279d ff.）。

報いは外的善のうちにではなくて、イデアを観ることから生じる内的な調和と安らぎのうちにあることを『国家』は教える。その際、情念は統御されているにしても、対象から独立したある役割を果たすことができることは、『ピレボス』から得られる重要な教えなのである。

# 第十三章　後世への影響

# 1　アカデメイア

## その後のプラトン——概観

プラトンはヨーロッパ形而上学の最初に位置し、その歴史を形成するのに決定的に寄与した。プラトン哲学の影響は、特にプラトン全集の文学的形態の豊かさによって補完される——また難しくもされる——側面の多様性のうちにある。まさに批判的な文脈においても、プラトンの著作に絶えざる影響を確保しているのは、この様々な解釈をなしうるという可能性である。

各々の時代は言わば「その時代の」プラトンを持つのであって、その際、「ソクラテス的」初期対話篇や、対話法的後期対話篇であろうと、『ティマイオス』の宇宙論や『国家』であろうと、著作のある一定の部分に焦点を合わせることになる。プラトン受容の意義についての意識は、A・N・ホワイトヘッドのよく引用される表現に見出せる。それによれば、ヨーロッパの哲学的伝統はプラトンの対話篇のさまざまな思想に対する一連の脚注から成り立つという。

異なったプラトン像の対決は既に古代から始まっている——アリストテレスのプラトンは、スペウシッポスやクセノクラテスのプラトンとは異なっている。懐疑主義のアカデメイア派のプラトンは、プルタルコスのプラトンとは全く異なっており、プルタルコスのプラトンは、今度はまたプロティノスやポルピュリオス、あるいはプロクロスのプラトンと異なっている。古代に妥当することは、中世、ルネサンス、啓蒙思想やロマン主義によりいっそう当てはまる。

プラトンの哲学の卓越した影響史は、形而上学の中心的モデルのうちで何度も常に頂点に達する。たとえば帝政時代にはプロティノスやプロクロスにおいて、キリスト教思想の場合には偽ディオニュシオス・アレオパギテースやアウグスティヌスの思想において、中世の場合には、ニコラウス・クザーヌスにおいて、ドイツ観念論の場合には、多かれ少なかれプラトンに依存しているという意識のうちにプラトンと対決しているフィヒテ、シェリング、ヘーゲルのような哲学者においてである（Beierwaltes 1985）。ヘレニズム時代の諸学派（ストア派やエピクロス派、Steinmetz, Erler 1994）の場合、形而上学は背景に退くが、このことはプラトン的考え方の明白な、あるいは語られざる拒否として生じた。

## アリストテレスの「洞窟」

プラトン哲学との批判的論争は、アカデメイア内部で彼が生きているときにすでに生じていた。『パルメニデス』のような対話篇は、たとえばイデア論の一定の把握についての批判的議論を反映している。とりわけプラトンの最も重要な弟子であるアリストテレスは、アカデメイアのプラトンのもとで二十年の長きにわたって研究しかつ教えたが、すでに彼の著作活動の初期の段階からプラトンの教説の本質的な部分からきわめて遠くに、対抗しつつ立っていた（Flashar 2004, 169 ff.）。

アリストテレスの形而上学、自然学、倫理学や詩学、あるいはさらに哲学観も、プラトンとの近さによって、しかし同時にプラトンとの緊張をはらんだ距離のある関係によって、特徴づけられる（Höffe 1997）。キケロによって伝えられている（『神々の本性について』第二巻九五章＝アリストテレス『哲学について』断片13, Ross）プラトンの洞窟の比喩のアリストテレス・ヴァージョンがこの緊張関係を表している。それはまさにプラトンの洞窟の比喩（『国家』514a ff.）の逆転を描いているのである。たしかにアリストテレスにおいても、洞窟の中に住む人々が話題になっている。しかしこれらの人々はずっと快適な住まいに生きていて、プラトンの洞窟の囚人のように幻影に欺かれてはいない。それに加えて、アリストテレスの洞窟の人々は、プラトンにおいてのように全般的な「人間に課された制約（conditio humana）」を決して象徴していない。というのも、われわれは洞窟の外に住んでいるとはっきり言われているからである。もし洞窟の住人が洞窟の外の領域に到達する可能性があるならば――とアリストテレスは論じる――彼らは突如として、大地、天、海、太陽、そして夜には星の軌道を認識し、そこから神々が存在すると、また神々がこれらすべてを創ったと結論づけるだろう。それゆえアリストテレスは、神の存在証明を問題にしているのである。もちろん――プラトンの場合とは違って――この認識が人間の行為に与える影響については問題になっていない。

プラトンにとってまさしく決定的に重要なのは、幻影からの解放と存在と善の認識のあとに、再び洞窟に帰り、目をくらまされたままの状態にある他の人たちもまた解放されるように彼らを手助けする義務があることである。プラトンに特徴的で、洞窟の比喩によって描かれている存在論、認識そして倫理のこの結びつきは、アリストテレスの洞窟の比喩ではいかなる役割も果たさない。このことは、一つの学のうちに展開されていた哲学についてのプラトンの総合的な見方が、アリストテレスにおいては細分化されており、これが他のプラトン学派でも続いたことを明らかにしている。

## アカデメイアにおける「受容」あるいは「変容」

このようにしてプラトンのアカデメイアでは、イデア論のような彼の教えの中心的立場にも関わる、また明らかにより上位の原理によって最終的な基礎づけを得ようと努める、生き生きとした、非ドグマ的な議論が行われるに至った（Dillon 2002; Krämer 2004）。このような議論においては、多くのことを開かれたままにし、そうすることでさらに熟考を促すプラトンの対話篇もまた大きな役割を果たした。この徹底的に対立した議論が行われる中で、アカデメイアはかなり多くの段階を経ており、教えの重要な側面が違った仕方で強調された。

いわゆる「古アカデメイア」に（プラトンからクラテスまで、Krämer 2004, 1 ff.）、「中期」あるいは「より若い」アカデメイア（アルケシラオス、カルネアデスからピロンまで）が続いている。キケロは［アテネ］留学中に（前七九／前七八年）アカデメイアに強く影響されている。アスカロンのアンティオコスの下で教条主義が再び前面に出てきて、プラトン、アリストテレス、そしてストアの要素を結びつけようとする努力がなされた。この段階はしばしば「新アカデメイア」と呼ばれる（Görler 1994）。

プラトンの後の最初の二人の学頭（学校長）であるスペウシッポス（在任前三四七〜前三三九年）とクセノクラテス（在任前三三九〜前三一五／前三一四年）にあっては、とりわけ存在論（原理論）のいっそうの展開が重要であり、それによりイデア論は数学的対象に譲って背景に退いた。クセノクラテスはプラトン的思考の宗教的要素（ダイモニオン論）を強調した。カルネアデスからの「中期」のあるいは「より若い」アカデメイアは、プラトン対話篇のアポリア性を、認識と決断の可能性が懐疑的に判断されなければならないことの示唆として理解した。初期対話篇のソクラテスが引き合いに出されて、キケロ——とりわけ『アカデミカ』——を越えてヨーロッパの伝統のなかで後々まで影響を与える伝統が始まった。

アカデメイア派という呼び名は、アルケシラオス以来のアカデメイア内部でのこの根本的な懐疑的傾向によって、いわば占拠された。それゆえ、より後のプラトンの支持者たちはプラトン主義者(Platonici, Platonikoi)と呼ばれている。この「プラトン主義」という語は、古代後期に作られたものである(Dörrie, 1987, 3 ff.)。

カルネアデスとともに、アカデメイアの代表者は、前一五六〜前一五五年にかけて、アテネの哲学者たちがローマに派遣された機会に感銘を与えることができた。ラリッサのピロンのもとでは、判断を懐疑的に控えることが、特に教条主義者たちとの対話法的討論の手段として、重要な役割を果たした。キケロは前七九/前七八年にアテネの学生だったとき、この態度に強く影響された。ピロンの弟子であるアスカロンのアンティオコスは、プラトンの教条主義的解釈に回帰したので、当然のことながら彼の教説は折衷主義の特徴を帯びている。アンティオコスの教条主義は、プラトンとアリストテレスとストア派の要素を結びつけようとしたものである。

アカデメイアの歴史は、前一世紀以降までは裏づけられない。前八六年のスラによるアテネの包囲の際、アカデメイアの神苑は破壊された。キケロが前七九年にそこを訪れたときには、アカデメイアではいかなる哲学ももはや行われてはいなかった。アンティオコスはその都市国家のある体育場で教えていたが、アカデメイアの正式な学頭ではなかったようである。たしかに五世紀という古代末期にアテネにはプラトン・サークル(シリアノス、アテネのプルタルコス、プロクロス)が存在したが、組織としてのアカデメイアはなかった。ユスティニアヌスの勅令により、プラトンの教説の普及はより困難になった。とはいえ、プラトンについての授業がなされたとの報告は六世紀まで見出される。

# 2　中期プラトン主義と新プラトン主義

### 中期プラトン主義

しかし前一世紀の初めからアリストテレス主義が再び強くなるのと並んで、アカデメイアという組織なしに、プラトンの教説が再び勢いを取り戻す――特に『ティマイオス』篇への関心のために――ことが観察できるので、前一世紀の始まりとともに中期プラトン主義と呼ばれる一つの段階について語ることができよう（前八〇年頃〜後二二〇年頃）。

中期プラトン主義のもとで（Dillon 1996）プロティノスの師であるアンモニオス・サッカスの出現する紀元後三世紀に至るまでのプラトン主義のあの時期が理解される。その時期は、ガイウス（二世紀前半）、アルビノス（二世紀）、アプレイウス（一二五年頃生まれ）、アッティコス（一七六年頃生まれ）、そして特にカイロネイアのプルタルコス（四五年頃〜一二五年頃）の名に結びつけられる。

中期プラトン主義は、最終的には後期帝政時代においてプラトンの教説によるヘレニズム的体系の解消に至る。中期プラトン主義者たちは、プラトンのさまざまな詳しい説明を一つの体系にもたらすことを望んだ。ヘレニズムにおける実在の物質的領域への還元に対して、再興しつつあるプラトン主義は超越を再び勝ち取ろうと試みる。魂の不死のおかげであらゆる人間はすでになんらかの仕方で知を手中にしていたので、プラトン主義者たちは、多くの領域に分散し、古代の詩や学問やさらにもちろん古代の叡智の教えの随所に埋もれていた、すでに現存していたあの知をも取り戻すことを、彼らの課題と見なしたのである。この文脈ではプルタルコスが中心的な人物である。彼の膨大な著作は、プラトン主義と伝統を結びつけようとする試みを代表し、プラトン主義における百科全書的博識の側面を強調している。

## 新プラトン主義、特にプロティノス

三世紀における経済の下降と教養の水準の低下とともに、それまで支配的だった此岸志向のヘレニズム的哲学の諸派、特にエピクロス主義とストア派が背景に退き、最終的にプラトンの教説に席を譲った。その創始者をプロティノス（二〇五〜二七〇年、Halfwassen 2004）と見ることができる、いわゆる新プラトン主義の形態をとるプラトンの教説は、古代後期には唯一の異教の哲学と見なされ、キリスト教と対峙するほど支配的になった。

とはいえ、新プラトン主義という名称は誤解を招きやすい。なぜなら、この傾向の代表者たち――特に重要な頭目であるプロティノス、ポルピュリオス、イアンブリコス、プロクロス――にとって、革新は重要ではなかったからである。彼らが望んだのはむしろ、彼らの確信によればプラトンの著作のうちに既に存在した真理を明白にすることであった。それゆえ哲学は、ますます解釈者の魂の救いのための、またその精神的故郷への魂の帰還のための精神的鍛錬として役立つべきもの、また哲学することそれ自体の一部としても妥当する解釈となった（Hadot 1991）。

真理の基準かつ源泉と見なされたプラトン対話篇の講読と註釈が、哲学教育の主要部分となった。このことは客観的に見て、プラトン的伝統の内部で新しいテーゼや観点が、その際に主張されたことを排除しない。しかしこれらのテーゼや観点は、主観的には彼ら自身の固有の業績と見なされず、いわんやプラトンに対する独創性の要求と結びついて攻撃的に主張されたのでもなく、むしろプラトンに投影されて、プラトン自身に帰せられたのである。

プロティノスの関心は特に存在論にあった。彼はそれを神学と解し、そこから彼の思想の他の領域を首尾一貫した仕方で導き出した。その基礎は可知界と可感界というプラトンによる区別と、魂が必然的に自己自身へと帰らなければならず、さらにその源へと上昇していかなければならないという認識である。あらゆる存在者は、最上位にある一者によってその完成を得る。そしてその一者は、それに続くもの、すなわちヒュポスタシス（原理的なもの）として理解される知性と魂という存在階層へと発出し、さらに展開して質料にまで流出するのである。同時に、あらゆる存在者はその源へと再び帰る流れをたどる。それゆえ、新プラトン主義の倫理は此岸における生き方を求めるだけではなく、神的な超越的な源へと帰る道を魂に可能にすることを求めるのである。

この構造は、大きく異なるにしても、プロクロスのような後のプラトン主義者にも当てはまる（Beierwaltes [2]1979）。プロティノス以後、人間の魂とその知的な故郷との空隙は広がり、自らの力で待望の帰還を成し遂げることができる能力への信頼が弱まった。それゆえ、民間的宗教の対処法が魂の救いのための助けとして認められたのである。宗教的側面の強調と古代から伝わった宗教的対処法の統合は、時代に合致した救済要求に応えたのである。このことは広まりつつあったキリスト教においても顕著である。

# 3　古代と中世における「キリスト教的解釈」

### プラトン主義とキリスト教

古代異教哲学の——つまりプラトン主義のことだが——台頭しつつあるキリスト教との関係は、多様な領域で数多くかつ論争的に議論されてきた（Beierwaltes 1998）。実際、数多くの並行関係があるので、キリスト教のヘレニズム化についてさえも語られてきた。疑いもなく、かなり多くのプラトンの考えや概念に関して合致が存在する。この並行関係は、既に古代において認められていた。アレクサンドリアのピロンは、プラトン主義哲学をモーセ五書に結びつけた。

異教のプラトン主義者ヌメニオスは、プラトンのうちにアッティカ化されたモーセを見た。またアレクサンドリアのクレメンスは、プラトンから多くの思想を受け継いだ。マリウス・ウィクトリヌス、アンブロシウス、アウグスティヌス、ボエティウスといったキリスト教著作家たちが強く影響を受けていることは明らかである。

アウグスティヌス（三五四～四三〇年）は、キリスト教の啓示と哲学を結びつけようと努め、その際、特に新プラトン主義の哲学の重要な部分を受け取った。アウグスティヌスにとってプラトン主義の素養は、キリスト教へ最終的に回帰する彼の歩みにおける決定的な一歩であった。新プラトン主義にとって一般的だったように、アウグスティヌスにとっても救済論的側面が中心的な関心である。人間の救済は、彼の見解によれば、ただ魂と神に眼を向け応答することである。アウグスティヌスは、彼の心が休息を見出すのはそれが神のうちに休らう時だと確信している（『告白』1, 1, 1）。

ボエティウス（四八〇～五二四年）はアウグスティヌスの次に重要なラテン語による哲学者で、古代の伝統を仲介する立場にあったが、ギリシャ哲学、とりわけプラトン主義のうちに、一つの補塡を、つまりキリスト教の教義とは競合しないものを見た。ボエティウスは彼の著作『哲学の慰め』において、プラトン哲学に立ち戻ることによってヘレニズム哲学を乗り越えようとし、自らの著作を通じて中世に大きな影響を与えた。

なるほど中世における新プラトン主義について語ることが、本当に許されるかどうか疑われもした。というのも、アリストテレスの全集がより大きな範囲で入手可能だったのに対して、カルキディウス（四〇〇年頃）の註釈と翻訳にある『ティマイオス』の一部とキケロの『スキピオの夢』へのマクロビウスの註釈だけが、実際には知られていたに過ぎないからである。しかしながら、偽ディオニュシオス・アレオパギテースの著作が、プラトンの新プラトン主義的把握、とりわけキリスト教化されたプロクロスへの接近を可能にした。

それにもかかわらず、プラトン主義はより広い範囲のギリシャ語文書の翻訳（たとえば、一一五六年、ヘンリクス・アリスティップス）によって支持を見出した。このことによってプラトン的伝統は、アリストテレス主義の支配にもかかわらず、中世においても保持された。総じて、中世の思索のうちでプラトン的要素について、たとえばいわゆる普遍論争について十分に語られるだろうが、その際、純粋にプラトン的なものとキリスト教的に変容された新プラトン主義とを区別することが肝要である。

これに対して、ビザンティン世界とアラブ世界におけるプラトンに対する関係は、生き生きとした直接的なものであり続け、そこではプラトン的思考とアリストテレス的思考との一致可能性というテーゼが重要な役割を果たした。しかも、プラトンの哲学はビザンティン哲学の枠組みの中で一つの頂点に達した。ビザンティンの哲学者たちにとって、またキリスト者たちにとってもとりわけ魅力的だったのは、神の本質は人間の表象能力と表現能力の彼方にあり、それゆえ、ただ否定的にのみ表現されうるに過ぎないというプラトン主義者たちの確信だった(偽ディオニュシオス・アレオパギテース)。

聖画像論争において新プラトン主義哲学(とりわけ偽ディオニュシオス・アレオパギテース)は、画像崇敬者(ダマスケヌス)たちの理論的背景をなした。アラビア世界ではギリシャ医学、自然科学、数学、そしてギリシャ哲学の大いなる連続性があり、そこではアリストテレスと並んでプラトンが重要だった。特に彼の「政治哲学」が影響力を持った。アラビア人は『国家』と『法律』(『牛の書』)の完全なテクストへのアクセスを有し、『パイドン』と(『果実についての書』『パイドン』受容)『クリティアス』をよく知っていた。

## 4　ルネサンス

### プラトン主義の復興

哲学が、そして特に、中世に完全に忘れ去られたわけでは決してなかったプラトンの哲学が、ルネサンスにおける古代の復興の中心的部分を形成している。もちろん、プラトンとプラトンの新プラトン主義的解釈者たちに立ち戻ることは、とりわけ倫理の問いにおいて、ヘレニズムの諸学派（ストア派、エピクロス主義）との結びつきを引き受けることだった。しかし、総じてフィレンツェが中心だったルネサンス哲学は、（新）プラトン主義の刻印を帯びていた。一般にペトラルカは、プラトンに新しい価値を与えた人として認められている。じっさい彼は、すでに早くから（一三六七年）プラトンが哲学の模範だと言明している。にもかかわらず語学的知識がなかったために、プラトンのギリシャ語による対話篇に彼は近づくことができなかった（fam. xviii 2, 10）。

次第にプラトンの著作との集中的な対決がなされるようになったが、これにはまずもって特に、ゲオルギオス・ゲミストス・プレトン、ゲオルギオス・トラペズンティオス、枢機卿ベッサリオンが大きく寄与した。ジョヴァンニ・アウリスパがプラトンのテクストを一四二三年に西側にもたらした後、プラトンの著作はそこでも再び知られるようになり、次第に翻訳され、一四八四／一四八五年までにはフィレンツェにおいて、その後長い間標準的なものとなったマルシリオ・フィチーノ（一四三三～一四九九年）によるラテン語の最初の完全な翻訳が現れた。

新プラトン主義者のように、フィチーノはプラトン著作の適切な翻訳と註釈とを自らの課題と見なした。フィチーノはまた、ピコ・デラ・ミランドラ（『人間の尊厳について』一四八七年）のような当時の重要な他の人々を熱狂させた。古代後期の新プラトン主義者たちのように、フィチーノにとってプラトンは、ヘルメス・トリスメギストス、オルペウス、ピュタゴラス、ピロラオスが属する伝統のうちにあった。プラトン主義の思想とキリスト教思想とを結びつけようとするフィチーノの試みは、またイタリア、フランス、そしてイギリスのルネサンスの詩人たちにも影響を与えた。

イタリアにおけるプラトン主義は、たちまち「ルネサンス」あるいは「フィレンツェ」プラトン主義が語られるほどの地位を占めた。プラトンの文体、キリスト教的な考え方との一致、そして徳の勧めと感じられる彼の哲学の働きが、それに寄与した。パリのソルボンヌ、ボローニャやパドゥアではまだ優位に扱われていたアリストテレスは、排除はされなかったが統合された。ヴァチカンの署名の間にあるラファエロの『アテネの学堂』(一五〇九〜一五一一年)でプラトンはアリストテレスと並んで中心を占め、しかも、たしかに彼よりもわずかに上位に置かれている。

この時代、とりわけ強く影響を与えたのは、プラトンが『饗宴』や『パイドロス』で描写したようなエロースや美についてのプラトンの教説だった。キリスト教的な観念と結びつけられて、美学的側面を重視する、新しい哲学的・神学的な見方が生じる。明らかにプラトン哲学は、宗教的哲学的要求に応えたのである。魂の不死に関するプラトンの努力と並んで、倫理学、自然学あるいは神学、キリスト教との一致(デミウルゴス)への眼差しをもって世界の多様な現れを解明したことが、全体として有益だった(一五一三年、ラテラノ公会議)。

同じ時代にまたプラトンは、ニコラウス・クザーヌス(一四〇一〜一四六四年)を通してドイツで強い影響力を持った。彼はプラトン主義的かつ新プラトン主義的要素を(たとえばプロクロスの『パルメニデス』註解)、自分の思索のうちに統合した。たとえば、矛盾律に潜む限界を乗り越えようとする、一性についてのプラトン主義的思弁(反対する物の一致)に見られるように。

## 5　十六世紀から十八世紀にかけて

### 十六世紀から十七世紀

ルネサンスのプラトン主義が、特にイタリアでフィチーノのフィレンツェ・アカデミーの影響のおかげで花開いたとするならば、イギリスにおけるプラトン主義は十七世紀の間に根を下ろした。イギリスにおけるプラトン主義の影響は一六二〇年以降増大し、一六七〇年頃頂点に達したが、その後、経験主義（ロック）によって押しのけられた。この興隆の諸原因は、おそらくは特に成長する文献学的博識か（ロッテルダムのエラスムス）、あるいは——より以前のスコラ哲学的考察方法への関心の回帰の結果として——哲学的・神学的諸問題であった。

今や理性の優位が喧伝された。まずはオックスフォードで、続いてケンブリッジで、プラトンの教説は異なった形で重要になった。とりわけトーマス・モア（一四七七～一五三五年）が重要であり、彼の『ユートピア』はルキアノスと並んで特にプラトンの『国家』と『法律』を志向している。エドマンド・スペンサー（一五五二～一五九九年）のような詩人は、その詩にプラトン的なものを流れ込ませた（『妖精の女王』）。特に十七世紀後半のいわゆるケンブリッジ・プラトニストたち（ウィチカト〔一六〇九～一六八三年〕、ジョン・スミス〔一六一八～一六五二年〕、ラルフ・カドワース〔一六一七～一六八八年〕、ヘンリー・モア〔一六一四～一六八七年〕）は、多くの人々の目に十七世紀をまさにイギリスのプラトン主義の黄金時代として出現させた。

フィチーノの伝統のなかで、プラトン主義者たちは経験的世界把握に対抗し、カルヴィニズムや、ホッブズやスピノザが代表する決定論に対立した。このプラトン主義は、シャフツベリー伯（一六七一～一七一三年）のうちに更なる卓越した代表者を見出した。その際、ケンブリッジ・プラトニストたちは当時の新しい科学的認識を徹底的に利用し、絶対的時間と絶対的空間というニュートンの概念にまでも影響を与えた。

プラトン主義のより広汎な歴史にとって特別な重要性があるのが、サムエル・パーカー（『プラトン的哲学に対する自由かつ公平な非難』A Free and Impartial Censure of the Platnic Philosophy）とフランスのユグノー派セラヌス（一五四〇～一五九八年）の、新プラトン主義的な解釈とアカデメイア派の懐疑主義的解釈から離れて、プラトンその人に向かうべきだという要求だった。この展開は、今日なお標準的な、シュライエルマッハーの唱えた対話篇そのものへの回帰に通じている。

ゴットフリート・ヴィルヘルム・ライプニッツ（一六四六～一七一六年）も、プラトンへの回帰と新プラトン主義的枠組みからの離脱を要求した。彼は新プラトン主義者たちと同じように、対話篇のうちで『パルメニデス』と『ティマイオス』を好んだ。彼の見解では、神と自然がこれらの対話篇で説明されているからである。とはいえ、ライプニッツにとっては本来的に、それ自体の目的としての歴史的プラトンの考察が重要なのではなかった。彼にとってプラトンが興味深かったのは、たとえばイデア論におけるプラトンの教説が、自身の考え方に対して親近性を有することが推察されたからであった。

## 十八世紀におけるプラトン「再発見」

十八世紀後半では、とりわけルソーとシャフツベリーの影響によって新しい側面が前面に出てきて、ギリシャ的なものへの関心が増すのと一緒に、哲学者としてのまた書き手としてのプラトンが再生を果たした。その際、エロースと魂についてのプラトンの教説が特別の興味をもって受容された。『パルメニデス』や『ソフィスト』あるいは『ティマイオス』といった対話篇はそれほどでもないが、『饗宴』と『パイドロス』が今や前面に出て、シュレーゲルやシュライエルマッハーのみならず、ヴィンケルマン（一七一七〜一七六八年）にも影響を与え、ゲーテを取り巻く人々にも作用した。

実際、ヨハン・ヴォルフガング・フォン・ゲーテ（一七四九〜一八三二年）にプラトンの教説との親和性が認められる。ゲーテは『色彩論』の歴史的部分で『ティマイオス』の色彩論（67c-68c）も引き合いに出し、『国家』に影響されている。ジャン・パウルの『国家』講義と、そこで展開された徳の概念への感嘆、つまりゲーテの一七八五年の「プラトン体験」が、エピクロス的人間像からプラトン的人間像への転向を助け、十八世紀におけるプラトンの「再発見」へと導いた。

とりわけヘルダーリンのプラトンとの関わりが重要であった。彼においては美のイデアが中心的位置を占め、シェリングとヘーゲルのプラトン受容に影響を及ぼし、シュレーゲルとその友であったシュライエルマッハーにプラトン対話篇に対する関心を呼び起こした。多くの衝動とより新しいプラトン解釈のための範疇――発展的思考、認識への欲求の非完結性、体系の欠如、皮肉、語りえないこと、究極の認識――はここで成立し、今日に至るまで多様な観点からするプラトン解釈に決定的な影響を与えてきた。

シュレーゲルはシュライエルマッハーをその翻訳へと促すとともに、対話篇の内的形式とその自律性を示し、そうすることでその時代に対しプラトンへのよりよい入り口を開く試みへと促した。プラトンの対話篇はこうして自律的な芸術作品となった。これは今日なお活発に議論され、問われている見解でもある。

## 6　歴史的プラトンの探究——十九世紀と二十世紀

### プラトンその人への接近

プラトンを新プラトン主義的解釈から分離しようとする試みと、新プラトン主義的寓意的解釈がもしかすると真のプラトン哲学をゆがめたかもしれないという見解が、次第に優勢になった。新プラトン主義的解釈範例とプラトンの立場の歴史的哲学的探究の区別が、哲学史家によって取り上げられたのである。

この展開は、シュライエルマッハーの今日に至るまで決定的なプラトンの翻訳の序文のうちへと、いわば流れ込んだ。ただしその際、シュライエルマッハーとは違った仕方で、つまり、対話篇の他に語られた教説も含む、より広範囲の源泉が考慮されたのである。シュレーゲルに刺激されて、シュライエルマッハーはプラトンの対話篇を翻訳し（一八〇四年〜）、自らのプラトン理解のための綱領的な性質を帯びた序文を付加した。対話篇の翻訳というシュライエルマッハーのプロジェクトは、プラトン対話篇の芸術的性格に対する新しい理解を背景にして見られるべきである。

文学作品の形式は、プラトン哲学の対話的性格の表現として評価された。対話法は真理の伝達の技として、哲学と同じものとして見られた。プラトンの対話篇は、その理想的な表現形式になる。プラトン的皮肉は、真理の完全な伝達が不可能であることの表現形式になる。個々のそれぞれの対話篇は、全作品との関係のうちで見られなければならない。その際、シュライエルマッハーは決して体系的プラトン理解の決定的な敵対者ではなかった。しかし彼が断固として対話作品に立ち戻り、文学的創作と哲学的表現を同一視したので、対応する体系は重みを失った。正しい解釈という問題は、完全に読者の能力に移し替えられているのである。

新プラトン主義の仲介者や解釈者が与える像からプラトンを引き離すべきだという認識によって、プラトンをできるかぎり歴史的に忠実に把握しようという試みがなされるようになった。プラトンと彼の作品は、とりわけドイツで、またイギリスでも（B・ジョウエット）フランスでも（V・クーザン）、文献学的・歴史学的研究の対象になった。プラトンの歴史的位置づけや彼の著作の執筆年代に関する問い、ありうべき「プラトンの思考の体系」とプラトンの思考の発展についての問い、著作の年代決定や彼の教説の整合性についての問い、が前面に出てきたのである——これらの問いは今日でも活発かつ対立し合いながら議論されている。

このことは、文体、用語、テクストの伝承といった多くの部分的な領域での認識の進歩をもたらした、——そして彼の作品を多くの誤った解釈から救ったが、しかしまた過剰な批判ともなった。ほとんどすべての対話篇が、異なった根拠から偽作と宣告されたのである。歴史的プラトンへの関心の頂点は、二十世紀初頭に刊行されたU・v・ヴィラモヴィッツ・メレンドルフのプラトン著作（1909）であった。この著作は哲学的なものを意識して無視し、人間としてのプラトンを前面に押し出そうと試みたのである。

## 十九世紀から二十世紀

プラトンによって提唱されたイデア論と矛盾する、プラトンへの問い（実証主義、心理主義、経験主義、唯物論）もいっそう立てられた。しばしば価値に特別な存在論的位置を認めようとか、諸現象の背後の世界について語ろうとする申し出は拒絶された。ソクラテスにより多くの関心が集まり（キルケゴール）、プラトンの哲学は批判的に扱われた。同様にソクラテスに近いものを感じていたニーチェ（一八四四〜一九〇〇年）は、プラトンの二元論的世界に「イデアの冷たい帝国」への逃亡と、ニーチェの見解では非ギリシャ的な「高次の目眩《めまい》」の宣言を見た（Nietzsche 1980, 六巻 155-156）。

彼は多くの点における批判とともに、プラトンの国家理論に対する現代の反感を先取りしていた。プラトンの洞窟の比喩の言明の反転において、「真なる世界」はニーチェにとって彼がもちろん無駄と見なす観念になる。他方で彼のバーゼルでのプラトン講義では、現代の議論をあらかじめ指し示す、対話篇の機能の評価についての言及が見出される。

根本的な革命と挑戦（たとえばマルクス主義）にもかかわらず、十九世紀と二十世紀初頭におけるプラトン的伝統は、重要な遺産として感じられた。フロイトはプラトンを非常に評価し、重要な対話篇を熟知していた。プラトンは、たとえばドイツにおいては、ゲオルゲのサークルやヴェルナー・イェーガーの周囲の「第三のヒューマニズム」のような文学的運動の重要な肯定的な核となる人物であり続けた。

イギリスでは、B・ラッセルとG・E・ムーアによって影響を受けた、ブルームズベリーのグループに言及しなければならない。またこのグループには、W・B・イェーツやエズラ・パウンドと同様に、プラトン的考え方に影響を受けたE・M・フォースターやヴァージニア・ウルフも属していた。

プラトンとの哲学的に実り豊かな対決は、プラトンのイデアの内に自然法を見ようとしたいわゆる「マールブルク学派」において、その学派の主唱者であるP・ナトルプとともになされた。B・ボルツァーノとG・フレーゲは、概念、命題や思考に固有の存在を認めた。プラトン的文脈では、論理的対象物を認識主体から独立に認め、思考が客観的実在性を有する領域を受け入れるという哲学的傾向も見られる。プラトンの認識論は実存主義（サルトル）や言語分析哲学（ウィトゲンシュタイン）の挑戦を受けた。フランスの脱構築主義（J・デリダ）はプラトンの『パイドロス』を引き合いに出した。ニーチェのプラトン批判のゆえに、プラトンは再び今日性を徹底的に獲得し、その際プラトンに対してなされた批判が取り上げられたり（M・ハイデガー）、そのようなものからプラトンを防御しようと試みられた（ガダマー）。

その際、時として文献学的な観点から見れば、強引でなくもない仕方で行われることもあった。特にプラトンの政治哲学は、K・ポパーの、一九四四年に執筆された影響力の大きかった書『開かれた社会とその敵』の内に表現された、二十世紀の経験によって刻印された全体主義の疑いにさらされた。たとえ時代に制約された批判がときにはよく理解できるとしても、そのような批判は多くの重要な観点を見損なってしまっている。

自然科学でもまたプラトン主義、とくに『ティマイオス』は、プラトンの目的論的見地が現代の自然理解とは矛盾しているにもかかわらず、実り多い議論の基盤であり続けた（W・ハイゼンベルク、C・F・ヴァイツゼッカー）。現象の背後に構造を追求するプラトンの要請は、現代の理解との一致が認められ、新しい時代の科学者たちに有益な影響を与えてきたのである。

## 7　現代の動向

### 現代の活況

プラトンの著作と彼の哲学に関わる多くの問いは、いまだに争われ、集中的に議論されている。その際、さまざまな方向に動きが見られ、新しい側面が前面に押し出される。対話篇の文学的性質へのシュライエルマッハーの重要な示唆は、何度も取り上げられさらに展開された。その際、歴史的文脈（伝統的「ソクラテス的」対話篇、同時代の読者の歴史的文脈における機能）を顧慮する必要性がいっそう指摘される。プラグマティズム的、実存主義的、現象学的関心が、解釈者たちを、対話篇のドラマ的性質への問いと、プラトンの哲学的コミュニケーションのやり方や方法に対する目を開かせた。

哲学者プラトンと並んで、プラトンにあっては哲学的側面と文学的側面とは分離されえないという新しくはない洞察とともに、文学者プラトンも再び重要性を増した。プラトンの対話篇の法則性から見て（たとえば対話の受け手を志向する語り）、歴史的ソクラテスとプラトンのソクラテスとが区別されるという確信が弱まっている。また対話篇における発言を無造作に著者に投影することに、より慎重になっている。

プラトンの思索における連続性の側面が、より強く考慮されるようになっている。とはいえ、それによってもちろん思索の発展の可能性が否定されるわけではない。対話篇における登場人物の誰が本当にプラトンの代弁者であるのかという問いは、著者とその見解の探究を諦めることへと導くことはもはやない。プラトンを哲学者としてかつ詩人として評価するべきであり、対話篇的叙述は哲学的メッセージの一部であるという正しい認識は、文学的様式と議論の文脈関係性に対する感受性を高める。しかしだからといって、著者の哲学的立場の探究を諦めさせるように導いてよいわけではない。

総じて、プラトンに関する議論が国際的にどんなに生き生きと、またどれほどいっそう多くなされているかを示す異なった兆しが見られる。その際、現代の解釈は、その多くの問いが古代にすでに立てられ、多くの答えが与えられていたこと、多くの場合、新しいと思われている解決の提案が実は再発見であることを見誤ってはならない。もちろんこのことが、今後もプラトンのテクストについて問いただすことを失望させるものであってはならない。

## プラトンの意義とプラトンの意図

古代の解釈が、誰も捕まえることができなかった白鳥として自らを見たというプラトンのあの夢から見て取ったものは、今日でも妥当する。つまり、各人は自分の関心にしたがってプラトンの著作を解釈する（Anonym. Prol. 197 Hermann, 3, 4 Westerink）のである。実際、プラトンはまさに二十世紀において、きわめてさまざまな仕方で読まれた。形而上学と一者の哲学の創設者として。キリスト教との近さのゆえに、あらゆる差異にもかかわらず魅力的である宗教・神学者として。分析哲学者、教育者、社会学者として、芸術理論家として、芸術家として、現代原子論、あるいは場の理論の先駆者として。

評価と解答の提案が多様であることは、問題の恣意性や解答不可能性の印としてではなく、プラトンの著作が今日でもいかにインスピレーションを与えるものであるかの証拠として評価されるべきである。しかしまさにこのこと——人々を自らの思考とテクストについての絶え間ない議論へと刺激すること——こそプラトンの意図したことだったのである。

| 年 | 事　項 |
|---|---|
| 紀元前 469 | ソクラテス、アテネのアロペケ区に生まれる。父はソプロニコス、母はパイナレテ。 |
| 431 | ペロポネソス戦争始まる（～前 404 年）。 |
| 428/427 | プラトン（本名アリストクレス）生まれる。父アリストン、母ペリクティオネ。 |
| 423 | アリストパネスが、ソクラテスを風刺した喜劇『雲』を初演。 |
| 416 | 悲劇コンテストでアガトンが勝利（『饗宴』参照）。 |
| 415 | アテネ軍がシシリーに遠征。 |
| 413 | シシリーでアテネ軍敗北。ニキアス処刑される。 |
| 406 | アルギヌーサイ沖でアテネ軍が海戦を行う。その際に戦死者の遺体を収容しなかった罪で、指揮官たちが一括裁判で死刑判決を受ける。ソクラテスはその手続きに反対する。 |
| 404 | アテネ降伏。アテネで「三十人政権」が敷かれる（クリティアスやカルミデスもその中に加わる）。民主派の抵抗により三十人政権は追放される。その際、クリティアスは戦死。 |
| 399 | ソクラテス、告発され刑死。 |
| 389 ～ 388 頃 | プラトン、一回目のマグナ・グレキアおよびシシリー旅行（キュレーネーとエジプトも訪れた可能性がある）。 |
| 387 頃 | アテネにアカデメイア創設。 |
| 384 | アリストテレスとデモステネス生まれる。 |
| 367 | アリストテレス、アカデメイアに入門。 |
| 367 ～ 366 頃<br>(366 ～ 365 頃) | プラトン、二回目のシシリー旅行。 |
| 367 | ディオニュシオス一世死去。ディオニュシオス二世が後継。 |
| 361 ～ 360 頃 | プラトン、三回目のシシリー旅行。 |
| 356 | ディオンが短期間シュラクサイを支配。 |
| 354 | ディオン暗殺される。 |
| 348/347 | プラトン、アテネで死去。アカデメイアの学長を、甥のスペウシッポスが引き継ぐ。 |
| 335 | アリストテレスが自らの学園リュケイオンをアテネに創設。 |
| 323 | マケドニアのアレクサンドロス大王、死去。アリストテレス、アテネを去る。 |
| 322 | アリストテレス死去。 |

プラトン略年表

黒海
トラキア
ビザンティン
(コンスタンティノポリス)
アブデラ
マケドニア
スタゲイラ
アイゴスポタモイ
トロイア
アッソス
エーゲ海
テッサリア
テーバイ
エウボイア
イオニア
オプス
カルキス
キオス
クラゾメナイ
デルポイ
コロポン
アッティカ
エリス
メガラ
アテネ
サモス
エペソス
オリュムピア
コリントス
ミレトス
スーニオン
アイギナ島
デロス
ペロポネソス
スパルタ
ケオス島
クノッソス
クレタ
地中海
キュレーネー
リビュア
ローマ
マグナ・グレキア
アドリア海
タレンティウム
エレア
メタポンティオン
ティレニア海
トゥリオイ
クロトン
イオニア海
ロクロイ
エトナ山
シシリー
アクラガス
レオンティノイ
シュラクサイ
0
400km


プラトン関連地図

# 文献表

**［欧文文献表］**（原著では項目別になっているが、読者の便宜を考えて一括して著者名のアルファベット順にまとめるとともに、訳者が割愛・追加した文献もある）


Adam, J.: *The Republic of Plato*, with an Introduction by D. A. Rees, 2 vol., Cambridge ²1963.

Albert, K.: *Griechische Religion und Platonische Philosophie*, Dettelbach 1998.

Albert, K.: *Über Platons Begriff der Philosophie*, St. Augustin 1989.

Allen, R. E. (ed.): *Studies in Plato's Metaphysics*, London/New York 1965.

Allen, R. E.: *Plato's 'Euthyphro' and the Earlier Theory of Forms*, London 1970.

Annas, J.: *An Introduction to Plato's Republic*, Oxford 1981.

Apelt, O.: Die Taktik des Platonischen Sokrates, in Apelt, O.: *Platonische Aufsätze*, Leipzig/Berlin 1912, 96-108.

Bailly, J.: *Plato's Euthyphro & Clitophon*, Focus 2003.

Baltes, M.: Gegonen (Platon, *Tim.* 28 B 7). Ist die Welt real entstanden oder nicht?, in Baltes, M.: *DIANOĒMATA. Kleine Schriften zu Platon und zum Platonismus*, Stuttgart/Leipzig 1999, 303-325.

Beierwaltes, W.: *Denken des Einen* – Studien zur neuplatonischen Philosophie und ihrer Wirkungsgeschichte, Frankfurt a. M. 1985.

Beierwaltes, W.: *Platonismus im Christentum*, Frankfurt a. M. 1998.

Beierwaltes, W.: *Proklos – Grundzüge Seiner Metaphysik*, Frankfurt a. M. 1965; ²1979.

Benson, H.: *Socratic Wisdom – The Model of Knowledge in Plato's Early Dialogues*, New York 2000.

Benson, H.: *Clitophon's Challenge – Dialectic in Plato's Meno, Phaedo, and Republic*, Oxford 2014.

Blass, F.: *Die attische Beredsamkeit*, 2 Bde., Leipzig 1874.

Bluck, R. S.: *Plato's Meno*, ed. with Intr. & Comm., Cambridge 1961.

Blössner, N.: *Dialogform und Argument – Studien zu Platons 'Politeia'*, Mainz 1997.

Bonitz, H.: *Platonische Studien*, Berlin 1886.

Brandwood, L.: *A Word Index to Plato*, Leeds 1976.

Brisson, L.: *Le même et l'autre dans la Structure Ontologique du Timée de Platon*. Un commentaire systématique du *Timée* de Platon, St. Augustin 1974.

Brisson, L.: *Lectures de Platon*, Paris 2000.

Brisson, L.: *Pythia* (*Gesamtbibliographie 1950-2000*), Paris (CD-ROM) 2005/6.

Brisson, L.: La lettre VII de Platon, une autobiographie? in Brisson, L.: *Lectures de Platon*, Paris 2000, 15-24.

Burkert, W.: Platon oder Pythagoras? Zum Ursprung des Wortes 'Philosophie', in *Hermes* 88/1960, 159-177.

Burnet, J. (ed.): *Platonis opera* rec. brevique adnotatione critica instr. J. Burnet, Oxford 1900-1907, 2. Aufl. 1905-1913, 5 vol.

Burnet, J.: *Plato's Euthyphro, Apology of Socrates and Crito*, ed. with Notes, Oxford 1924.

Burnet, J.: *Plato's Phaedo*, ed. with Intr. & Notes, Oxford 1911.

Burnyeat, M. F.: *The Theaetetus of Plato*, Indianapolis 1990.

Burnyeat, M. F.: *Explorations in Ancient and Modern Philosophy, Vol.1 & 2*, Cambridge 2012.

Campbell, L.: *The Sophistes and Politicus of Plato*, Oxford 1867 (ND New York 1973).

Cherniss, H.: *The Riddle of the Early Academy*, Berkeley/Los Angeles 1945 (ND 1962).

Cherniss, H.: The relation of the Timaeus to Plato's later dialogues, in *AJPh* 78/1957, 225-266; jetzt in Allen, R. E.: *Studies in Plato's Metaphysics*, London 1965, 339-3;78; und in: Tarán, L. (ed.): Cherniss, H.: *Selected Papers*, Leiden 1977, 298-339.

Clay, D.: *Platonic Questions*. Dialogues with the Silent Philosopher, University Park 2000.

Clay, D.: The origins of the Socratic dialogue, in Vander Waerdt, P. A. (ed.): *The Socratic Movement*, Ithaca 1994, 23-47.

Cornford, F. M.: *Plato and Parmenides – Parmenides' 'Way of Truth' and Plato's 'Parmenides'*, transl. with an Intr. and a Running Comm., London 1939.

Cornford, F. M.: *Plato's Cosmology*, London 1939.

Cornford, F. M.: *Plato's Theory of Knowledge: The Theaetetus and the Sophist of Plato*, transl. with a running commentary, London 1935, $^{5}$1958.

*Corpus dei Papiri Filosofici Greci e Latini,* Parte III: Commentari, Florenz 1995.

*Corpus dei Papiri Filosofici Greci e Latini,* Parte I: Autori Noti, vol. x*** (2 Bde.: vol. 1*** Nicolaus Damascenus-Platonis Fragmenta und vol. 1*** Platonis Testimonia-Zeno Tarsensis), Florenz 1999.

Coseriu, E.: *Geschichte der Sprachphilosophie, von den Anfängen bis Rousseau,* Tübingen/Basel 2003 (bes. 31 ff.).

Crombie, I. M.: *An Examination of Plato's Doctrine,* New York $^{3}$1969.

Cross, R. C. /Woozley, A. D.: *Plato's Republic – A Philosophical Commentary,* London 1964.

Dalfen, J.: Gedanken zur Lektüre platonischer Dialoge, in *Zeitschrift für philosophische Forschung* 29/1975, 169-194.

Dalfen, J.: *Polis und Poiesis,* München 1974.

Davies, J. K.: *Athenian Propertied Families,* Oxford 1971.

De Vries, G. J.: *A Commentary on the Phaedrus of Plato,* Amsterdam 1969.

Diels, H./ Kranz, W. (Hrsgg.):〈=DK〉*Die Fragmente der Vorsokratiker.* Griechisch und deutsch von H. Diels, 9. Aufl. hrsg. v. W. Kranz, Berlin 1960.

Dillon, J. M.: *The Middle Platonists,* London/ Ithaca, NY 1977, $^{2}$1996.

Dittenberger, W.: Sprachliche Kriterien für die Chronologie der platonischen Dialoge, in *Hermes* 16/1881, 321-345.

Dodds, E. R.: *Plato's Gorgias,* a Revised Text with Intr. & Comm., Oxford 1959.

Dover, K. J.: *Greek Homosexuality,* London 1978.

Dover, K.: *Plato. Symposium,* Cambridge 1980.

Duke, E. A. [et al.] (Hrsgg.): *Platonis Opera,* vol. 1., rec. brevique adnotatione critica instr. E. A. Duke et al., Oxford 1995.

Döring, K./Erler, M./Schorn, St.: *Pseudoplatonica,* Stuttgart 2005.

Döring, K.: Der Sokrates der Platonischen Apologie, in *Würzburger Jahrbücher* 13/1987, 75-94.

Dörrie, H.: *Platonica Minora,* München 1976.

Ebert, Th.: *Meinung und Wissen in der Philosophie Platons,* Berlin 1974.

Edelstein, L.: *Plato's Seventh Letter,* Leiden 1966.

Effe, B.: Platon und die Päderastie: *Phaidros* 256b-d und die platonische Eros-Theorie, in Ackeren, M. v.: *Platon verstehen,* Darmstadt 2004, 135-146.

Erler, M.: 'Socrates in the cave' – Argumentations as Therapy for Passions in *Gorgias* and *Phaedo,* in Migliori, M./Napolitana Valditara, L. (ed.): *Plato Ethicus,* St. Augustin 2004, 107-120.

Erler, M.: *Der Sinn der Aporien in den Dialogen Platons,* Berlin 1987.

Erler, M.: Hilfe der Götter und Erkenntnis des Selbst – Sokrates als Göttergeschenk bei Platon und den Platonikern, in Kobusch, Th./Erler, M. (ed.): *Metaphysik und Religion,* München 2002, 387-414.

Erler, M.: Platon, in Flashar, K. (ed.): *Grundriß der Geschichte der Philosophie* begr. v. F. Überweg: *Die Philosophie der Antike* Band 2/2, Schwabe 2007.

Erler, M.: Praesens Divinum, in Janka, M./Schäfer, Chr. (Hrsgg.): *Platon als Mythologe,* Darmstadt 2002 (= 2002b), 81-98.

Eucken, Chr.: *Isokrates,* Berlin/NewYork 1983.

Ferber, R.: *Platos Idee des Guten,* St. Augustin [2]1989.

Ferrari, G.: Plato and Poetry, in Kennedy, G. (ed.): *The Cambridge History of Literary Criticism,* Cambridge 1989, 92-148.

Ferrari, G.: Platonic Love, in Kraut, R. (ed.): *The Cambridge Companion to Plato,* Cambridge 1992, 248-276.

Ferrari, G. (ed.): *The Cambridge Companion to Plato's Republic,* Cambridge 2007.

Field, G. C.: *The Philosophy of Plato,* Oxford 1949.

Fine, G. (ed.): *Plato 1: Metaphysics and Epistemology 1999; 2: Ethics, Politics, Religion, and the Soul,* Oxford 2000.

Flashar, H.: Die Kritik der platonischen Ideenlehre in der Ethik des Aristoteles, in Flashar, H./Gaiser, K. (Hrsgg.): *Synusia.* Festgabe für W. Schadewald, Pfullingen 1965, 223-246; jetzt in Flashar, H.: *Eidola: Kleine Schriften* hrsg. v. M. Kraus, Amsterdam 1989, 247-270.

Frede, M.: Die Frage nach dem Seienden, in Kobusch Th./Mojsisch, B. (Hrsgg.): *Platon: Seine Dialoge in der Sicht neuer Forschungen,* Darmstadt 1996, 181-199.

Friedländer, P.: *Platon,* 3 Bde., Berlin 1928-1930, [3]1964-

1975.

Fritz, K. v.: *Platon in Sizilien und das Problem der Philosophenherrschaft*, Berlin 1968.

Fritz, K. v.: *Schriften zur griechischen Logik I-II*, Stuttgart-Bad Cannstatt 1978.

Gadamer, H. G.: *Platos dialektische Ethik und andere Studien zur platonischen Philosophie*, Hamburg/Leipzig 1968.

Gaiser, K. (ed.): 〈=Gaiser〉 *Philodems Academica. Die Berichte über Platon und die Alte Akademie in zwei herkulanensischen Papyri*, Stuttgart 1988 (Text aus dem 'Index Academicorum' (Geschichte der Akademie) des Epikureers Philodem des Platon; mit Übersetzung und Kommentar).

Gaiser, K. (Hrsg.): *Das Platonbild*. Zehn Beiträge zum Platonverständnis, Hildesheim 1969.

Gaiser, K.: Autorität und Liberalität in den Erziehungstheorien der Antike, in *Humanistische Bildung* (Stuttgart Hist. Inst. der Univ.) 2/1979, 1-96.

Gaiser, K.: *Name und Sache in Platons 'Kratylos'*, Heidelberg 1974.

Gaiser, K.: Plato's enigmatic lecture 'On the Good', *Phronesis* 25/1980, 5-37, in Szlezák, Th. A. (ed.): Konrad Gaiser: *Gesammelte Schriften*, St. Augustin 2004, 265-294.

Gaiser, K.: *Platon als philosophischer Schriftsteller* 1984.

Gaiser, K.: Platons Zusammenschau der mathematischen Wissenschaften, in *Antike und Abendland*, 32/1986, 89-124.

Gaiser, K.: *Platons ungeschriebene Lehre – Studien zur systematischen und geschichtlichen Begründung der Wissenschaften in der platonischen Schule*, Stuttgart ²1968.

Gallop, D.: *Plato. Phaedo*, Translated with notes, Oxford 1975.

Gerson, Lloyd P.: *Knowing Persons – A Study in Plato*, Oxford 2003.

Giannantoni, G.: 〈= Giannantoni〉 *Socratis et Socraticorum Reliquiae*, 4 Bde., Neapel 1990.

Gigon, O.: *Sokrates, Namen und Begriffe*, Zürich 1975.

Graeser, A.: *Die Philosophie der Antike 2.: Sophistik und Sokratik, Plato und Aristoteles*, in W. Röd (ed.), *Geschichte der Philosophie;* Bd.2, München (2., übersetzte und erweiterte Auf.) 1993, 125-202.

Graeser, A.: *Platons Ideenlehre. Sprache, Logik und Metaphysik*, Bern 1975.

Görgemanns, H.: *Platon*, Heidelberg 1994.

Görgemanns, H.: *Beiträge zur Interpretation von Platons Nomoi*, München 1960.

Görler; W.: Älterer Pyrrhonismus – Jüngere Akademie-Antiechos aus Askalon, in Erler, M. et al. (ed.): *Grundriß der Geschichte der Philosophie* begr. v. F. Überweg: *Die Philosophie der Antike* Bd. 4/2, Basel 1994, 719-990.

Halfwassen, J.: *Hegel und der spätantike Neuplatonismus – Untersuchungen zur Metaphysik des Einen und des Nous in Hegels spekulativer und geschichtlicher Deutung*, Köln 1995.

Halliwell, S.: *The Aesthetics of Mimesis – Ancient Texts and Modern Problems*, Princeton 2002.

Heitsch, E.: *Gesammelte Schriften II*, München/Leipzig 2002.

Heitsch, E.: *Platon und die Anfänge seines dialektischen Philosophierens*, Göttingen 2004.

Heitsch, E.: *Wege zu Platon – Beiträge zum Verständnis seines Argumentierens*, Göttingen 1992.

Höffe, O.: *Platon. Politeia* (Klassiker Auslegen, Bd. 7), Berlin 1997.

Irwin, T.: *Plato's Moral Theory*, Oxford 1977.

Irwin, T.: *Plato's Ethics*, Oxford 1995.

Jaeger, W.: *Paideia – Die Formung des griechischen Menschen*, bes. Bd. 2 und 3, Berlin $^{3}$1954-67.

Jones, H. S. (ed.): 〈=Thuc.〉 *Thucydidis Historiae* recognovit, brevique adnotatione critica instruxit H. S. Jones, apparatum criticum correxit et auxit J. E. Powell, Oxford 1942.

Kahn, Ch. H.: *Plato and the Socratic Dialogue – The Philosophical Use of a Literary Form*, Cambridge 1996.

Kanayama, Y.: Plato as a Wayfinder – To know Meno, the Robbery Case and the Road to Larissa, *Japan Studies in Classical Antiquity* (*JASCA*), The Classical Society of Japan, Vol.1, 2011, 63-88.

Kannicht, R. (Hrsg.): 〈=K.〉 *Euripides. Tragicorum Graecorum Fragmenta*, Vol. 5.1 und 5.2, Göttingen 2004.

Kannicht, R.: 'Der Alte Streit zwischen Philosophie und

Dichtung' – Grundzüge der griechischen Literaturauffassung, in *Der Altsprachliche Unterricht* XXII1, 6/1980, 6-36.

Kapp, E. : *Der Ursprung der Logik bei den Griechen,* Göttingen 1965.

Kerferd, G. B./Flashar, H.: Die Sophistik, in Döring, K. et al. (Hrsgg.): *Grundriß der Geschichte der Philosophie* begr. v. F. Überweg: Die Philosophie der Antike Bd. 2/1, Basel 1998, 1-137.

Kobusch, Th. /Mojsisch, B. (Hrsgg.): *Platon in der abendländischen Geistesgeschichte,* Darmstadt 1997.

Kraut, R. (ed.): *The Cambridge Companion to Plato,* Cambridge 1992.

Krämer, H. J.: *Arete bei Platon und Aristoteles,* Heidelberg 1959.

Krämer, H. J.: Das Problem der Philosophenherrschaft bei Platon, in *Philosophisches Jahrbuch* 74/1966/7, 254-270.

Krämer, H. J.: Das Verhältnis von Prinzipienlehre und Dialektik bei Platon, in *Philologus* 110/ 1966, 35-70.

Krämer, H. J.: Die Ältere Akademie, in Flashar, H. (ed.): *Grundriß der Geschichte der Philosophie* begr. v. F. Überweg: *Die Philosophie der Antike Bd.* 3, Basel 2004, 1-165.

Kutschera, Fr. v.: *Platons Philosophie I: Die frühen Dialoge; II: Die mittleren Dialoge; III: Die späten Dialoge,* Paderborn 2002.

Laks, A.: The Laws, in Rowe, C. J./Schofield, M. (Hrsgg.): *The Cambridge History of Greek and Roman Political Thought,* Cambridge 2000, 258-292.

Lang, H. S. (Hrsg.):〈=Diog. Laert.〉 *Diogenis Laertii Vitae Philosophorum,* 2 Bde., Oxford 1964.

Ledger, G.: *Re-counting Plato,* Oxford 1989.

Macran, H. S.:〈=Macran〉 *Aristoxenou Harmonika stoicheia. The Harmonics of Aristoxenus edited with translation,* notes, introduction and index of words, Oxford 1902.

Merkelbach, R.: *Platon. Menon,* Hrsg., übers. und nach dem Inhalt erklärt von R. Merkelbach, Frankfurt/ Main 1988.

Migliori, M. et al. (edd.): *Plato Ethicus – Philosophy is Life,* St. Augustin 2004.

Mishima, T.: Clitophon's Challenge and the Aporia of Socratic Protreptic, *JASCA,* Vol.2, 2014, 89-102.

Mittelstraß, J.: Platon, in *Klassiker der Philosophie I*, hrsg. v. O. Höffe, München 1981, 38-62.

Morgan, M. L.: *Platonic Piety: Philosophy and Ritual in Fourth-Century Athens*, New Haven 1990.

Morrow, G. R.: *Plato's Cretan City – A Historical Interpretation of the Laws*, Princeton $^{2}$1993.

Most, G.: Platons exoterische Mythen, in Janka, M./Schäfer, Chr. (edd.): *Platon als Mythologe*, Darmstadt 2002, 7-19.

Müller, C. W.: *Die Kurzdialoge der Appendix Platonica*, München 1975.

Nails, D.: *The People of Plato, a prosopography of Plato and other Socratics*, Indianapolis 2002.

Natorp, P.: *Platons Ideenlehre*, Leipzig 1903, $^{3}$1921.

Nietzsche, F.: *Götzen-Dämmerung*: Was ich den Alten verdanke, in *Sämtliche Werke*, Kritische Studienausgabe in 15 Bänden, hrsg. v. G. Colli u. M. Montinari, München/Berlin 1980.

Nightingale, A. W.: *Genres in Dialogue – Plato and the Construct of Philosophy*, Cambridge 1995.

Notomi, N.: *The Unity of Plato's Sophist*, Cambridge 1999.

Nussbaum, M.: *The Fragility of Goodness – Luck and Ethics in Greek Tragedy and Philosophy*, Cambridge 1986.

Nüsser, O.: *Albins Prolog und die Dialogtheorie des Platonismus*, Stuttgart 1991.

Owen, G. E. L.: The place of the Timaeus in Plato's dialogues, in *Classical Quarterly* 3/1953, 79-95.

Page, D. L. (ed.):⟨=Page⟩ *Epigrammata Graeca*, Oxford 1975.

Pasquali, G.: *Storia della tradizione e critica del testo*, Florenz $^{2}$1952.

Patzer, H.: *Die griechische Knabenliebe*, Wiesbaden 1982.

Pfeiffer, R.:⟨=Pf.⟩ *Callimachus, vol. 1: Fragmenta*, Oxford 1949; *vol. II: Hymni et Epigrammata*, Oxford 1953.

des Places, E.: *Etudes platoniciennes 1929-1979*, Leiden 1981.

Pohlenz, M. (ed.):⟨= Cic. Tusc.⟩ *Cicero, Tusculanae Disputationes*, recognovit M. Pohlenz, Leipzig 1918 (ND Stuttgart 1965).

Popper, K. R.: *The Open Society and its Enemies*, vol. I: The Spell of Plato, London 1945.

Reale, G.: *Zu einer neuen Interpretation Platons – Eine Auslegung der Metaphysik der großen Dialoge im Lichte der 'ungeschriebenen Lehren'*, Paderborn $^{2}$2000.

Reis, B.: *Der Platoniker Albinos und sein sogenannter Prologos*, Wiesbaden 1999.

Riedweg, Chr.: *Pythagoras*, München 2002.

Riginos, A. S.:〈=Riginos〉*Platonica. The Anecdotes concerning the life and writings of Plato*, Leiden 1976.

Ritter, C.: *Untersuchungen über Plato*, Stuttgart 1888.

Robinson, R.: *Plato's Earlier Dialectic*, Oxford $^{2}$1953.

Robinson, Th. M.: *Plato's Psychology*, Toronto $^{2}$1995.

Ross, W. D.: *Plato's Theory of Ideas*, Oxford 1951 (ND 1970).

Ross, W. D. (ed.) Aristoteles:〈=Arist. met.〉*Metaphysics*, Oxford 1924.

Ross, W. D. (ed.) Aristoteles:〈=Arist. phys.〉*Physics*, Oxford 1936.

Ross, W. D. (ed.):〈=Ross〉*Aristotelis Fragmenta Selecta* rec. brevique adn. instr. W. D. Ross, Oxford 1974.

Rowe, Ch.: *Plato and the Art of Philosophical Writing*, Cambridge 2007.

Saffrey, H. D., Westerink, L. G. (edd.):〈=Procl. Theol. Plat.〉*Proclus, Théologie Platonicienne*, Texte établi et trad. par H. D. Saffrey et L. G. Westerink, Paris 1968, $^{6}$1997.

Schleiermacher, F. D. E.: *Platon, Sämtliche Werke* in der Übersetzung von F. D. E. Schleiermacher (ursprünglich Berlin 1804-1818, 1. Aufl. 1817-1817, 3.Aufl. 1855), hrsg. v. W. F. Otto/E. Grassi/G. Plamböck, Reinheck 1994.

Schofield, M.: *Plato*, Oxford 2006.

Scott, D. (ed.): *Maieusis – Essays in Ancient Philosophy in Honour of Myles Burnyeat*, Oxford 2007.

Sedley, D.: *The Midwife of Platonism – Text and Subtext in Plato's Theaetetus*, Oxford 2004.

Sedley, D.: *Plato's Cratylus*, Cambridge 2003.

Sharples, B.: *Plato. Meno*, ed. with Translation and Notes, Warminster $^{3}$1991.

Shorey, P.: *What Plato Said*, Chicago $^{6}$1933.

Sier, K.: *Die Rede der Diotima – Untersuchungen zum platonischen Symposium*, Stuttgart/Leipzig 1997.

Skemp, J. B.: *Plato's Statesman*, Bristol 1952, zweite, um

ein Nachwort erweiterte Auflage 1987.

Slings, S. R. (ed.): *Platonis Rempublicam* rec. brevique adnotatione critica instruxit S. R. Slings, Oxford 2003.

Smith, N. D. (ed.): *Plato. Critical Assessments*, 4· Bde., London/ New York 1998.

Stemmer, P.: *Platons Dialektik*, Berlin/New York 1992.

Stenzel, J.: *Studien zur Entwicklung der platonischen Dialektik von Sokrates zu Aristoteles*, Leipzig/Berlin ²1931.

Stephanus, H. (ed.): *Platonis opera quae exstant omnia*, 3 Bde., Genf 1578.

Szlezák, Th. A. (ed.): *Platonisches Philosophieren – Zehn Vorträge zu Ehren von Hans Joachim Krämer*, Hildesheim 2001.

Szlezák, Th. A.: *Das Bild des Dialektikers in Platons späten Dialogen*, Berlin/New York 2004.

Szlezák, Th. A.: *Die Idee des Guten in Platons Politeia – Beobachtungen zu den mittleren Büchern*, St. Augustin 2003.

Szlezák, Th. A.: Friedrich Schleiermacher und das Platonbild des 19. und 20. Jahrhunderts, in Rohls, J., Wenz, G. (Hrsgg), *Protestantismus und Deutsche Literatur*, Göttingen 2004, 125-144.

Szlezák, Th. A.: *Plato lesen*, Stuttgart 1993.

Szlezák, Th. A.: *Platone politico* (*Le radici del pensiero filosofico*, Bd. 8), Rom 1993.

Szlezák, Th. A.: Schleiermachers «Einleitung» zur Platon Übersetzung von 1804. Ein Vergleich mit Tiedemann und Tennemann, in *Antike und Abendland* 43/1997, 46-62.

Szlezák, Th. A.: Unsterblichkeit und Trichotomie der Seele im zehnten Buch der Politeia, in *Phronesis* 21/1976, 31-58.

Tanaka, S.: Justice and Reward – On the Art of Wage-earning in Book 1 of the *Republic*, *JASCA*, Vol.1, 2011, 89-97.

Taylor, A. E.: *A Commentary on Plato's Timaeus*, Oxford/New York 1928.

Taylor, A. E.: *Plato – The Man and his Work*, London ⁷1963.

Taylor, C. C. W.: *Plato, Protagoras*. Translated with Notes, Oxford 1976.

Thesleff, H.: *Studies in Platonic chronology*, Helsinki

1982.
Vegetti, M. (ed.): *Platone. 'La Repubblica'*, traduzione c commento, Neapel 1998-2003.
Vierneisel, K. et alii: *Ein Platon-Bildnis für die Glyptothek*, München 1987.
Vlastos, G. (Hrsg.): *Plato. A Collection of Critical Essays I: Metaphysics and Epistemology; II: Ethics, Politics and Philosophy of Art and Religion*, New York 1971.
Vlastos, G.: *Plato's Universe*, Oxford 1975.
Vlastos, G.: *Platonic Studies*, Princeton 1973.
Vlastos, G.: *Socrates – Ironist and Moral Philosopher*, Cambridge 1991.
Vlastos, G.: Socratic Irony, in Benson, H. H. (ed.): *Essays on the Philosophy of Socrates*, New York 1992, 66-85.
Vlastos, G.: *Socratic Studies*, Cambridge 1993.
Vlastos, G.: The Individual as Object of Love, in Vlastos, G.: *Platonic Studies*, Princeton 1973; $^{2}$1981, 3-34.
Voigtländer, H. D.: *Der Philosoph und die Vielen*, Wiesbaden 1980.
Westerink, L. G.:〈=Westerink〉 *Anonymous Prolegomena to Platonic Philosophy*, Amsterdam 1962.
Wieland, W.: *Platon und die Formen des Wissens*, Göttingen $^{2}$1999.
Wilamowitz-Möllendorff, U. v.: *Platon. Sein Leben und seine Werke*, Berlin 1919-1920 (Band 1, $^{5}$1959; Band 2, $^{3}$1962).
Williams, B.: The Analogy of City and Soul in Plato's *Republic*, in *Exegesis and Argument – Studies in Greek Philosophy presented to Gregory Vlastos*, E. Lee, A. Mourelatos & R. M. Rorty (ed.), Van Gorcum 1973, 55-67.
Zeller, E.: *Die Philosophie der Griechen in ihrer geschichtlichen* Entwicklung, Bd. II, 1: Sokrates und die Sokratiker, Plato und die alte Akademie, Leipzig $^{5}$1922.

［邦語文献表］

一　本書において引用の際に使用したプラトンの翻訳
田中美知太郎・藤沢令夫編『プラトン全集』全十五巻・別巻一巻、岩波書店、一九七四～一九七八年。

『ソクラテスの弁明・クリトン』三嶋輝夫・田中享英

訳、講談社学術文庫、一九九八年。

『ラケス――勇気について　プラトン対話篇』三嶋輝夫訳、講談社学術文庫、一九九七年。

『ゴルギアス』加来彰俊訳、岩波文庫、一九六七年。

『メノン――徳（アレテー）について』渡辺邦夫訳、光文社古典新訳文庫、二〇一二年。

『饗宴』中澤務訳、光文社古典新訳文庫、二〇一三年。

『パイドン』岩田靖夫訳、岩波文庫、一九九八年。

『テアイテトス――知識について』渡辺邦夫訳、ちくま学芸文庫、二〇〇四年。

『エウテュデモス／クレイトポン』朴一功訳、西洋古典叢書、京都大学学術出版会、二〇一四年。

## 二　それ以外の邦訳（文庫版のみ）

『ソクラテスの弁明・クリトン』久保勉訳、岩波文庫、一九二七年。

『ソクラテスの弁明――エウチュプロン／クリトン』山本光雄訳、角川文庫、一九五四年。

『ソークラテースの弁明・クリトーン・パイドーン』田中美知太郎・池田美恵訳、新潮文庫、一九六八年。

『ソクラテスの弁明』納富信留訳、光文社古典新訳文庫、二〇一二年。

『プロタゴラス――ソフィストたち』藤沢令夫訳、岩波文庫、一九八八年。

『メノン』藤沢令夫訳、岩波文庫、一九九四年。

『饗宴』久保勉訳、岩波文庫、一九五二年。

『饗宴』森進一訳、新潮文庫、一九六八年。

『テアイテトス』田中美知太郎訳、岩波文庫、一九六六年。

## 三　ソクラテスおよびプラトンに関する邦語文献（出版年順による）

田中美知太郎『ソクラテス』、岩波新書、一九五七年。

斎藤忍随『プラトン』、岩波新書、一九七二年。

田中美知太郎『プラトン』全四冊、岩波書店、一九七九～一九八四年。

藤沢令夫『イデアと世界――哲学の基本問題』、岩波書店、一九八〇年。

佐々木毅『プラトンと政治』、東京大学出版会、一九八四年。

篠崎榮『ことばの中での探求――プラトンを読む』、勁草書房、一九八五年。

加藤信朗『初期プラトン哲学』、東京大学出版会、一九八八年。

松永雄二『知と不知──プラトン哲学研究序説』、東京大学出版会、一九九三年。

森俊洋・中畑正志編『プラトン的探求』、九州大学出版会、一九九三年。

山本建郎『新編 プラトン『国家論』考──政治理念と形而上学の交錯の一断面』、影書房、一九九三年。

岩田靖夫『ソクラテス』、勁草書房、一九九五年／ちくま学芸文庫、二〇一四年。

岡部勉『行為と価値の哲学』、九州大学出版会、一九九五年。

天野正幸『イデアとエピステーメー──プラトン哲学の発展史的研究』、東京大学出版会、一九九八年。

藤沢令夫『プラトンの哲学』、岩波新書、一九九八年。

神崎繁『プラトンと反遠近法』、新書館、一九九九年。

廣川洋一『プラトンの学園 アカデメイア』、講談社学術文庫、一九九九年。

佐々木毅『プラトンの呪縛』、講談社学術文庫、二〇〇〇年。

三嶋輝夫『規範と意味──ソクラテスと現代』、東海大学出版会、二〇〇〇年。

米澤茂『ソクラテス研究序説』、東海大学出版会、二〇〇〇年。

上田徹『プラトン──初期対話篇研究』、東海大学出版会、二〇〇一年。

瀬口昌久『魂と世界──プラトンの反二元論的世界像』、京都大学学術出版会、二〇〇二年。

納富信留『ソフィストと哲学者の間──プラトン『ソフィスト』を読む』、名古屋大学出版会、二〇〇二年。

納富信留『プラトン──哲学者とは何か』、日本放送出版協会、二〇〇二年。

荻野弘之『哲学の饗宴──ソクラテス・プラトン・アリストテレス』、NHKライブラリー、二〇〇三年。

内山勝利『対話という思想──プラトンの方法叙説』、岩波書店、二〇〇四年。

加来彰俊『ソクラテスはなぜ死んだのか』、岩波書店、二〇〇四年。

内山勝利・中畑正志編『イリソスのほとり──藤澤令夫先生献呈論文集』、世界思想社、二〇〇五年。

納富信留『哲学者の誕生──ソクラテスをめぐる人々』、ちくま新書、二〇〇五年。

田中伸司『対話とアポリア──ソクラテスの探求の論理』、知泉書館、二〇〇六年。

納富信留『ソフィストとは誰か？』、人文書院、二〇〇六年／ちくま学芸文庫、二〇一五年。

松浦明宏『プラトン形而上学の探求――『ソフィステス』のディアレクティケーと秘教』、東北大学出版会、二〇〇六年。

小池澄夫『イデアへの途』、京都大学学術出版会、二〇〇七年。

田坂さつき『『テアイテトス』研究――対象認知における「ことば」と「思いなし」の構造』、知泉書館、二〇〇七年。

中澤務『ソクラテスとフィロソフィア――初期プラトン哲学の展開』、ミネルヴァ書房、二〇〇七年。

國方栄二『プラトンのミュートス』、京都大学学術出版会、二〇〇七年。

小島和男『プラトンの描いたソクラテス――はたしてプラトンはソクラテスの徒であったか』、晃洋書房、二〇〇八年。

高橋雅人『プラトン『国家』における正義と自由』、知泉書館、二〇一〇年。

朴一功『魂の正義――プラトン倫理学の視座』、京都大学学術出版会、二〇一〇年。

納富信留『プラトン――理想国の現在』、慶應義塾大学出版会、二〇一二年。

栗原裕次『イデアと幸福――プラトンを学ぶ』、知泉書館、二〇一三年。

内山勝利編『プラトンを学ぶ人のために』、世界思想社、二〇一四年。

田中一孝『プラトンとミーメーシス』、京都大学学術出版会、二〇一五年。

納富信留『プラトンとの哲学――対話篇をよむ』、岩波新書、二〇一五年。


なお訳注の作成に当たっては、以下の文献を参考にした。

Hammond, N. & Scullard, H. (ed.): *The Oxford Classical Dictionary*, Oxford 1973 (repr.).
マイケル・グラント、ジョン・ヘイゼル『ギリシア・ローマ神話事典』西田実他訳、大修館書店、一九八八年。
松本仁助・岡道男・中務哲郎編『ギリシア文学を学ぶ人のために』、世界思想社、一九九一年。
『アテナイ人の国制』橋場弦訳、『アリストテレス全集19』、岩波書店、二〇一四年。

# 訳者あとがき

本書は二〇〇六年にドイツのベック社から刊行されたミヒャエル・エルラー『プラトン』の全訳である。著者のエルラー氏は一九五三年にケルンで生まれ、長じてケルン大学で数学、物理学、哲学に西洋古典学を専攻した。その後、ロンドンのユニヴァーシティ・コレッジへの留学なども経て学位を取得、現在はヴュルツブルク大学古典学科の教授（ギリシャ古典学）である。

氏は国際的に幅広く活動しているが、二〇〇一年から二〇〇四年にわたって国際プラトン学会（International Plato Society　略称ＩＰＳ）の代表も務め、二〇〇四年には地元ヴュルツブルクで開催された第七回国際プラトン学会を成功に導いた。それに先だって氏は同年の春には日本を訪れ、東京学芸大学、慶應義塾大学を始めとする大学で講演と演習を行い、その学識と気さくな人柄で多くの研究者と学生に感銘を与えた。

氏の主な研究対象はプラトンのみならずエピクロスにも及んでいるが、特にプラトンについては巻末文献表にも明らかなように数多くの論考を発表している。氏はまた本書に次いで、浩瀚なプラトン研究書をスイスのシュヴァーベ社から刊行しているが、本書はコンパクトながら一般読者のみならずプラトン研究者にとっても極めて有益な情報――たとえばテクストの伝承や執筆順についての様々な解釈――を与えるとともに、プラトン哲学全体にわたる極めて的確かつバランスのとれた解釈を見通しよく提供しており、我が国のプラトン研究の今後にとって寄与するところが少なくないと確信するものである。

本書を訳出するきっかけとなったのは、ヴュルツブルクでの大会から六年後の二〇一〇年に加藤信朗《しんろう》、納富信留《のうとみのぶる》の両氏を代表として東京で開かれた第九回国際プラトン学会であった。個人的な話で恐縮であるが、その折に以前ケンブリッジ大学でお世話になったマイルズ・バーニエット教授を囲んで六本木の国際文化会館で夕食会を持った際に、同教授がエルラー教授のこの本を挙げて絶賛され、それが今回の翻訳のそもそものきっかけとなったのである。今回の訳者の中でその場に居合わせたのは、小生と高橋雅人氏の二人だけであるが、その後、旧知の田中伸司氏と茶谷直人氏にも教授の言葉と本書のことをお話しして仲間に加わっていただき、四人一組でようやく全訳を完成することが出来た次第である。

ただ四人の住まいが遠く離れていたことと小生自身の怠慢に加え、小生以外の三人はバリバリの現役で教育研究のみならず学内の仕事でも多忙を極めていたため訳業はそうスピーディーには進まず、開始から完成までほぼ五年を要することとなった。しかし、そのような状況の中でも出来るだけ学会の機会などを利用して四人で集まり、テクストを前にお互いの訳を検討し合う作業——それは本書でも中心的な意義を与えられている「対話法」そのものの実践でもあった——を積み重ねることによって刊行にまで漕ぎ着けることが出来たのは望外の喜びである。「勇気とは何か」を探究するプラトンの『ラケス』篇では「忍耐強さ」を意味するkarteriaという概念が勇気の一つの候補として挙げられるが、それが勇気と同義であるかどうかはともかく、途中で投げ出すことなくここまで忍耐強く共に翻訳に取り組んで来てよかったといま実感している次第である。

プラトンの好きな表現を使えば「どうにかこうにか」翻訳を完成した我々にとって最大の問題は、

はたして本書を出版してくれる出版社があるかどうか、ということであった。しかし、その心配は幸いにして取り除かれることとなった。それに当たっては、講談社との仲介の労をとってくださった相澤耕一氏、そして編集担当の稲吉稔氏や校閲局をはじめとする講談社の皆様方に心より感謝申し上げたい。

また末筆ながら、小生の退職後、大学の研究室が使えない我々のために東京に於ける訳稿の検討のための貴重な場を提供してくださった静岡大学に対して、篤く御礼申し上げる。

二〇一五年十月

訳者一同を代表して
三嶋輝夫

# 事項索引

## [ア]



## [カ]



## [サ]

［マ］



［ヤ］



［ラ］

## ［ナ］



## ［ハ］

## [サ]



## [タ]

# 人名索引

## ［ア］



## ［カ］

## 訳者略歴

三嶋輝夫（みしま・てるお）
1949年生まれ。国際基督教大学教養学部人文科学科卒業、東京大学大学院人文科学研究科博士課程単位取得退学。元青山学院大学教授、放送大学客員教授。専門は古代ギリシャ哲学、倫理学。著書に『規範と意味』（東海大学出版会）、『汝自身を知れ』（NHKライブラリー）、訳書にプラトン『ラケス』『ソクラテスの弁明・クリトン』（ともに講談社学術文庫）など。

田中伸司（たなか・しんじ）
1960年生まれ。北海道大学文学部哲学科卒業、北海道大学大学院文学研究科哲学専攻博士後期課程中退。静岡大学人文社会科学部教授。博士（文学）。専門は古代ギリシャ哲学、倫理学。著書に『対話とアポリア』（知泉書館）。

高橋雅人（たかはし・まさひと）
1966年生まれ。東京大学文学部第一類倫理学専修課程卒業、東京大学大学院人文科学研究科倫理学専攻博士課程単位取得修了。神戸女学院大学文学部教授。博士（文学）。専門は古代ギリシャ哲学、倫理学。著書に『プラトン「国家」における正義と自由』（知泉書館）。

茶谷直人（ちゃたに・なおと）
1972年生まれ。北海道大学文学部哲学科卒業、神戸大学大学院文化学研究科修了。神戸大学大学院人文学研究科准教授。博士（学術）。専門はギリシャ哲学。著書に『部分と全体の哲学』（共著、春秋社）。

# 知《ち》の教《きょう》科《か》書《しょ》 プラトン

二〇一五年一〇月一〇日第一刷発行

著者　ミヒャエル・エルラー
訳者　三嶋《みしま》輝夫《てるお》・田中《たなか》伸司《しんじ》
高橋《たかはし》雅人《まさひと》・茶谷《ちゃたに》直人《なおと》



発行者　鈴木 哲
発行所　株式会社 講談社
東京都文京区音羽二丁目一二―二一　〒一一二―八〇〇一
電話（編集）〇三―三九四五―四九六三
（販売）〇三―五三九五―四四一五
（業務）〇三―五三九五―三六一五

装幀者　奥定泰之
本文データ制作　講談社デジタル製作部
本文印刷　信毎書籍印刷 株式会社
カバー・表紙印刷　半七写真印刷工業 株式会社
製本所　大口製本印刷 株式会社



ISBN978-4-06-258611-5　Printed in Japan
N.D.C.130　382p　19cm

# 講談社選書メチエ　刊行の辞

書物からまったく離れて生きるのはむずかしいことです。百年ばかり昔、アンドレ・ジッドは自分にむかって「すべての書物を捨てるべし」と命じながら、パリからアフリカへ旅立ちました。旅の荷は軽くなかったようです。ひそかに書物をたずさえていたからでした。ジッドのように意地を張らず、書物とともに世界を旅して、いらなくなったら捨てていけばいいのではないでしょうか。

現代は、星の数ほどにも本の書き手が見あたります。読み手と書き手がこれほど近づきあっている時代はありません。きのうの読者が、一夜あければ著者となって、あらたな読者にめぐりあう。その読者のなかから、またあらたな著者が生まれるのです。この循環の過程で読書の質も変わっていきます。人は書き手になることで熟練の読み手になるものです。

選書メチエはこのような時代にふさわしい書物の刊行をめざしています。

フランス語でメチエは、経験によって身につく技術のことをいいます。道具を駆使しておこなう仕事のことでもあります。また、生活と直接に結びついた専門的な技能を指すこともあります。

いま地球の環境はますます複雑な変化を見せ、予測困難な状況が刻々あらわれています。

そのなかで、読者それぞれの「メチエ」を活かす一助として、本選書が役立つことを願っています。

一九九四年二月　　野間佐和子